Martin Aubert

Bildungsrechtliche Leistungsbeurteilungen im Verwaltungsprozess

Dr. Martin Aubert

Bildungsrechtliche Leistungsbeurteilungen im Verwaltungsprozess

Verlag Paul Haupt
Bern · Stuttgart · Wien

Martin Aubert absolvierte ein Studium der Rechtswissenschaft an der Universität Bern, Abschluss als Fürsprecher; 1990 bis 1996 wissenschaftlicher Assistent am Seminar für öffentliches Recht der Universität Bern (Prof. P. Saladin, Prof. P. Tschannen), seit 1991 wissenschaftlicher Mitarbeiter beim Rechtsdienst der Erziehungsdirektion des Kantons Bern; 1996 Promotion zum Dr. iur.; Publikationen (jeweils zusammen mit Prof. P. Saladin) über Zulassungsbeschränkungen an schweizerischen Hochschulen (1994) und über die bernische Sozialverfassung (1995).

Die Deutsche Bibliothek – CIP-Einheitsaufnahme

Aubert, Martin
Bildungsrechtliche Leistungsbeurteilungen im Verwaltungsprozess /
Martin Aubert.–
Bern ; Stuttgart ; Wien : Haupt, 1997
Zugl.: Bern, Univ., Diss., 1996
ISBN 3-258-05641-2

Dieses Papier ist umweltverträglich, weil chlorfrei hergestellt
Printed in Switzerland

VORWORT

Die Idee zu diesem Buch geht auf mein gleichzeitiges Interesse an verfahrens- und an bildungsrechtlichen Fragen zurück. Erleichtert wurde das Vorhaben durch den Umstand, während mehrerer Jahre sowohl am Seminar für öffentliches Recht der Universität Bern wie im Rechtsdienst der Erziehungsdirektion des Kantons Bern tätig sein zu dürfen.

Die Arbeit ist im wesentlichen im Herbst 1996 abgeschlossen worden. Die Entwicklung von Rechtsprechung und Gesetzgebung ist - soweit möglich - bis Ende 1996 berücksichtigt.

Herr Prof. Dr. Peter Saladin hat die Entstehung des Buches begleitet und gefördert. Schliesslich hat er die Dissertation als Erstgutachter vor der rechts- und wirtschaftswissenschaftlichen Fakultät der Universität Bern vertreten. Ihm gebührt mein herzlicher Dank.

Herrn Prof. Dr. Ulrich Zimmerli danke ich für die Bereitschaft, in gewohnt effizienter und fachkundiger Art die Arbeit als Zweitgutachter zu prüfen.

In verschiedener Hinsicht unterstützt haben mich zudem meine Kolleginnen und Kollegen am Seminar für öffentliches Recht der Universität Bern sowie in der Erziehungsdirektion des Kantons Bern. Besondere Verdienste haben sich dabei Herr Fürsprecher Thomas Müller, Herr Rechtsanwalt Dr. Markus Müller und Frau Fürsprecherin Dr. Ruth Herzog erworben.

Meine Frau, Erna Aubert-Walter, hat mich beharrlich ermutigt, das Vorhaben zu verwirklichen. Ihr widme ich dieses Buch.

Wabern, im März 1997 Martin Aubert

INHALTSVERZEICHNIS

ABKÜRZUNGSVERZEICHNIS

a. M.	anderer Meinung
Abs.	Absatz
ABSH	Amtsbericht des Obergerichtes an den Grossen Rat des Kantons Schaffhausen
AGVE	Aargauische Gerichts- und Verwaltungsentscheide
AJP	Aktuelle Juristische Praxis
Art.	Artikel
AS	Amtliche Sammlung des Bundesrechts
ASB	Amtliches Schulblatt des Kantons Bern
AV	Verordnung vom 22. Dezember 1993 über das Aufnahmeverfahren an den deutschsprachigen Seminaren (Aufnahmeverordnung; BSG 430. 210.61)
aVRPG	Gesetz vom 22. Oktober 1961 über die Verwaltungsrechtspflege (GS 1961 S. 210 ff.)
BAG	Bernische Amtliche Gesetzessammlung
BBG	Bundesgesetz vom 19. April 1978 über die Berufsbildung (SR 412.10)
BBl	Bundesblatt
BBV	Verordnung vom 7. November über die Berufsbildung (SR 412.101)
BGE	Entscheidung des Schweizerischen Bundesgerichts
BJM	Basler Juristische Mitteilungen
BmatV	Verordnung vom 27. März 1996 über die Berufsmaturität (BAG 96-29, BSG 435.511)
BMSV	Verordnung des Bundesamtes für Industrie, Gewerbe und Arbeit vom 8. Februar 1983 über die Organisation, die Zulassungsbedingungen, die Promotion und die Abschlussprüfung der Berufsmittelschule (SR 412. 103.1)
BSG	Bernische Systematische Gesetzessammlung
Bst.	Buchstabe
BV	Bundesverfassung der Schweizerischen Eidgenossenschaft vom 29. Mai 1874 (SR 101)
BVerfGE	Sammlung der Entscheidungen des (deutschen) Bundesverfassungsgerichts
BVerwGE	Sammlung der Entscheidungen des (deutschen) Bundesverwaltungsgerichts
BVR	Bernische Verwaltungsrechtsprechung (bis 1975: MBVR)

BWP	Weisungen der Erziehungsdirektion vom 18. September 1995 über die Beurteilung und die Schullaufbahnentscheide an der Primarstufe der Volksschule (ASB Nr. 12/95 vom 8. Dezember 1995, S. 25 ff.)
BWS	Weisungen der Erziehungsdirektion vom 31. Juli 1995 über die Beurteilung und die Schullaufbahnentscheide an der Sekundarstufe I der Volksschule für den deutschsprachigen Kantonsteil (ASB Nr. 9/95 vom 31. August 1995, S. 19 ff.)
bzw.	beziehungsweise
d. h.	das heisst
ders.	derselbe
Diss.	Dissertation
DÖV	Die Öffentliche Verwaltung
DR	Decisions and Reports / Décisions et Rapports (hrsg. von der Europäischen Kommission für Menschenrechte, Strassburg)
DVBl	Deutsches Verwaltungsblatt
E. / Erw.	Erwägung
EGV-SZ	Entscheide der Gerichts- und Verwaltungsbehörden des Kantons Schwyz
EMRK	Konvention vom 4. November 1950 zum Schutze der Menschenrechte und Grundfreiheiten (SR 0.101)
ETH	Eidgenössische Technische Hochschule
EVD	Eidgenössisches Volkswirtschaftsdepartement
f. / ff.	folgende / fortfolgende
FaG	Gesetz vom 6. November 1996 über die Fachhochschulen (Referendumsvorlage publiziert in: Amtsblatt des Kantons Bern Nr. 92 vom 7. Dezember 1996)
FHSG	Bundesgesetz vom 6. Oktober 1995 über die Fachhochschulen (Fachhochschulgesetz; SR 414.71, AS 1996 S. 2588 ff.)
FOS	Feuille officielle scolaire du canton de Berne
GALL	Gesetz vom 17. April 1966 über die Ausbildung der Lehrer und Lehrerinnen (BSG 430.210.1)
Hrsg. / hrsg.	Herausgeber / herausgegeben
HTLV	Verordnung des EVD vom 8. Oktober 1980 über die Mindestvorschriften für die Anerkennung von Höheren Technischen Lehranstalten (SR 412.107.0)
HWVV	Verordnung des EVD vom 1. Juni 1982 über die Mindestvorschriften für die Anerkennung von Höheren Wirtschafts- und Verwaltungsschulen (SR 412.108.0)
i. c.	in casu
i. S.	in Sachen

ISG Gesetz vom 12. Februar 1990 über die Ingenieurschulen, Technikerschulen und Höheren Fachschulen (Ingenieurschulgesetz; BSG 435.411)

IV Verordnung vom 20. September 1978 über die Zulassung zum Studium an der Universität Bern (Immatrikulationsverordnung; BSG 436.71)

JR Reglement vom 16. September 1993 über den Studiengang und die Prüfungen an der rechtswissenschaftlichen Abteilung der Rechts- und Wirtschaftswissenschaftlichen Fakultät der Universität Bern (vom Regierungsrat am 13. Oktober 1993 genehmigt) sowie die Änderungen dieses Reglements vom 6. Juli 1995 (vom Regierungsrat am 18. Oktober 1995 genehmigt) und vom 20. Juni 1996 (vom Regierungsrat am 21. August 1996 genehmigt)

KBG Gesetz vom 9. November 1981 über die Berufsbildung (BSG 435.11)

KritV Kritische Vierteljahresschrift für Gesetzgebung und Rechtswissenschaft

KV Verfassung des Kantons Bern vom 6. Juni 1993 (BSG 101.1)

LLBG Gesetz vom 9. Mai 1995 über die Lehrerinnen- und Lehrerbildung (BAG 96-5, BSG 430.210.1)

m. a. W. mit anderen Worten

m. w. H. mit weiteren Hinweisen

MAR Reglement der Schweizerischen Konferenz der kantonalen Erziehungsdirektoren vom 16. Januar 1995 über die Anerkennung von gymnasialen Maturitätsausweisen (Maturitäts-Anerkennungsreglement; BSG 439.181.1)

MaSG Gesetz vom 12. September 1995 über die Maturitätsschulen (Maturitätsschulgesetz; BAG 96-52, BSG 433.11)

MaSV Maturitätsschulverordnung vom 27. November 1996 (BAG 97-19; BSG 433.111).

MAV Verordnung vom 15. Februar 1995 über die Anerkennung von gymnasialen Maturitätsausweisen (Maturitäts-Anerkennungsverordnung; SR 413. 11)

MBVR Monatsschrift für Bernisches Verwaltungsrecht und Notariatswesen (ab 1976: BVR)

MPV Verordnung vom 17. August 1988 über die ordentlichen Maturitätsprüfungen an den Gymnasien des Kantons Bern (Maturitätsprüfungsverordnung; BSG 433.351)

MSG Gesetz vom 3. März 1957 über die Mittelschulen (Mittelschulgesetz; BSG 433.11)

Nr. Nummer

OG	Bundesgesetz vom 16. Dezember 1943 über die Organisation der Bundesrechtspflege (Organisationsgesetz; SR 173.110)
OR	Bundesgesetz vom 30. März 1911 betreffend die Ergänzung des Schweizerischen Zivilgesetzbuches, Fünfter Teil: Obligationenrecht (SR 220)
PPV	Verordnung vom 15. April 1981 über den Erwerb des Primarlehrerpatentes des Kantons Bern (Patentprüfungsverordnung; BSG 430.212.311.1)
PSG	Gesetz vom 2. Dezember 1951 über die Primarschule (Primarschulgesetz; BSG 432.211)
PV	Verordnung vom 8. Mai 1984 über die Beurteilung und die Promotion der Schüler an den Primarlehrerseminaren (Promotionsverordnung; BSG 430.212.111.2)
RDAF	Revue de droit administratif et de droit fiscal
recht	recht - Zeitschrift für juristische Ausbildung und Praxis
RRB	Beschluss des Regierungsrates des Kantons Bern
Rz.	Randziffer
S.	Seite
SJIR	Schweizerisches Jahrbuch für Internationales Recht (ab 1991: SZIER)
SJZ	Schweizerische Juristenzeitung
SOG	Solothurnische Gerichtspraxis
sog.	sogenannt
SR	Systematische Sammlung des Bundesrechts
StGB	Schweizerisches Strafgesetzbuch vom 21. Dezember 1937 (SR 311.0)
SZIER	Schweizerische Zeitschrift für internationales Recht und europäisches Recht (bis 1990: SJIR)
u. a.	und andere; unter anderem / anderen
UG	Gesetz vom 7. Februar 1954 über die Universität (Universitätsgesetz; BSG 436.11)
UniG	Gesetz vom 5. September 1996 über die Universität (Referendumsvorlage publiziert in: Amtsblatt des Kantons Bern Nr. 74 vom 5. Oktober 1996)
UNO	United Nations Organization
UNO-Pakt I	Internationaler Pakt vom 16. Dezember 1966 über wirtschaftliche, soziale und kulturelle Rechte (Sozialpakt; SR 0.103.1)
UNO-Pakt II	Internationaler Pakt vom 16. Dezember 1966 über bürgerliche und politische Rechte (Zivilpakt; SR 0.103.2)
URP	Umweltrecht in der Praxis
usw.	und so weiter

ÜWS	Weisungen der Erziehungsdirektion vom 13. Dezember 1993 für das Übertrittsverfahren in die Sekundarstufe I (ASB Nr. 2/94 vom 31. Januar 1994, S. 3 ff.; vgl. auch die auf den 1. August 1996 in Kraft getretenen Änderungen vom 15. Mai 1996 [ASB Nr. 6/96 vom 14. Juni 1996, S. 5 und 18 ff.])
v. a.	vor allem
VerwArch	Verwaltungs-Archiv
VFGL	Verordnung vom 15. Dezember 1993 über die Fachgruppenlehrkräfte mit gestalterischem Grundauftrag (FGL) im deutschsprachigen Kantonsteil (BSG 430.217.51)
vgl.	vergleiche
VPB	Verwaltungspraxis der Bundesbehörden
VRPG	Gesetz vom 23. Mai 1989 über die Verwaltungsrechtspflege (Verwaltungsrechtspflegegesetz; BSG 155.21)
VSG	Volksschulgesetz vom 19. März 1992 (BSG 432.210)
VSV	Volksschulverordnung vom 4. August 1993 (BSG 432.211.1)
VVDStRL	Veröffentlichungen der Vereinigung der Deutschen Staatsrechtslehrer
VwGO	(Deutsche) Verwaltungsgerichtsordnung in der Fassung der Bekanntmachung vom 19. März 1991
VwVfG	(Deutsches) Verwaltungsverfahrensgesetz vom 25. Mai 1976
VwVG	Bundesgesetz vom 20. Dezember 1968 über das Verwaltungsverfahren (Verwaltungsverfahrensgesetz; SR 172.021)
z. B.	zum Beispiel
ZBJV	Zeitschrift des bernischen Juristenvereins
ZBl	Schweizerisches Zentralblatt für Staats- und Verwaltungsrecht
ZGB	Schweizerisches Zivilgesetzbuch vom 10. Dezember 1907 (SR 210)
Ziff.	Ziffer, Ziffern
zit.	zitiert
ZR	Blätter für Zürcherische Rechtsprechung
ZSR	Zeitschrift für Schweizerisches Recht

LITERATURVERZEICHNIS

Adamovich, Ludwig K. / Funk, Bernd-Christian	Allgemeines Verwaltungsrecht, 3. Auflage, Wien/New York 1987
Aeschlimann, Arthur	Das Anfechtungsstreitverfahren im bernischen Verwaltungsrecht, Diss. Bern 1979 (zit. Anfechtungsstreitverfahren)
Aeschlimann, Arthur	Vor dem Übergang zum neuen Verwaltungsrechtspflegegesetz, in: BVR 1989 S. 375 ff. (zit. Übergang)
Antoniolli, Walter / Koja, Friedrich	Allgemeines Verwaltungsrecht, 2. Auflage, Wien 1986
Arn, Daniel	Die Zuständigkeitsordnung im bernischen Gemeinderecht, Diss. Bern 1992
Bachof, Otto	Die Dogmatik des Verwaltungsrechts vor den Gegenwartsaufgaben der Verwaltung, in: VVDStRL 30/1972 S. 193 ff.
Balmer, Fritz	Primarschulgesetz vom 2. Dezember 1951 mit Kommentar, Bern 1958
Baumgartner, Urs	Behördenbeschwerde - und kein Ausweg?, in: ZSR 1980 I S. 301 ff.
Bertossa, Francesco	Der Beurteilungsspielraum, Diss. Bern 1984
Biaggini, Giovanni	Theorie und Praxis des Verwaltungsrechts im Bundesstaat, Basel/Frankfurt a. M. 1996
Blumenstein, Max	Die Stellung des Lehrers in der Gemeinde, in: MBVR 1961 S. 113 ff.
Borghi, Marco	Kommentar zur Bundesverfassung der Schweizerischen Eidgenossenschaft vom 29. Mai 1874, Basel/Zürich/Bern 1987 ff., Art. 27 (zit. Art. 27)
Borghi, Marco	Kommentar zur Bundesverfassung der Schweizerischen Eidgenossenschaft vom 29. Mai 1874, Basel/Zürich/Bern 1987 ff., Art. 34ter Abs. 1 Bst. g (zit. Art. 34ter Abs. 1 Bst. g)
Bourquin, Jean-Pierre	Verfahrensfragen, in: Schulische Anordnungen in der Volksschule, St. Gallen 1987, S. 65 ff.
Brunner, Joe	Plädoyer für eine integrierte Oberstufe, in: schweizer schule 4/89 S. 3 ff.
Bryde, Brun-Otto	Die Kontrolle von Schulnoten in verwaltungsrechtlicher Dogmatik und Praxis, in: DÖV 1981 S. 193 ff.
Bucher, Andreas	Natürliche Personen und Persönlichkeitsschutz, 2. Auflage, Basel/Frankfurt a. M. 1995

Bucher, Eugen	Berner Kommentar, Das Personenrecht (Art. 11 - 26 ZGB), Bern 1976
Cavelti, Ulrich	Gütliche Verständigung vor Instanzen der Verwaltungsrechtspflege, in: AJP 1995 S. 175 ff.
Cavelti, Urs Peter	Die Verfahren vor dem Verwaltungsgericht des Kantons St. Gallen, Diss. Freiburg, St. Gallen 1994
Cottier, Thomas	Der Anspruch auf rechtliches Gehör (Art. 4 BV), in: recht 1984 S. 1 ff. und 122 ff.
Dill, Markus	Die staatsrechtliche Beschwerde wegen Verletzung der Gemeindeautonomie, Diss. Bern 1996
Dinkelmann, Jürg	Die Rechtsstellung des Schülers im Schülerdisziplinarrecht, Diss. Freiburg, Zürich 1985
Dommann, Franz	Rechtsgrundlagen für die Praxis der Berufsbildung, Luzern 1993
Dorsch, Gabriele	Die Konvention der Vereinten Nationen über die Rechte des Kindes, Berlin 1994
Dubach, Alexander	Das Recht auf Akteneinsicht, Diss. Bern, Zürich 1990
Eckstein, Karl	Schule und Elternrecht, Diss. Basel 1979 (zit. Schule)
Eckstein, Karl	Schulrecht Elternrecht Schülerrecht, 2. Auflage, Zug 1982 (zit. Schulrecht)
Eisvogel, Alexander	Die Auswirkungen der neuen Bundesverfassungsgerichtsrechtsprechung zum Prüfungsrecht auf die gerichtliche Kontrolle von Prüfungsentscheidungen und die künftige Ausgestaltung von Prüfungsverfahren unter besonderer Berücksichtigung juristischer Staatsprüfungen, Diss. Bonn 1994
Erichsen, Hans-Uwe (Hrsg.)	Allgemeines Verwaltungsrecht, 10. Auflage, Berlin/New York 1995
Eyermann, Erich / Fröhler, Ludwig / Kormann, Joachim	Verwaltungsgerichtsordnung, 9. Auflage, München 1988
Faber, Heiko	Verwaltungsrecht, 4. Auflage, Tübingen 1995
Falckenberg, Dieter / Schiedermair, Werner / Amberg, Hellmuth	Bayerisches Gesetz über das Erziehungs- und Unterrichtswesen, Kommentar, 2. Auflage, München 1989
Flammer, August / Perrig-Chiello, Pasqualina / Rüegg, Thomas	Zeugnisnoten vor dem Übertritt in die Sekundarschule, Freiburg 1983
Fleiner-Gerster, Thomas	Die Rechte der Eltern gegenüber der Schule, in: AJP 1993 S. 666 ff.
Fliegauf, Harald	Prüfungsrecht, Stuttgart/Berlin/Köln 1996

Forni, Rolando — Die Unterhaltspflicht der Eltern nach der Mündigkeit des Kindes in der bundesgerichtlichen Rechtsprechung, in: ZBJV 1996 S. 429 ff.

Frowein, Jochen Abraham (Hrsg.) — Die Kontrolldichte bei der gerichtlichen Überprüfung von Handlungen der Verwaltung, Berlin/Heidelberg/New York usw. 1993

Frowein, Jochen Abraham / Peukert, Wolfgang — Europäische Menschenrechtskonvention, EMRK-Kommentar, Kehl/Strassburg/Arlington 1985

Fulda, Johannes F. — Rechtsschutz im Prüfungswesen der Bundeshochschulen, in: ZBl 1983 S. 145 ff.

Funk, Bernd-Christian — Die rechtliche Qualität von Prüfungsentscheidungen, in: Friedrich Lehne/Edwin Loebenstein/Bruno Schimetschek, Die Entwicklung der österreichischen Verwaltungsgerichtsbarkeit, Festschrift zum 100jährigen Bestehen des österreichischen Verwaltungsgerichtshofes, Wien/New York 1976, S. 175 ff.

Gadola, Attilio R. — Das verwaltungsinterne Beschwerdeverfahren, Diss. Zürich 1991 (zit. Beschwerdeverfahren)

Gadola, Attilio R. — Die Behördenbeschwerde in der Verwaltungsrechtspflege des Bundes - ein „abstraktes" Beschwerderecht?, in: AJP 1993 S. 1458 ff. (zit. Behördenbeschwerde)

Gebert, Pius — Das Recht auf Bildung nach Art. 13 des UNO-Paktes über wirtschaftliche, soziale und kulturelle Rechte, Diss. Freiburg, St. Gallen 1996

Giacometti, Zaccaria — Allgemeine Lehren des rechtsstaatlichen Verwaltungsrechts, Zürich 1960

Giacomini, Sergio — Vom „Jagdmachen auf Verfügungen", in: ZBl 1993 S. 237 ff.

Guggenheim, Charles — La Commission de recours de l'Université de Fribourg, in: SJZ 1980 S. 284 ff.

Gygi, Fritz — Aktuelle Probleme des Rechtsschutzes in Verwaltungssachen, in: ZBJV 1956 S. 425 ff. (zit. Verwaltungssachen)

Gygi, Fritz — Die Beschwerdebefugnis im Verwaltungsprozess, in: ZBl 1960 S. 473 ff. (hier zitiert nach der Festschrift für Fritz Gygi, Bern 1986, S. 353 ff.) (zit. Verwaltungsprozess)

Gygi, Fritz — Ein gesetzgeberischer Versuch zur Lösung des Problems des Klagerechts im verwaltungsgerichtlichen Anfechtungsprozess, in: MBVR 1964 S. 1 ff., 65 ff., 113 ff. (zit. Klagerecht)

Gygi, Fritz — Die Rechtsgestalt der Universität, in: ZBJV 1970 S. 133 ff. (zit. Universität)

Gygi, Fritz	Über die anfechtbare Verfügung, in: Berner Festgabe zum Schweizerischen Juristentag 1979 (hrsg. von Eugen Bucher und Peter Saladin), Bern/Stuttgart 1979, S. 517 ff. (zit. Verfügung)
Gygi, Fritz	Zur Beschwerdebefugnis des Gemeinwesens in der Bundesverwaltungsrechtspflege, in: ZSR 1979 I S. 449 ff. (zit. Beschwerdebefugnis)
Gygi, Fritz	Bundesverwaltungsrechtspflege, 2. Auflage, Bern 1983 (zit. Bundesverwaltungsrechtspflege)
Gygi, Fritz	Verwaltungsrecht, Bern 1986 (zit. Verwaltungsrecht)
Gygi, Fritz	Vom Beschwerderecht in der Bundesverwaltungsrechtspflege, in: recht 1986 S. 8 ff. (zit. Beschwerderecht)
Gygi, Fritz / Stucki, Rudolf	Handkommentar zum bernischen Gesetz über die Verwaltungsrechtspflege, Bern 1962
Haefliger, Arthur	Die Anfechtung von Zwischenverfügungen in der Verwaltungsrechtspflege des Bundesgerichts, in: Mélanges Robert Patry, Lausanne 1988, S. 341 ff.
Häfelin, Ulrich / Müller, Georg	Grundriss des Allgemeinen Verwaltungsrechts, 2. Auflage, Zürich 1993
Haltner, Rolf Heinrich	Begriff und Arten der Verfügung im Verwaltungsverfahrensrecht des Bundes (Artikel 5 VwVG), Diss. Zürich 1979
Hangartner, Yvo	Das Recht auf eine wirksame Beschwerde gemäss Art. 13 EMRK und seine Durchsetzung in der Schweiz, in: AJP 1994 S. 3 ff.
Häring, Cyrill	Grundrechte im Bereich der Bildung, Diss. Basel 1976
Hausammann, Christina	Die Konvention über die Rechte des Kindes und ihre Auswirkungen auf die schweizerische Rechtsordnung, Studie für UNICEF Schweiz, Bern 1991
Hegnauer, Cyril	Grundriss des Kindesrechts, 4. Auflage, Bern 1994
Hengstschläger, Johannes	Schulrecht, in: Herbert Schambeck (Hrsg.), Parlamentarismus und öffentliches Recht in Österreich, Zweiter Teilband, Berlin 1993, S. 1045 ff.
Herzog, Ruth	Art. 6 EMRK und kantonale Verwaltungsrechtspflege, Diss. Bern 1995
Hummel, Hermann	Gerichtsschutz gegen Prüfungsbewertungen, Berlin 1969
Imboden, Max / Rhinow, René A.	Schweizerische Verwaltungsrechtsprechung, 2 Bände, 5. Auflage, Basel/Stuttgart 1976
Jaag, Tobias	Die Abgrenzung zwischen Rechtssatz und Einzelakt, Zürich 1985 (zit. Abgrenzung)

Jaag, Tobias	Zur Rechtsnatur der Strassenbezeichnung, in: recht 1993 S. 50 ff. (zit. Rechtsnatur)
Kägi-Diener, Regula	Entscheidfindung in komplexen Verwaltungsverhältnissen, Basel/Frankfurt a. M. 1994
Kälin, Walter	Verfassungsgerichtsbarkeit in der Demokratie, Bern 1987 (zit. Verfassungsgerichtsbarkeit)
Kälin, Walter	Das Verfahren der staatsrechtlichen Beschwerde, 2. Auflage, Bern 1994 (zit. Verfahren)
Kälin, Walter	Legitimation zur Willkürbeschwerde und kantonales Verfassungsrecht, in: recht 1996 S. 76 ff. (zit. Willkürbeschwerde)
Kälin, Walter / Bolz, Urs (Hrsg.)	Handbuch des bernischen Verfassungsrechts, Bern/ Stuttgart/Wien 1995
Kälin, Walter / Malinverni, Giorgio / Nowak, Manfred	Die Schweiz und die UNO-Menschenrechtspakte, Basel/Frankfurt a. M. 1991
Kessler, Franz	Die Schweizerische Kulturstiftung „Pro Helvetia", Diss. Zürich 1993
Kilchenmann, Jakob D.	Die Bernische Gemeindebeschwerde, Diss. Bern 1979
Kleinert, Heinrich	Zensur, Zeugnis, Schulzeugnis, in: Lexikon der Pädagogik, Band II (Systematischer Teil K - Z), Bern 1951, S. 919 ff.
Kley-Struller, Andreas	Grundpflichten Privater im schweizerischen Verfassungsrecht, Diss. St. Gallen 1989 (zit. Grundpflichten)
Kley-Struller, Andreas	Art. 6 EMRK als Rechtsschutzgarantie gegen die öffentliche Gewalt, Zürich 1993 (zit. Art. 6 EMRK)
Kley-Struller, Andreas	Der Anspruch auf richterliche Beurteilung „zivilrechtlicher" Streitigkeiten im Bereich des Verwaltungsrechts sowie von Disziplinar- und Verwaltungsstrafsachen gemäss Art. 6 EMRK, in: AJP 1994 S. 23 ff. (zit. Anspruch)
Kley-Struller, Andreas	Der richterliche Rechtsschutz gegen die öffentliche Verwaltung, Zürich 1995 (zit. Rechtsschutz)
Kley-Struller, Andreas	Beamtenrechtliche Streitsachen und Art. 6 EMRK bzw. Art. 14 CCPR, in: AJP 1995 S. 758 ff. (zit. Art. 14 CCPR)
Knack, Hans Joachim	Verwaltungsverfahrensgesetz (VwVfG) Kommentar, 4. Auflage, Köln/Berlin/Bonn/München 1994
Knapp, Blaise	Précis de droit administratif, 4. Auflage, Basel/Frankfurt a. M. 1991; deutsche Übersetzung der 4. Auflage: Grundlagen des Verwaltungsrechts, 2 Bände, Basel/ Frankfurt a. M. 1992/1993

Koenig, Christian — Zur gerichtlichen Kontrolle sogenannter Beurteilungsspielräume im Prüfungsrecht, in: VerwArch 1992 S. 351 ff.

Koller, Heinrich — Die Verwaltungsrechtspflege des Bundesrates als Residuat, in: Walter R. Schluep u. a. (Hrsg.), Recht, Staat und Politik am Ende des zweiten Jahrtausends, Festschrift zum 60. Geburtstag von Bundesrat Arnold Koller, Bern/Stuttgart/Wien 1993, S. 359 ff.

Kölz, Alfred — Die Beschwerdebefugnis der Gemeinde in der Verwaltungsrechtspflege, in: ZBl 1977 S. 97 ff. (zit. Beschwerdebefugnis)

Kölz, Alfred — Kommentar zum Verwaltungsrechtspflegegesetz des Kantons Zürich (VRG), Zürich 1978 (zit. VRG)

Kölz, Alfred / Häner, Isabelle — Verwaltungsverfahren und Verwaltungsrechtspflege des Bundes, Zürich 1993

Kopp, Ferdinand O. — Verwaltungsgerichtsordnung, 10. Auflage, München 1994

Kummer, Max — Das Klagerecht und die materielle Rechtskraft im schweizerischen Recht, Bern 1954

Künzli, Jörg — Soziale Menschenrechte: blosse Gesetzgebungsaufträge oder individuelle Rechtsansprüche? Überlegungen zur direkten Anwendbarkeit des UNO-Sozialpaktes in der Schweiz, in: AJP 1996 S. 527 ff.

Leber, Marino — Die Beteiligten am Verwaltungsprozess, in: recht 1985 S. 22 ff.

Leuthold, Matthias — Die Prüfungsdichte des Bundesgerichts im Verfahren der staatsrechtlichen Beschwerde wegen Verletzung verfassungsmässiger Rechte, Diss. Bern 1992

Löwer, Wolfgang — Die Zeugnisnote - ein Verwaltungsakt?, in: DVBl 1980 S. 952 ff.

Lücker-Babel, Marie-Françoise — Ecoute et participation de l'enfant, Etude des procédures et pratiques genevoises, Genève 1995

Martens, Joachim — Verfassungsgerichtlicher Grundrechtsschutz im Verwaltungsrecht, in: KritV 1995 S. 397 ff.

Marti, Arnold — Verfahrensrechtliche Möglichkeiten der Koordination bei der ersten Instanz, in: URP 1991 S. 226 ff. (zit. Koordination)

Marti, Arnold — Bewilligung von Bauten und Anlagen - Koordination oder Konzentration der Verfahren, in: AJP 1994 S. 1535 ff. (zit. Bewilligung)

Mascello, Bruno — Elternrecht und Privatschulfreiheit, Diss. St. Gallen 1995

Matile, Jacques — La jurisprudence de la Commission fédérale de recours en matière d'encouragement de la recherche, in: RDAF 1994 S. 421 ff.; der gleiche Aufsatz ist auch in deutscher Sprache erschienen: Die Rechtsprechung der Eidgenössischen Rekurskommission für Forschungsförderung, in: ZBJV 1995 S. 227 ff.

Maurer, Hartmut — Allgemeines Verwaltungsrecht, 9. Auflage, München 1994

Meier-Schatz, Christian J. — Über Entwicklung, Inhalt und Strukturelemente des Kindesrechts - Eine Gegenüberstellung von Schweizer Recht und UNO-Konvention, in: AJP 1993 S. 1035 ff.

Miehsler, Herbert — Internationaler Kommentar zur Europäischen Menschenrechtskonvention, Köln/Berlin/Bonn/München 1986 ff., Art. 6

Moor, Pierre — Droit administratif, 3 Bände (Volume I, 2. Auflage, Berne 1994; Volume II, Berne 1991; Volume III, Berne 1992) (zit. I/II/III)

Müller, Arthur — Schule und Schulbenützer, eine Untersuchung der gegenseitigen Beziehungen unter besonderer Berücksichtigung des aargauischen Rechts, Diss. Zürich 1978

Müller, Felix Oskar — Grundrechte der Kinder, Diss. Bern, Zürich 1996

Müller, Georg — Legitimation und Kognition in der Verwaltungsrechtspflege, in: ZBl 1982 S. 281 ff. (zit. Legitimation)

Müller, Georg — Kommentar zur Bundesverfassung der Schweizerischen Eidgenossenschaft vom 29. Mai 1874, Basel/Zürich/Bern 1987 ff., Art. 4 (zit. Art. 4)

Müller, Jörg Paul — Elemente einer schweizerischen Grundrechtstheorie, Bern 1982 (zit. Elemente)

Müller, Jörg Paul — Grundrechtliche Anforderungen an Entscheidstrukturen, in: Georg Müller/René A. Rhinow/Gerhard Schmid/Luzius Wildhaber (Hrsg.), Staatsorganisation und Staatsfunktionen im Wandel, Festschrift für Kurt Eichenberger zum 60. Geburtstag, Basel/Frankfurt a. M. 1982, S. 169 ff. (zit. Entscheidstrukturen)

Müller, Jörg Paul — Die Grundrechte der schweizerischen Bundesverfassung, 2. Auflage, Bern 1991 (zit. Grundrechte)

Müller, Jörg Paul — Demokratische Gerechtigkeit, München 1993 (zit. Gerechtigkeit)

Müller, Markus — Rechtsschutz im Bereich des informalen Staatshandelns, in: ZBl 1995 S. 533 ff.

Müller, Thomas	Neues Studiengang- und Prüfungsreglement an der Juristischen Abteilung der Rechts- und Wirtschaftswissenschaftlichen Fakultät der Universität Bern, in: recht 1993 S. 226 ff.
Murswiek, Dietrich	Ermessenskontrolle / Beurteilungsspielraum / Kontrolle von Prüfungsentscheidungen, in: Georg Ress (Gesamtredaktion), Entwicklungstendenzen im Verwaltungsverfahrensrecht und in der Verwaltungsgerichtsbarkeit, Wien/New York 1990, S. 131 ff.
Neuhaus, Stephan	Zur Abgrenzung der Gemeinde- von der Verwaltungsbeschwerde in Wahl- und Abstimmungsangelegenheiten, in: BVR 1993 S. 503 ff.
Niehues, Norbert	Schul- und Prüfungsrecht, Band 2, Prüfungsrecht, 3. Auflage, München 1994
Nowak, Manfred	UNO-Pakt über bürgerliche und politische Rechte und Fakultativprotokoll - CCPR-Kommentar, Kehl am Rhein/ Strassburg/Arlington 1989
Oberndorfer, Peter	Handlungsformen der Verwaltung und Rechtsschutz aus österreichischer Sicht, in: Georg Ress (Gesamtredaktion), Entwicklungstendenzen im Verwaltungsverfahrensrecht und in der Verwaltungsgerichtsbarkeit, Wien/New York 1990, S. 39 ff.
Oeter, Stefan	Landesbericht Schweiz, in: Jochen Abraham Frowein (Hrsg.), Die Kontrolldichte bei der gerichtlichen Überprüfung von Handlungen der Verwaltung, Berlin/Heidelberg/New York usw. 1993, S. 121 ff. (zit. Schweiz)
Oeter, Stefan	Die Kontrolldichte hinsichtlich unbestimmter Begriffe und des Ermessens, in: Jochen Abraham Frowein (Hrsg.), Die Kontrolldichte bei der gerichtlichen Überprüfung von Handlungen der Verwaltung, Berlin/Heidelberg/New York usw. 1993, S. 266 ff. (zit. Kontrolldichte)
Olechowski, Richard / Persy, Elisabeth (Hrsg.)	Fördernde Leistungsbeurteilung, Wien/München 1987
Olechowski, Richard / Rieder, Karin (Hrsg.)	Motivieren ohne Noten, Wien/München 1990
Pedrazzini, Mario M. / Oberholzer, Niklaus	Grundriss des Personenrechts, 3. Auflage, Bern 1989
Plotke, Herbert	Probleme des Schulrechts: Prüfungen und Promotionen, Diss. Basel, Bern/Frankfurt a. M. 1974 (zit. Probleme)
Plotke, Herbert	Schweizerisches Schulrecht, Bern/Stuttgart 1979 (zit. Schulrecht)

Plotke, Herbert — Anordnungen in der Schule: Juristische Aspekte, in: Schulische Anordnungen in der Volksschule, St. Gallen 1987, S. 9 ff. (zit. Anordnungen)

Plotke, Herbert — Probleme des Rechtsschutzes, in: Schulische Anordnungen in der Volksschule, St. Gallen 1987, S. 89 ff. (zit. Rechtsschutz)

Plotke, Herbert — Bildung und Schule in den kantonalen Verfassungen, in: Strukturen des schweizerischen Bildungswesens, Beiheft 17 zur Zeitschrift für Schweizerisches Recht, Basel/Frankfurt a. M. 1994, S. 5 ff. (zit. Bildung)

Polakiewicz, Jörg — Landesbericht Österreich, in: Jochen Abraham Frowein (Hrsg.), Die Kontrolldichte bei der gerichtlichen Überprüfung von Handlungen der Verwaltung, Berlin/Heidelberg/New York usw. 1993, S. 80 ff.

Portner, Carlo — Die Anstaltsgewalt öffentlicher Schulen mit Beispielen aus dem zürcherischen Recht, Diss. Zürich 1979

Recordon, Luc — La protection juridique du candidat à un examen en droit administratif fédéral, notamment dans les Ecoles Polytechniques Fédérales, in: ZBl 1984 S. 216 ff. (zit. protection)

Recordon, Luc — Le statut de l'élève en droits fédéral et vaudois, Diss. Lausanne 1987, Lausanne 1988 (zit. statut de l'élève)

Rehbinder, Manfred — Der Lehrvertrag, Sonderdruck aus „Panorama Berufsbildung", Zürich 1994 (zit. Lehrvertrag)

Rehbinder, Manfred — Schweizerisches Arbeitsrecht, 13. Auflage, Bern 1997 (zit. Arbeitsrecht)

Rehbinder, Manfred (Hrsg.) — BBG Berufsbildungsgesetz, 2. Auflage, Zürich 1989 (zit. BBG)

Rhinow, René A. — Verwaltungsgerichtsbarkeit im Wandel, in: Georg Müller/René A. Rhinow/Gerhard Schmid/Luzius Wildhaber (Hrsg.), Staatsorganisation und Staatsfunktionen im Wandel, Festschrift für Kurt Eichenberger zum 60. Geburtstag, Basel/Frankfurt a. M. 1982, S. 657 ff. (zit. Verwaltungsgerichtsbarkeit)

Rhinow, René A. — Vom Ermessen im Verwaltungsrecht: eine Einladung zum Nach- und Umdenken, in: recht 1983 S. 41 ff. und 83 ff. (zit. Ermessen)

Rhinow, René A. — Verwaltungsermessen im modernen Staat - Landesbericht Schweiz, in: Martin Bullinger (Hrsg.), Verwaltungsermessen im modernen Staat, Baden-Baden 1986, S. 51 ff. (zit. Verwaltungsermessen)

Rhinow, René A. / Krähenmann, Beat	Schweizerische Verwaltungsrechtsprechung, Ergänzungsband, Basel/Frankfurt a. M. 1990
Richli, Paul	Zum verfahrens- und prozessrechtlichen Regelungsdefizit beim verfügungsfreien Staatshandeln, in: AJP 1992 S. 196 ff. (zit. Regelungsdefizit)
Richli, Paul	Chancengleichheit im Schul- und Ausbildungssystem als Problem des Staats- und Verwaltungsrechts, in: ZBl 1995 S. 197 ff. (zit. Chancengleichheit)
Richli, Paul / Mascello, Bruno	Zur Privatschulfreiheit in der Schweiz - unter besonderer Berücksichtigung völkerrechtlicher Verträge, in: Strukturen des schweizerischen Bildungswesens, Beiheft 17 zur Zeitschrift für Schweizerisches Recht, Basel/Frankfurt a. M. 1994, S. 119 ff.
Rill, Heinz-Peter	Ermessensprüfung / Beurteilungsspielraum / Kontrolle von Prüfungsentscheidungen, in: Georg Ress (Gesamtredaktion), Entwicklungstendenzen im Verwaltungsverfahrensrecht und in der Verwaltungsgerichtsbarkeit, Wien/New York 1990, S. 115 ff.
Roos, Gottfried	Betrachtungen zum neuen Gesetz über die Verwaltungsrechtspflege, in: MBVR 1963 S. 385 ff.
Rouiller, Claude	Le pacte international relatif aux droits civils et politiques, in: ZSR 1992 I S. 106 ff.
Saladin, Peter	Verwaltungsprozessrecht und materielles Verwaltungsrecht, in: ZSR 1975 II S. 307 ff. (zit. Verwaltungsprozessrecht)
Saladin, Peter	Rechtsbeziehungen zwischen Eltern und Kindern als Gegenstand des Verfassungsrechts, in: Festschrift für Hans Hinderling, Basel 1976, S. 175 ff. (zit. Rechtsbeziehungen)
Saladin, Peter	Das Verwaltungsverfahrensrecht des Bundes, Basel/Stuttgart 1979 (zit. Verwaltungsverfahrensrecht)
Saladin, Peter	Verantwortung als Staatsprinzip, Bern/Stuttgart 1984 (zit. Verantwortung)
Saladin, Peter	Kommentar zur Bundesverfassung der Schweizerischen Eidgenossenschaft vom 29. Mai 1874, Basel/Zürich/Bern 1987 ff., Art. 3 (zit. Art. 3)
Saladin, Peter	Koordination im Rechtsmittelverfahren, in: URP 1991 S. 276 ff. (zit. Koordination)
Saladin, Peter	Zur Struktur des Allgemeinen Verwaltungsrechts, in: Festschrift für Ludwig Adamovich, Wien 1992, S. 586 ff. (zit. Struktur)

Saladin, Peter / Aubert, Martin — Zulassungsbeschränkungen an schweizerischen Hochschulen, in: Strukturen des schweizerischen Bildungswesens, Beiheft 17 zur Zeitschrift für Schweizerisches Recht, Basel/Frankfurt a. M. 1994, S. 153 ff.

Sand, Marc — Partei- und Prozessfähigkeit im bernischen Verwaltungs- und Verwaltungsgerichtsverfahren, Diss. Bern 1966

Schmuckli, Thomas — Die Fairness in der Verwaltungsrechtspflege, Diss. Freiburg 1990

Schoch, Claudia — Methode und Kriterien der Konkretisierung offener Normen durch die Verwaltung, Diss. Zürich 1984

Schürmann, Leo / Hänni, Peter — Planungs-, Bau- und besonderes Umweltschutzrecht, 3. Auflage, Bern 1995

Schweizer, Rainer J. — Die schweizerischen Gerichte und das europäische Recht, in: ZSR 1993 II S. 577 ff.

Schwenzer, Ingeborg — Die UN-Kinderrechtskonvention und das schweizerische Kindesrecht, in: AJP 1994 S. 817 ff.

Sendler, Horst — Die neue Rechtsprechung des Bundesverfassungsgerichts zu den Anforderungen an die verwaltungsgerichtliche Kontrolle, in: DVBl 1994 S. 1089 ff.

Stähelin, Philipp — Kantonale Verwaltungsgerichtsbarkeit in der Schweiz, in: Peter Pernthaler (Hrsg.), Föderalistische Verwaltungsrechtspflege als wirksamer Schutz der Menschenrechte, Wien 1986, S. 29 ff.

Stalder, Beat — Die bernischen Gemeinden und das neue Gesetz über die Verwaltungsrechtspflege (VRPG), in: KPG-Bulletin 1 und 2/1990

Stettler, Martin — Das Kindesrecht, in: Schweizerisches Privatrecht, Band III/2, Basel/Frankfurt a. M. 1992

Tschannen, Pierre — Stimmrecht und politische Verständigung, Basel/Frankfurt a. M. 1994

Ulbricht, Helga — Wortgutachten auf dem Prüfstand, Münster/New York 1993

Villiger, Mark E. — Die Pflicht zur Begründung von Verfügungen, in: ZBl 1989 S. 137 ff. (zit. Begründung)

Villiger, Mark E. — Handbuch der Europäischen Menschenrechtskonvention (EMRK), Zürich 1993 (zit. EMRK)

Vischer, Frank — Der Arbeitsvertrag, in: Schweizerisches Privatrecht, Band VII/1/III, Basel/Frankfurt a. M. 1994

von Mutius, Albert / Sperlich, Klaus — Prüfungen auf dem Prüfstand, in: DÖV 1993 S. 45 ff.

Walter, Robert / Mayer, Heinz — Grundriss des österreichischen Verwaltungsverfahrensrechts, 5. Auflage, Wien 1991

Weber-Dürler, Beatrice	Chancengleichheit und Rechtsgleichheit, in: Festschrift für Ulrich Häfelin, Zürich 1989, S. 205 ff.
Weiss, Rudolf	Leistungsbeurteilung in den Schulen - Notwendigkeit oder Übel?, Wien/München 1989
Wetzel, Thomas A.	Das Recht auf eine wirksame Beschwerde bei einer nationalen Instanz (Art. 13 EMRK) und seine Ausgestaltung in der Schweiz, Diss. Basel, Entlebuch 1983
Wielinger, Gerhart / Gruber, Gunther	Einführung in das österreichische Verwaltungsverfahrensrecht, 6. Auflage, Graz 1993
Wohlfart, Heiner	Die Rekursbefugnis im baselstädtischen Verwaltungsprozess, in: BJM 1993 S. 113 ff. (zit. Rekursbefugnis)
Wohlfart, Heiner	Anforderungen der Art. 6 Abs. 1 EMRK und Art. 98a OG an die kantonalen Verwaltungsrechtspflegegesetze, in: AJP 1995 S. 1421 ff. (zit. Anforderungen)
Wolff, Hans J. / Bachof, Otto / Stober, Rolf	Verwaltungsrecht I, 10. Auflage, München 1994; Verwaltungsrecht II, 5. Auflage, München 1987 (zit. I/II)
Wolffers, Artur	Die staatsrechtliche Stellung der Universität Zürich, Diss. Zürich 1940
Wullschleger, Stephan	Das Beschwerderecht der ideellen Verbände und das Erfordernis der formellen Beschwer, in: ZBl 1993 S. 359 ff.
Zaugg, Aldo	Kommentar zum Baugesetz des Kantons Bern vom 9. Juni 1985, 2. Auflage, Bern 1995
Zenger, Christoph	Der Numerus clausus an Hochschulen als Grundrechtsfrage, in: ZSR 1983 I S. 1 ff.
Zimmerli, Ulrich	EMRK und schweizerische Verwaltungsrechtspflege, in: Daniel Thürer/Rolf H. Weber/Roger Zäch (Hrsg.), Aktuelle Fragen zur Europäischen Menschenrechtskonvention, Zürich 1994, S. 41 ff.

BERNISCHE MATERIALIEN

- Vortrag der Justizdirektion an den Regierungsrat zuhanden des Grossen Rates des Kantons Bern betreffend die Totalrevision des Gesetzes über die Verwaltungsrechtspflege (VRPG), Tagblatt des Grossen Rates 1989, Beilage 5 (zit. Vortrag VRPG)

- Vortrag der Verfassungskommission zuhanden des Grossen Rates betreffend die Totalrevision der Kantonsverfassung, Tagblatt des Grossen Rates 1992, Beilage 21 (zit. Vortrag KV)

- Vortrag der Erziehungsdirektion an den Regierungsrat zuhanden des Grossen Rates zum Gesetz über die Lehrerinnen- und Lehrerbildung (LLBG), Tagblatt des Grossen Rates 1995, Beilage 9 (zit. Vortrag LLBG)

- Vortrag der Erziehungsdirektion an den Regierungsrat zuhanden des Grossen Rates zur Änderung des Gesetzes vom 7. Februar 1954 über die Universität, Tagblatt des Grossen Rates 1995, Beilage 11 (zit. Vortrag NC)

- Vortrag der Erziehungsdirektion an den Regierungsrat zuhanden des Grossen Rates zum Gesetz über die Maturitätsschulen (MaSG), Tagblatt des Grossen Rates 1995, Beilage 45 (zit. Vortrag MaSG)

- Vortrag der Erziehungsdirektion an den Regierungsrat zuhanden des Grossen Rates betreffend das Gesetz über die Universität (UniG), Tagblatt des Grossen Rates 1996, Beilage 27 (zit. Vortrag UniG)

- Vortrag der Erziehungsdirektion an den Regierungsrat zuhanden des Grossen Rates betreffend das Gesetz über die Fachhochschulen (FaG), Tagblatt des Grossen Rates 1996, Beilage 32 (zit. Vortrag FaG)

1 EINFÜHRUNG

1.1 GEGENSTAND UND FRAGESTELLUNG

Dieses Buch setzt sich aus verwaltungsrechtlicher Sicht mit der Anfechtbarkeit von *bildungsrechtlichen Leistungsbeurteilungen* und der Überprüfungsbefugnis vor Rechtsmittelinstanzen auseinander. Als solche Leistungsbeurteilungen werden im folgenden Noten, Prädikate, Zeugnisse, Diplome oder andere behördliche Entscheide über die an einer Bildungsstätte erzielten Leistungen bezeichnet.[1]

Die Annäherung an die Probleme erfolgt sowohl vom *Bundesrecht* wie auch vom *bernischen Verwaltungsrecht* her und ist damit nicht auf vollständige Präsentation von Rechtsetzung und Rechtsprechung angelegt. Immerhin soll mit den zu erarbeitenden Lösungsvorschlägen versucht werden, den Anforderungen der verwaltungsrechtlichen Dogmatik wie denjenigen der Praxis gleichermassen Beachtung zu schenken und so zur Entwicklung einer allgemeinen Lehre von bildungsrechtlichen Leistungsbeurteilungen im Verwaltungsrecht beizutragen.

Dabei geht es *nicht* um eine irgendwie geartete *„Verrechtlichung"* des Bildungswesens. Zum einen sind Bildung und Ausbildung richtigerweise längst in rechtliche Strukturen gefasst.[2] Zum anderen rechtfertigt es sich, aus der besonderen Optik des Rechtsschutzes den Blick auch für noch bestehende Defizite zu öffnen. Es darf - allen kritischen Einwänden zum Trotz[3] - nicht übersehen werden, dass den bildungsrechtlichen Leistungsbeurteilungen besonders beim Zugang zu einem beträchtlichen Teil des Bildungsangebots und bei der Auswahl von Personal weiterhin eine bemerkenswerte rechtliche und faktische Bedeutung zukommt. Schliesslich ist darauf hinzuweisen, dass sich permanent eine grosse Anzahl von Menschen in Ausbildung befindet.[4]

---

1 Vgl. auch die Ausführungen unter Ziff. 1.3.

2 Vgl. besonders die Hinweise in Ziff. 1.2.

3 Vgl. Ziff. 1.3.

4 Im Kanton Bern besuchten 1995 insgesamt 166'745 Personen die 1'839 Ausbildungsstätten (Bildung, Kultur und Sport des Kantons Bern in Zahlen, Ausgabe Juni 1996, herausgegeben von der Erziehungsdirektion des Kantons Bern, S. 2 ff.).

Die zu untersuchenden *Grundprobleme* bildungsrechtlicher Leistungsbeurteilungen seien hier zunächst anhand von drei einfachen Sachverhalten (a - c) eingeführt:

a) *A besucht die Volksschule. Die letzte Französischprobe von A wurde mit der ungenügenden Note 3 bewertet.*

Kann diese Note angefochten werden? Wenn ja, wer kann sie anfechten und inwiefern kann sie von der Beschwerdeinstanz überprüft werden?

b) *B hat die Lehrabschlussprüfung wohl bestanden, im Prüfungsfach Deutsch aber die ungenügende Note 3 erhalten.*

Kann die Deutschnote angefochten werden? Wenn ja, wer kann sie anfechten und inwiefern kann sie von der Beschwerdeinstanz überprüft werden?

c) *C besucht eine Maturitätsschule. Das Zeugnis von C ist ungenügend, deshalb wird C nicht in die nächste Klasse promoviert.*

Kann die Nichtpromotion angefochten werden? Wenn ja, wer kann sie anfechten und inwiefern kann sie von der Beschwerdeinstanz überprüft werden?

Für den vorliegenden Zusammenhang ist die Frage, welche bildungsrechtlichen Leistungsbeurteilungen überhaupt der Kontrolle der Verwaltungsjustiz unterworfen - und damit *anfechtbar* - sind, von zentraler Bedeutung. Um diese Frage beantworten zu können, ist zunächst zu prüfen, in welchen Fällen der Verwaltungsrechtsweg offensteht.[5] Sodann ist zu untersuchen, welchen Anforderungen die beschwerdeführende Partei zu genügen hat.[6]

Ist die Anfechtbarkeit gegeben, muss in einem weiteren Schritt der Umfang der *Überprüfungsbefugnis* untersucht werden.[7]

---

5 Dazu Ziff. 2.1.

6 Dazu Ziff. 2.2.

7 Dazu Ziff. 3.

Der letzte Abschnitt[8] ist der Darstellung von Teilen des materiellen und prozeduralen *bernischen Bildungsrechts* gewidmet. Mit den in Ziffer 4 enthaltenen Hinweisen soll an die zuvor entwickelten Grundsätze angeknüpft und ein Blick auf verschiedene Gesichtspunkte des bildungsrechtlichen Alltags im Kanton Bern vermittelt werden.

1.2 ZUR RECHTLICHEN BEDEUTUNG DER BILDUNG

„Bildung" - hier zunächst in einem sehr weiten, umfassenden Sinn verstanden - ist nicht nur für den einzelnen Menschen,[9] sondern auch für den Staat von grundlegender Bedeutung.[10] Dies ergibt sich regelmässig, wenn auch oft nur ansatzweise, bereits aus der Verfassung.[11] Zunehmend erlangt die Bildung aber auch im internationalen Recht beachtliche Bedeutung.[12] Dass der Staat ein besonderes Interesse am Bildungswesen hat, zeigt sich etwa daran, dass auf Verfassungsebene nicht bloss minimale grundrechtliche Ansprüche[13] gewährt werden, sondern dieser Bereich als Ganzes zu einer wichtigen Staatsaufgabe gemacht wird.[14] Das Leben in einer demokratischen Staatsordnung setzt Bildung als Grundbedingung voraus.[15]

Wer vom grossen öffentlichrechtlichen und öffentlichrechtlich anerkannten Bildungsangebot Gebrauch macht, kommt mit der „Bildungsverwaltung" und damit unweigerlich auch mit dem Verwaltungsrecht in Kontakt. Im Rahmen der vielfältigen Bildungsmöglichkeiten haben die zuständigen Behörden eine Vielzahl von Entscheiden zu treffen, von denen - in erster Linie - die auszubildenden Personen mehr oder weniger stark betroffen

---

8 Ziff. 4.

9 Zum Begriff „Bildung" und zur Notwendigkeit von „Bildung" vgl. etwa die Hinweise bei HÄRING, S. 23 ff.

10 Vgl. etwa den knappen Überblick bei HÄRING, S. 26 ff.

11 Vgl. etwa die Analyse kantonaler Verfassungen durch PLOTKE, Bildung (besonders S. 113 ff.).

12 Vgl. besonders die Hinweise in Ziff. 2.1.2.3 und 2.1.2.4.

13 Z. B. Art. 27 Abs. 2 und 3 BV, Art. 29 Abs. 2 KV.

14 Auf Bundesebene vgl. besonders Art. 27, Art. 27quater, Art. 27quinquies, Art. 27sexies, Art. 33, Art. 34ter Abs. 1 Bst. g BV; für den Kanton Bern vgl. Art. 42 - 45 KV sowie das Sozialziel nach Art. 30 Abs. 1 Bst. f KV.

15 Näher mit diesem Thema setzen sich etwa auseinander SALADIN, Verantwortung, S. 145 ff.; JÖRG PAUL MÜLLER, Gerechtigkeit, S. 205 ff.; TSCHANNEN, Rz. 613 ff. (alle mit weiteren Hinweisen).

sein können.[16] Diese Betroffenheit beschlägt aber nicht nur das Verwaltungshandeln, sondern auch die Verwaltungsorganisation: So wird etwa der grösste Teil dieses Bildungsangebots durch Anstalten des öffentlichen Rechts vermittelt.[17] Private Institutionen bieten bloss einen kleineren Teil des öffentlichrechtlich anerkannten Bildungsangebots an.[18]

1.3 GRUNDSÄTZLICHE PROBLEME DER LEISTUNGSBEURTEILUNG

Das vorliegende Buch betrachtet die bildungsrechtlichen Leistungsbeurteilungen primär aus juristischer Sicht, was jedoch nicht zur (falschen) Annahme verleiten darf, es gebe einzig einige *rechtliche* Probleme bei der Messung und Beurteilung von Leistungen im Bereich von Bildung und Ausbildung.

Ein Blick über die Grenzen des eigenen Wissenschaftsgebiets drängt sich auf: Bevor die eigentliche Auseinandersetzung mit dem Thema aus rechtlicher Sicht aufgenommen wird, seien im vorliegenden Abschnitt zunächst einige Hinweise zu *historischen*, *erziehungswissenschaftlichen* und *psychologischen* Zusammenhängen gegeben.

1.3.1 Geschichtlicher Überblick

Bildung und Beurteilung sind - zumindest in unserem Kulturkreis - seit überaus langer Zeit miteinander verknüpft.

Erste Zensurierungen von Schularbeiten sind aus dem sechzehnten Jahrhundert bekannt.[19] Dabei handelte es sich um sogenannte *Benefizien- oder Sittenzeugnisse*, die vor allem Aussagen über Gehorsam und Fleiss enthielten.[20] Solche Zeugnisse bezweckten primär, einem Kind aus mittel-

---

16 Vgl. etwa PLOTKE, Anordnungen, S. 9 ff. (mit einem allgemeinen Überblick über Anordnungen im Volksschulbereich).

17 Vgl. auch MASCELLO, S. 14; zu den Begriffen „Anstalt" und „besonderes Rechtsverhältnis" vgl. etwa BGE 98 Ib 301 ff.; HÄFELIN/MÜLLER, Rz. 1042 ff.; PORTNER, S. 5 ff. und 56 ff.; PLOTKE, Schulrecht, S. 70 ff.; ECKSTEIN, Schulrecht, S. 16 f.

18 Z. B. Privatschulen im Bereich der Volksschule, private Maturitätsschulen, private Ingenieurschulen usw.; zur Privatschulfreiheit vgl. RICHLI/MASCELLO, S. 119 ff. und MASCELLO, S. 14 ff. und 379 ff. (Anhang 3 mit statistischen Angaben).

19 KLEINERT, S. 919 (mit Hinweisen auf deutsche und französische Schulen); ULBRICHT, S. 5.

20 ULBRICHT, S. 5.

loser Familie den Zugang zu einer Schule zu öffnen.[21] Kein Zeugnis - auch nicht für den Besuch der Universität - benötigte, wer die Kosten für die Ausbildung selber aufzubringen vermochte.[22]

Neben diesen, meist nur einmal erteilten, sind auch *periodisch erteilte Zeugnisse* bereits seit dem sechzehnten Jahrhundert bekannt.[23] Eine eigentliche Beurteilung der erbrachten Leistungen hielt allerdings erst allmählich Einzug. Dabei galt zunächst „die möglichst getreue Wiedergabe des gelernten Stoffes als beste Leistung."[24] Die Schüler - Schülerinnen waren damals weithin „unbekannt" - wurden aufgrund dieser Fähigkeit, auswendig gelernten Stoff wiederzugeben, in eine Rangfolge gebracht, welche als Vorstufe zur später eingeführten ziffernmässigen Leistungsbeurteilung bezeichnet werden kann.[25] Zu allen Zeiten - und vermehrt mit der Zunahme pädagogischer und psychologischer Erkenntnisse - wurden Versuche unternommen, von dieser starren ziffernmässigen Beurteilung wegzukommen.[26]

Zeugnisse waren zunächst im Hinblick auf den Zugang zur Universität vor allem an Gymnasien von Bedeutung; erst mit der Veränderung gesellschaftlicher Bedürfnisse[27] - zu denken ist besonders an die Industrialisierung und die Einführung der allgemeinen Schulpflicht - wurden nach und nach auch an anderen Schulen Zeugnisse eingeführt.[28] Ebenso wurden erst allmählich die ständischen Vorrechte bei der Besetzung leitender Positionen durch die in einer Ausbildung erworbene persönliche Qualifikation abgelöst.[29] Während die früheren Leistungsbeurteilungen sich primär an

---

21 ULBRICHT, S. 5.

22 ULBRICHT, S. 5.

23 ULBRICHT, S. 7; vgl. auch KLEINERT, S. 919 (beide mit Hinweisen auf jesuitische Bildungsstätten).

24 KLEINERT, S. 919.

25 KLEINERT, S. 919 f.

26 KLEINERT, S. 920, der auf ein Wortzeugnis aus dem Jahre 1799 hinweist. In den Primarschulen des Kantons Bern ist das Wortzeugnis (als „Schulbericht" [oder moderner: „Lernbericht", vgl. Ziff. 4.1.2]) seit 1932 bekannt (DERS., S. 921, mit weiteren Beispielen). Vgl. auch Ziff. 1.3.5.

27 Zur Interdependenz von Entwicklungsbedingungen und Leistungsbeurteilung vgl. THONHAUSER, in: OLECHOWSKI/PERSY, S. 125 ff.

28 ULBRICHT, S. 6.

29 INGENKAMP, in: OLECHOWSKI/PERSY, S. 39, der auch auf die Bedeutung der Bildung für die Entstehung einer modernen Demokratie hinweist.

öffentliche Institutionen richteten, rücken in neuerer Zeit die Auszubildenden als Adressatinnen und Adressaten in den Vordergrund.[30]

1.3.2 Begründung und Funktionen bildungsrechtlicher Leistungsbeurteilungen

Ganz grundsätzlich mag sich zunächst die Frage stellen, *ob* die in öffentlichrechtlichen Bildungsinstitutionen erbrachten Leistungen überhaupt einer Beurteilung unterliegen sollen.[31] Aufgrund der tatsächlichen Verhältnisse im geltenden Bildungsrecht und der tatsächlichen Bedeutung von Leistungsbeurteilungen in unserer Gesellschaft soll eine entsprechende Untersuchung hier jedoch unterbleiben.

Soweit man in der Erziehungswissenschaft davon ausgeht, dass Bildung und Ausbildung nicht um eine Leistungsbeurteilung[32] herum kommen, wird etwa folgendermassen argumentiert: Die Lernenden sollen Rückmeldungen über ihre Fortschritte erhalten; Beurteilungen sind als Teil einer Leistungsgesellschaft zu akzeptieren; die Schule kann Leistungen besser beurteilen als andere Institutionen.[33] Jedoch ändert die so begründete Notwendigkeit von Leistungsbeurteilungen nichts daran, dass diese anders und umfassender festgestellt werden sollten.[34]

Wenn deshalb in den folgenden Ziffern die bildungsrechtlichen Leistungsbeurteilungen als Faktum hingenommen werden, soll zumindest nicht verschwiegen werden, dass auch die Frage, *wie* Leistungen beurteilt werden können, sehr kontrovers beantwortet wird. Die psychologische und die erziehungswissenschaftliche Forschung stellen die herkömmliche Leistungsbeurteilung (v. a. mit Noten) längst in Frage.[35] Im juristischen Bereich drücken sich solche Unsicherheiten letztlich besonders bei den Pro-

---

30 ULBRICHT, S. 7 f.

31 Vgl. etwa die Hinweise bei RIEDER, in: OLECHOWSKI/RIEDER, S. 16 ff. und bei KRAMPEN, in: OLECHOWSKI/PERSY, S. 207.

32 Zum Leistungsbegriff in der Pädagogik vgl. etwa den Überblick bei RIEDER, in: OLECHOWSKI/RIEDER, S. 56 ff. (mit vielen Hinweisen); weiter auch SCHEIBER, in: OLECHOWSKI/RIEDER, S. 92 f. und WEISS, S. 13 ff.

33 OLECHOWSKI, in: OLECHOWSKI/PERSY, S. 27 f.; weitere Begründungsansätze vgl. etwa bei ULBRICHT, S. 11 ff.

34 Vgl. OLECHOWSKI, in: OLECHOWSKI/PERSY, S. 28 f.

35 Vgl. etwa die Übersicht bei PLOTKE, Probleme, S. 131 ff. Nach WEISS, S. 11, sind die Probleme von Leistungsbeurteilungen heute wohl besser erkannt, aber keineswegs gelöst.

blemen mit der nachträglichen Überprüfung von Leistungsbeurteilungen aus.[36]

Wichtig ist zunächst die Feststellung, dass die Leistungsbeurteilung nach überzeugender erziehungswissenschaftlicher Darlegung nicht ein pädagogisches Ziel, sondern bloss ein *Hilfsmittel* zur Erreichung pädagogischer Ziele darstellt.[37]

Die Zuordnung der unterschiedlichen *Funktionen* von Leistungsbeurteilungen verläuft parallel zur gesellschaftlichen Entwicklung, ist aber auch von weiteren Faktoren abhängig.[38] Als Beispiel[39] für eine solche aktuelle Einteilung in verschiedene Haupt- und Nebenfunktionen sei hier - stichwortartig - bloss die folgende genannt:[40]

- *Pädagogische Funktion*
  - ⇒ Rückmeldefunktion für Lehrkräfte und Lernende (Evaluierungsfunktion)
  - ⇒ Motivations- und Anreizfunktion für Lernende
  - ⇒ Sozialisierungsfunktion
  - ⇒ Chancenausgleichsfunktion
  - ⇒ Hilfestellung für Plazierungsentscheidungen
  - ⇒ Lernsteuerungsfunktion
  - ⇒ Beratungsfunktion
  - ⇒ Disziplinierungsfunktion
- *Berichtsfunktion (Mitteilungsfunktion)*

---

36 Näher dazu Ziff. 3.

37 FLAMMER/PERRIG-CHIELLO/RÜEGG, S. 11.

38 ULBRICHT, S. 8.

39 Vgl. weiter auch ULBRICHT, S. 8; WEISS, S. 21 ff.; OLECHOWSKI, in: OLECHOWSKI/PERSY, S. 32.

40 So RIEDER, in: OLECHOWSKI/RIEDER, S. 64 ff. (ebenfalls dieser Darstellung folgend ULBRICHT, S. 8 f.); vgl. auch FLAMMER/PERRIG-CHIELLO/RÜEGG, S. 15, die die Vielzahl von Funktionen kritisieren.

- *Berechtigungsfunktion*

  ⇒ Klassifizierungsfunktion

  ⇒ Selektionsfunktion (Auslese)

  ⇒ Prognosefunktion

Es ist interessant, dass die pädagogische Funktion regelmässig schlechter wahrgenommen wird als die Berichts- und die Berechtigungsfunktion.[41] In diesem Umstand zeigt sich einmal mehr der Widerspruch, „der zwischen dem Bedürfnis nach einer detaillierten, pädagogisch konzipierten Rückmeldung an den Schüler einerseits und dem Verlangen des Staates nach einer administrativ und juristisch leicht handhabbaren Steuerung des Nachwuchses im Bildungswesen andererseits besteht."[42] In einer Doppelfunktion haben die Schulen nicht nur zu erziehen und zu unterrichten, sondern auch Berechtigungen zu vergeben, was zu einer Belastung der pädagogischen Funktion führt.[43]

1.3.3 Objektivität, Reliabilität und Validität von Leistungsbeurteilungen

Aus der empirischen Forschung ist bekannt, dass die Richtigkeit von Leistungsbeurteilungen (regelmässig Ziffernnoten) zunächst in dreifacher Hinsicht zweifelhaft ist:[44]

- *Objektivität*
  Viele Untersuchungen zur Objektivität der Leistungsbeurteilung bei schriftlichen Arbeiten haben gezeigt, dass die Urteile verschiedener Lehrkräfte über die gleiche Arbeit beträchtlich variieren.[45]

- *Reliabilität* (Zuverlässigkeit)
  Es liegen diverse Studien vor, die nachweisen, dass die gleichen Lehr-

---

41 RIEDER, in: OLECHOWSKI/RIEDER, S. 81.

42 INGENKAMP, in: OLECHOWSKI/PERSY, S. 38.

43 INGENKAMP, in: OLECHOWSKI/PERSY, S. 39; vgl. auch LICHTENSTEIN-ROTHER, in: OLECHOWSKI/PERSY, S. 151.

44 OLECHOWSKI, in: OLECHOWSKI/PERSY, S. 31 f.; vgl. auch INGENKAMP, in: OLECHOWSKI/PERSY, S. 40 und WEISS, S. 106 ff. (je mit weiteren Hinweisen); zu den sozialpsychologischen Hintergründen dieser Beurteilungsfehler vgl. etwa RIEDER, in: OLECHOWSKI/RIEDER, S. 39 ff. (mit vielen Hinweisen).

45 OLECHOWSKI, in: OLECHOWSKI/PERSY, S. 31; RIEDER, in: OLECHOWSKI/RIEDER, S. 24 f.; FLAMMER/PERRIG-CHIELLO/RÜEGG, S. 19 f. (je mit weiteren Hinweisen).

kräfte die gleiche Arbeit zu verschiedenen Zeitpunkten unterschiedlich bewerten.[46]

- *Validität* (Gültigkeit)
  Zwischen dem Unterrichtsziel und den Prüfungsinhalten bestehen oft beträchtliche Unterschiede.[47] Untersuchungen zur Validität haben gezeigt, dass der prognostische Wert von Noten so gering ist, dass sich über den zukünftigen Erfolg oder Misserfolg keine verlässliche Aussage machen lässt.[48]

Aus weiteren Studien ist zudem bekannt, dass sich Leistungsbeurteilungen über eine Klasse hinaus - erst recht bei Orientierung an der individuellen Bezugsnorm[49] - nur schlecht miteinander *vergleichen* lassen, was besonders für die Zulassung zu weiterführenden Ausbildungen problematisch sein kann[50].[51]

Der vom staatlichen Berechtigungswesen implizit an herkömmliche Leistungsbeurteilungen gesetzte Anspruch kann somit nicht eingelöst werden.[52]

---

46 OLECHOWSKI, in: OLECHOWSKI/PERSY, S. 32; RIEDER, in: OLECHOWSKI/RIEDER, S. 25 (mit weiteren Hinweisen); vgl. auch FLAMMER/PERRIG-CHIELLO/RÜEGG, S. 20 f.

47 OLECHOWSKI, in: OLECHOWSKI/PERSY, S. 32.

48 RIEDER, in: OLECHOWSKI/RIEDER, S. 25; FLAMMER/PERRIG-CHIELLO/RÜEGG, S. 21 ff. (je mit weiteren Hinweisen).

49 Dazu Ziff. 1.3.4.3.

50 RIEDER, in: OLECHOWSKI/RIEDER, S. 26 (mit weiteren Hinweisen).

51 Zu weiteren verbreiteten Beurteilungsfehlern vgl. etwa ULBRICHT, S. 21 ff. und WEISS, S. 127 ff. (je mit weiteren Hinweisen).

52 RIEDER, in: OLECHOWSKI/RIEDER, S. 23 f. Vgl. etwa als möglichen Lösungsvorschlag angesichts der Unzuverlässigkeit von Selektionsverfahren die Argumente von BRUNNER, S. 3 ff., für eine integrierte Struktur der Oberstufe.

1.3.4 Bezugsnormen zur Leistungsbeurteilung

1.3.4.1 Vorbemerkungen

Anders als die blosse Feststellung setzt die Beurteilung einer Leistung einen „Massstab" voraus.[53] Alle Leistungsbeurteilungen ergehen aufgrund eines Messsystems, d. h. sie erfordern die Heranziehung von Vergleichsgrössen (sog. Bezugsnormen).[54] Dabei muss für „jedes Beurteilungssystem ... eine *eigene* Bezugsgrösse existieren, denn Lautstärken werden nicht mit einer Temperatur verglichen, sondern mit einer anderen Lautstärke."[55]

Die Verwendung verschiedener Bezugsnormen zur schulischen Leistungsbeurteilung hat Tradition[56] und wird weiterhin praktiziert.[57] Heute sind vor allem die *soziale*, die *individuelle* und die *sachliche* Bezugsnorm verbreitet.[58] Alle drei gelten in gewisser Hinsicht als pädagogisch wertvoll.[59]

1.3.4.2 Soziale Bezugsnorm

Die soziale Bezugsnorm kann erst aufgrund empirischer Erhebungen angewandt werden (sog. Realnorm).[60] Dabei wird die individuelle Leistung in die Leistungsverteilung einer *Bezugsgruppe* (z. B. Schulklasse) eingeordnet und vom Mittelwert dieser Gruppe aus bewertet.[61] Mit dieser Bezugsnorm erhält die Mehrzahl der Mitglieder der Gruppe notwendigerweise eine mittlere Einstufung.[62] Das individuelle Bewertungsergebnis hängt

---

53 WEISS, S. 52.

54 KLAUER, in: OLECHOWSKI/PERSY, S. 180.

55 KLAUER, in: OLECHOWSKI/PERSY, S. 181.

56 KLAUER, in: OLECHOWSKI/PERSY, S. 183 f., der ein Beispiel von *Pestalozzi* aus dem Jahre 1807 nennt (zur Entwicklung in der Bundesrepublik Deutschland vgl. S. 191 ff.).

57 KLAUER, in: OLECHOWSKI/PERSY, S. 188 ff.

58 KLAUER, in: OLECHOWSKI/PERSY, S. 184; RIEDER, in: OLECHOWSKI/RIEDER, S. 27; ULBRICHT, S. 14 ff.; WEISS, S. 51 (alle mit weiteren Hinweisen).

59 KLAUER, in: OLECHOWSKI/PERSY, S. 190; vgl. auch die Darstellung der Diskussion bei RIEDER, in: OLECHOWSKI/RIEDER, S. 37 ff.

60 KLAUER, in: OLECHOWSKI/PERSY, S. 184.

61 KLAUER, in: OLECHOWSKI/PERSY, S. 184.

62 KLAUER, in: OLECHOWSKI/PERSY, S. 185; man spricht in diesem Zusammenhang von der *Gauss'schen Normalverteilung* (vgl. RIEDER, in: OLECHOWSKI/RIEDER, S. 27).

bei der sozialen Bezugsnorm immer auch von der Leistung der anderen Gruppenmitglieder ab.[63] Innerhalb der Gruppe sind die Leistungsbeurteilungen ziemlich stabil und gut vorhersagbar.[64]

Die soziale Bezugsnorm informiert über die relative Position einzelner Lernender innerhalb der Bezugsgruppe.[65] Unter diesem Bezugssystem leiden besonders leistungsschwächere Lernende, weil sie ihre Position in der Rangreihe nur verbessern können, wenn sie grössere Fortschritte als die leistungsstärkeren Lernenden machen.[66]

1.3.4.3 Individuelle Bezugsnorm

Die individuelle Bezugsnorm ist eine Realnorm, unter der die Lernenden mit sich selbst verglichen werden; dahinter steckt die Idee, eine lernende Person an ihrer *individuellen Leistungsfähigkeit* zu messen.[67] Die Bewertung erfolgt aufgrund eines Vergleichs mit den früher erbrachten Leistungen und ist grundsätzlich von den Leistungen anderer unabhängig.[68] Weil eine Verbesserung ebenso wahrscheinlich wie eine Verschlechterung der Leistung ist, gilt die individuelle Bezugsnorm als anregend für die Leistungsmotivation (und dies für gute wie für schwache Lernende).[69] Entsprechend sind die Leistungsbeurteilungen eher instabil.[70]

Die individuelle Bezugsnorm informiert über das Ergebnis einer lernenden Person, gemessen an ihren Fähigkeiten.[71] Als adäquate Beurteilungsform bietet sich etwa die verbale Beurteilung an.[72]

Allen erziehungswissenschaftlichen Bemühungen zur Förderung der „individuellen Bezugsnorm" zum Trotz ist allerdings festzuhalten, dass die

---

63 Klauer, in: Olechowski/Persy, S. 185.

64 Klauer, in: Olechowski/Persy, S. 185 f.

65 Klauer, in: Olechowski/Persy, S. 189.

66 Rieder, in: Olechowski/Rieder, S. 28.

67 Klauer, in: Olechowski/Persy, S. 186.

68 Klauer, in: Olechowski/Persy, S. 186.

69 Klauer, in: Olechowski/Persy, S. 187.

70 Klauer, in: Olechowski/Persy, S. 187.

71 Klauer, in: Olechowski/Persy, S. 189 f., der auch auf den Zusammenhang mit der pädagogischen Funktion der Leistungsbeurteilung hinweist (vgl. Ziff. 1.3.2).

72 Rieder, in: Olechowski/Rieder, S. 30 (mit weiteren Hinweisen); vgl. Ziff. 1.3.5.

modernen, leistungsorientierten Gesellschaften dem *sozialen Vergleich* in verschiedener Beziehung (z. B. Politik, Arbeit, Sport) weiterhin einen hohen Stellenwert einräumen[73].[74]

1.3.4.4 Sachliche Bezugsnorm

Die sachliche Bezugsnorm besteht in mehr oder weniger „willkürlichen" Anforderungen, die an die Lernenden gestellt werden (sog. Idealnorm); man spricht auch von curricularer Norm oder *Lehrzielnorm* (oder - je nach Quelle - von *Lernzielnorm*[75]).[76] Die Leistungen der Lernenden werden somit an den vorgängig[77] festgelegten Anforderungen gemessen und nicht am Durchschnitt[78] oder am Individuum[79].[80] Die Leistungsbeurteilungen gelten als von mittlerer Stabilität.[81]

Die sachliche Bezugsnorm informiert über das Ergebnis einer lernenden Person, gemessen an einem konkreten (absoluten) Lehrziel.[82]

1.3.5 Verbale und ziffernmässige Beurteilung

Weiter wird im Zusammenhang mit Leistungsbeurteilungen intensiv über die Ablösung der heute im gesamten deutschsprachigen Raum sehr verbreiteten ziffernmässigen durch eine verbale Beurteilung diskutiert.[83] Zu Gunsten einer verbalen Leistungsbeurteilung wird etwa geltend gemacht:[84]

---

73 Ingenkamp, in: Olechowski/Persy, S. 50, der sich im übrigen (S. 70) gegen eine „Verteufelung" des sozialen Vergleichs wendet.

74 Zur sozialen und zur individuellen Bezugsnorm vgl. aus motivationspsychologischer Perspektive Rheinberg, in: Olechowski/Persy, S. 80 ff.

75 Vgl. Rieder, in: Olechowski/Rieder, S. 31.

76 Klauer, in: Olechowski/Persy, S. 187.

77 Klauer, in: Olechowski/Persy, S. 188.

78 Vgl. Ziff. 1.3.4.2.

79 Vgl. Ziff. 1.3.4.3.

80 Klauer, in: Olechowski/Persy, S. 187.

81 Klauer, in: Olechowski/Persy, S. 188.

82 Klauer, in: Olechowski/Persy, S. 190.

83 Vgl. dazu besonders Ulbricht (besonders S. 40 ff.) und Olechowski/Rieder.

84 Vgl. auch Scheiber, in: Olechowski/Rieder, S. 115 ff.

- *Ermutigende Erziehung statt Leistungsdruck durch Sozialvergleich*[85]
  Weil die Lernenden nicht in ein Ziffernnotensystem hineingezwängt werden müssen, kann in optimaler Weise auf die individuelle Eigenart eingegangen werden.[86] Bereits kleine individuelle Lernfortschritte können gewürdigt werden.[87]

- *Förderung der sozialen Kooperation statt Konkurrenzverhalten*[88]

- *Erhöhung der Chancengleichheit statt Leistungsabfall der Benachteiligten*[89]

- *Individuelle Förderung statt frontal gesteuerter Lerngleichschritt*[90]

Verschiedene Studien haben zudem ergeben, dass die ziffernmässige Beurteilung nur schlecht eine motivierende Funktion auszuüben vermag.[91]

Es wird jedoch auch darauf aufmerksam gemacht, dass selbst mit einer verbalen Beurteilung verschiedene *Nachteile* verbunden sind:[92]

- Die Lernenden sind auch bei verbalen Beurteilungen nicht vor Lehrkräften geschützt, die schablonenhaft vorgehen.[93] Dies fällt um so stärker ins Gewicht, als diagnostische Instrumente zur Realisierung der Verbalbeurteilungen fehlen.[94]
- Negative Verbalbeurteilungen können allenfalls weit stärker wirken als eine ungünstige Beurteilung durch Ziffern.[95]

---

85 INGENKAMP, in: OLECHOWSKI/PERSY, S. 48 und 49 ff.

86 OLECHOWSKI, in: OLECHOWSKI/PERSY, S. 33; DERS., in: OLECHOWSKI/RIEDER, S. 230.

87 OLECHOWSKI, in: OLECHOWSKI/PERSY, S. 33; INGENKAMP, in: OLECHOWSKI/PERSY, S. 49.

88 INGENKAMP, in: OLECHOWSKI/PERSY, S. 48 und 53 f.

89 INGENKAMP, in: OLECHOWSKI/PERSY, S. 49 und 54 ff.

90 INGENKAMP, in: OLECHOWSKI/PERSY, S. 49 und 56 f.; vgl. auch THOMAS, in: OLECHOWSKI/PERSY, S. 248.

91 Vgl. die Hinweise bei KRAMPEN, in: OLECHOWSKI/PERSY, S. 208.

92 Vgl. etwa den Überblick bei SCHEIBER, in: OLECHOWSKI/RIEDER, S. 117 f.

93 OLECHOWSKI, in: OLECHOWSKI/PERSY, S. 35; DERS., in: OLECHOWSKI/RIEDER, S. 234.

94 INGENKAMP, in: OLECHOWSKI/PERSY, S. 71 ff.

95 OLECHOWSKI, in: OLECHOWSKI/PERSY, S. 35 f.; DERS., in: OLECHOWSKI/RIEDER, S. 234 f.; Schwächen sollten deshalb sehr vorsichtig formuliert werden, vgl. den Hinweis bei INGENKAMP, in: OLECHOWSKI/PERSY, S. 49.

- Objektivität, Reliabilität und Validität werden durch eine verbale Beurteilung nicht verbessert.[96]

Zur Verbesserung der motivierenden Funktion von Ziffernnoten wird etwa vorgeschlagen, „Noten in Prüfungsarbeiten um schriftliche Lehrerkommentare zu ergänzen und so - ausgehend von Noten - zu versuchen, die Auswirkungen der Noten zu spezifizieren und zu differenzieren."[97]

1.3.6 Praktisches Beispiel

Je nach Bildungsstufe und je nach Zweck einer Leistungsbeurteilung stellen sich andere Fragen, stehen andere Beurteilungskonzepte in Vordergrund. Hier soll am Beispiel der *bernischen Volksschule* gezeigt werden, wie man in der neueren Gesetzgebung zu diesem Bildungsbereich versucht, die eben erwähnten Erkenntnisse umzusetzen. Es geht hier einzig um die Darstellung einiger Grundsätze; das Nähere zur Leistungsbeurteilung in der Volksschule folgt später.[98]

Der Volksschule ist aufgegeben, zur harmonischen Entwicklung der *Fähigkeiten* des jungen Menschen beizutragen,[99] in ihm den Willen zur *Toleranz* und zu *verantwortungsbewusstem Handeln* gegenüber Mitmenschen und Umwelt sowie das Verständnis für *andere Sprachen* und *Kulturen* zu wecken.[100] Zu vermitteln hat die Volksschule zudem jene Kenntnisse und Fertigkeiten, welche die Grundlage für die berufliche Ausbildung, für den Besuch weiterführender Schulen und für das lebenslange Lernen darstellen.[101] Mit geeigneten Lernformen ist anzustreben, dass Schülerinnen und Schüler die Fähigkeit zu *selbständigem* Arbeiten und Lernen sowie zur

---

96 OLECHOWSKI, in: OLECHOWSKI/RIEDER, S. 233 (mit weiterem Hinweis).

97 KRAMPEN, in: OLECHOWSKI/PERSY, S. 209 (mit weiteren Hinweisen) und 210 ff. (eingehende und kritische Analyse dieses Vorschlags); vgl. auch RHEINBERG, in: OLECHOWSKI/PERSY, S. 110 f. sowie den kritischen Hinweis bei SCHEIBER, in: OLECHOWSKI/RIEDER, S. 118. Als Beispiel vgl. die Ausbildung von bernischen Primarlehrkräften (Ziff. 4.3.3).

98 Ziff. 4.1.

99 Art. 2 Abs. 2 des Volksschulgesetzes vom 19. März 1992 (VSG; BSG 432.210); zu den Grundsätzen des bernischen Bildungswesens vgl. Art. 42 Abs. 1 KV.

100 Art. 2 Abs. 3 VSG.

101 Art. 2 Abs. 4 VSG; vgl. auch den Koordinationsauftrag nach Art. 9 Abs. 2 VSG (Abstimmung der Unterrichtsinhalte der Primarstufe, der Sekundarstufe I und der Sekundarstufe II [inklusive Berufsbildung]).

Zusammenarbeit erwerben.[102] Entsprechend formuliert der Lehrplan[103] als zentrales Bildungsziel die *Mündigkeit* der Schülerinnen und Schüler:

> *„Die Schule unterstützt die Kinder und Jugendlichen auf deren Weg zur Mündigkeit. Mündigkeit zeigt sich in Selbstkompetenz, Sozialkompetenz und Sachkompetenz.*
>
> ***Selbstkompetenz** bedeutet die Fähigkeit, für sich selber Verantwortung zu übernehmen und entsprechend zu handeln.*
>
> ***Sozialkompetenz** bedeutet die Fähigkeit, in Gemeinschaft und Gesellschaft zu leben, Verantwortung wahrzunehmen und entsprechend zu handeln.*
>
> ***Sachkompetenz** bedeutet die Fähigkeit, sachbezogen zu urteilen und entsprechend zu handeln.*
>
> *Die Heranwachsenden sind gleichermassen in ihren intellektuellen, emotionalen und handlungsmässigen Möglichkeiten in bezug auf Selbstkompetenz, Sozialkompetenz und Sachkompetenz zu fördern.*
>
> *Die drei Kompetenzen sind nicht getrennte Bereiche, und sie sind auch nicht einzelnen Fächern zuzuordnen; sie sollen sich vielmehr gegenseitig durchdringen und ergänzen."*[104]

Die *Beurteilung* der Schülerinnen und Schüler erfolgt periodisch durch Berichte und Zeugnisse; ab dem dritten Schuljahr werden auch Notenzeugnisse ausgestellt.[105] Im Rahmen der Bestimmungen zur Unterrichtsgestaltung legt der Lehrplan auch Grundsätze für die Beurteilung der Schülerinnen und Schüler fest:

> *„Beurteilung dient in erster Linie der Analyse, Diagnose und Förderung des Lernens. Deshalb soll die Beurteilung lernprozessbegleitend erfolgen. Lernkontrollen bestätigen den Schülerinnen und Schülern den Lernzuwachs und zeigen allfällige Defizite auf.*
>
> *Grundlage für die Beurteilung bilden die im Lehrplan festgelegten Ziele. Die Beurteilung der Sachkompetenz hat primär lernzielorientiert zu erfolgen. Dabei soll aber auch der individuelle Fortschritt der Schülerinnen und Schüler berücksichtigt und anerkannt werden.*
>
> *Zur Schülerbeurteilung gehören:*

---

[102] Art. 9 Abs. 3 VSG.

[103] Vgl. 12 VSG.

[104] Lehrplan vom 8. Mai 1995 für die Volksschule des Kantons Bern, herausgegeben von der Erziehungsdirektion des Kantons Bern (Vertrieb durch den Berner Lehrmittel- und Medienverlag), Leitideen, S. 1 (zu den einzelnen Kompetenzen vgl. S. 2 ff.).

[105] Art. 25 Abs. 1 VSG.

- *lernprozessbezogene Rückmeldungen aufgrund von Unterrichtsbeobachtungen oder von Lernkontrollen während des laufenden Unterrichts und prozess- und resultatbezogene Rückmeldungen zu selbständigen Arbeiten (formative Beurteilung);*
- *Rückmeldungen aufgrund von Lernkontrollen am Schluss einer Unterrichtseinheit, mit denen nach vorgegebenen Kriterien Bilanz gezogen wird (summative Beurteilung);*
- *prognostische Beurteilungen, die auf den vorgenannten Formen basieren.*

Schülerinnen und Schüler sollen lernen, ihr eigenes Arbeiten zu beurteilen. Die Fremdbeurteilung kann in zunehmendem Masse durch die Selbstbeurteilung ergänzt und in gewissen Phasen auch ersetzt werden.

Bei der Beurteilung sind im weiteren folgende Punkte zu beachten:
- *Die Schülerinnen und Schüler werden über die Form der Beurteilung orientiert, sie kennen die Beurteilungskriterien.*
- *Individuelle Lernkontrollen sollen wiederholbar sein; dadurch können individuelle Defizite aufgearbeitet werden.*
- *Um zu verhindern, dass leistungsschwächere Schülerinnen und Schüler die Freude am Lernen verlieren, sind insbesondere ungenügende Leistungen differenziert zu erläutern.*
- *Die Lehrpersonen einer Klasse koordinieren die Durchführung von Proben.*

Die in den Weisungen über die Beurteilung und die Schullaufbahnentscheide angesprochenen Grundanforderungen beziehen sich auf die verbindlichen Grobziele und Inhalte im Lehrplan."[106]

Das eben darstellte Konzept stellt den Versuch dar, die pädagogische Funktion bildungsrechtlicher Leistungsbeurteilungen zu stärken.[107] Mit der Abstützung der Beurteilung auf verschiedene Säulen (Gespräch mit den Eltern, Lernbericht, Selbstbeurteilung, Zeugnis)[108] wird angestrebt, die Schülerinnen und Schüler gesamtheitlich und zuverlässiger zu beurteilen.[109] In der Frage der anzuwendenden Bezugsnormen werden eindeutig die sachliche (lernzielorientierte) und die individuelle gegenüber der sozialen Bezugsnorm favorisiert.[110]

---

106 Lehrplan vom 8. Mai 1995 für die Volksschule des Kantons Bern, herausgegeben von der Erziehungsdirektion des Kantons Bern (Vertrieb durch den Berner Lehrmittel- und Medienverlag), Allgemeine Hinweise und Bestimmungen, S. 20; ausführlich dazu die Umsetzungshilfe „Beurteilung" zum Lehrplan Volksschule, herausgegeben von der Kommission für Lehrplan- und Lehrmittelfragen und der Erziehungsdirektion des Kantons Bern, 1996 (Vertrieb durch den Berner Lehrmittel- und Medienverlag).

107 Vgl. Ziff. 1.3.2.

108 Näher dazu besonders Ziff. 4.1.2.2.

109 Vgl. Ziff. 1.3.3.

110 Vgl. Ziff. 1.3.4.

2 ANFECHTBARKEIT

2.1 ANFECHTUNGSOBJEKT

2.1.1 Verfügungsbegriff

2.1.1.1 Verfügungsbegriff im Bundesverwaltungsrecht

Für den bundesrechtlichen Begriff der Verfügung ist die Legaldefinition des Verwaltungsverfahrensgesetzes[1] massgebend; Art. 5 VwVG lautet:

> *[1] Als Verfügungen gelten Anordnungen der Behörden im Einzelfall, die sich auf öffentliches Recht des Bundes stützen und zum Gegenstand haben:*
>
> *a. Begründung, Änderung oder Aufhebung von Rechten oder Pflichten;*
>
> *b. Feststellung des Bestehens, Nichtbestehens oder Umfanges von Rechten oder Pflichten;*
>
> *c. Abweisung von Begehren auf Begründung, Änderung, Aufhebung oder Feststellung von Rechten oder Pflichten, oder Nichteintreten auf solche Begehren.*
>
> *[2] Als Verfügungen gelten auch Vollstreckungsverfügungen (Art. 41 Abs. 1 Bst. a und b), Zwischenverfügungen (Art. 45), Einspracheentscheide (Art. 30 Abs. 2 Bst. b, 46 Bst. b und 74 Bst. b), Beschwerdeentscheide (Art. 61 und 70), Entscheide im Rahmen einer Revision (Art. 68) und die Erläuterung (Art. 69).*
>
> *[3] Erklärungen von Behörden über Ablehnung oder Erhebung von Ansprüchen, die auf dem Klageweg zu verfolgen sind, gelten nicht als Verfügungen.*

Das Verwaltungsverfahrensgesetz enthält auch Bestimmungen über die Form der Verfügung.[2] Dabei darf aber nicht vergessen werden, dass die äussere Form nicht den Inhalt ersetzen kann[3]: Welches Verwaltungshan-

---

1 Bundesgesetz vom 20. Dezember 1968 über das Verwaltungsverfahren (VwVG; SR 172.021).

2 Art. 34 ff. VwVG; vgl. dazu SALADIN, Verwaltungsverfahrensrecht, S. 143 ff.; GYGI, Bundesverwaltungsrechtspflege, S. 130 f.; MOOR, II, S. 196 ff.; KÖLZ/HÄNER, Rz. 153 ff.

3 GYGI, Bundesverwaltungsrechtspflege, S. 131.

deln als Verfügung zu betrachten ist, bestimmt sich in erster Linie nach dessen Inhalt.[4]

In Literatur und Rechtsprechung findet sich immer wieder die folgende (von ihrer Bedeutung her über das Bundesrecht hinausgehende) allgemeine und kurze Definition:[5]

> *„Die Verfügung ist eine behördliche Anordnung im Einzelfall, durch welche über Rechte und Pflichten eines verwaltungsrechtlichen Rechtsverhältnisses in verbindlicher und erzwingbarer Weise entschieden wird, und zwar verbindlich für den Verfügungsadressaten und die verfügende Behörde ...“*

Die einzelnen Merkmale (Bst. a - e), die eine Verfügung ausmachen, sind im folgenden etwas näher zu betrachten:[6]

a) *Anordnung*

Nach Art. 5 Abs. 1 Bst. a - c VwVG ist die Verfügung eine Anordnung, die die Begründung, Änderung, Aufhebung oder Feststellung von Rechten oder Pflichten oder die Abweisung oder das Nichteintreten auf ein solches Begehren zum Gegenstand hat. Entsprechend betont die neuere Praxis, „dass die Verfügung ein *konkretes Verwaltungsrechtsverhältnis bestimmt und verbindlich* regelt.“[7] Die eben zitierte Formel zeigt, dass das Merkmal „Anordnung“ auch die Rechtsverbindlichkeit beinhaltet[8]. Durch die Regelung von Rechten und Pflichten oder durch die Feststellung einer bestimmten Rechtslage stellt die Verfügung eine behördliche Anordnung dar, die auf zweiseitig verbindliche, vollstreckbare Rechtswirkungen ausgerichtet ist[9].

Von merkwürdiger Unklarheit ist der in diesem Zusammenhang oft verwendete Begriff *„Rechtsverhältnis“*, der für das Verstehen des Insti-

---

4 Dazu besonders sogleich Bst. a.

5 So etwa GYGI, Verwaltungsrecht, S. 122 mit Hinweis auf BGE 100 Ib 129 und 102 V 149 f.

6 Die Reihenfolge der Elemente richtet sich nach Art. 5 Abs. 1 VwVG.

7 RHINOW/KRÄHENMANN, S. 102 mit Hinweisen auf die Rechtsprechung.

8 HALTNER, S. 32; in der neueren Literatur weist etwa KÄGI-DIENER, S. 162, 165 f. und 248, darauf hin, dass der Verbindlichkeitsanspruch ein wesentliches Element der Verfügung ist.

9 Vgl. SALADIN, Verwaltungsverfahrensrecht, S. 64 ff.; HÄFELIN/MÜLLER, Rz. 691 f.; KÖLZ/HÄNER, Rz. 217 und 223.

tuts der Verfügung an sich nichts Neues bringt.[10] Vielmehr ist aufgrund der umfassenden Verwendung des Begriffs im Zusammenhang mit der Begründung, der Änderung und der Aufhebung von Rechten und Pflichten davon auszugehen, dass das Rechtsverhältnis oft insgesamt in den verschiedenen Verfügungsmerkmalen enthalten, in diesen Fällen somit *Folge* und nicht Voraussetzung der Verfügung ist.[11] Für die nähere Bestimmung des Merkmals „Anordnung" ist vielmehr entscheidend, dass - wie eben erwähnt - die Verfügung auf *Rechtswirkungen* ausgerichtet ist.[12]

Mit dem Begriff *„Rechtswirkung"* wird der Umstand umschrieben, dass aus der Anordnung Rechte und Pflichten entstehen oder - so bei Feststellungsverfügungen - zumindest die Rechtslage eindeutig festgelegt wird.[13] Umstritten ist, ob die so verstandene Anordnung nach aussen gerichtet sein muss[14]: Besonders instruktiv in dieser Hinsicht sind aus neuerer Zeit etwa die Streitigkeiten über die Umbenennung von Strassen.[15] Die Frage, ob eine Anordnung bloss internen oder organisatorischen Charakter hat, ist auch für das Bildungsrecht interessant und brisant (z. B. Einteilung von Schulklassen,[16] Zuteilung von Lehrkräften,[17] Zuteilung der Schulklassen in Schulhäuser);[18] ihr kann hier jedoch nicht

---

10 Zur Entstehung von Verwaltungsrechtsverhältnisse vgl. etwa GYGI, Verwaltungsrecht, S. 117 ff.; zur Bedeutung des Rechtsverhältnisses für die Verwaltungsrechtsdogmatik vgl. besonders SALADIN, Verwaltungsprozessrecht, S. 310 (m. w. H.).

11 Vgl. auch das anschauliche Beispiel bei GYGI, Verwaltungsrecht, S. 118.

12 In diesem Sinne auch HALTNER, S. 33 (m. w. H.) und 34.

13 SALADIN, Verwaltungsverfahrensrecht, S. 64.

14 HALTNER, S. 35 f.; MOOR, II, S. 111 ff.; HÄFELIN/MÜLLER, Rz. 695 ff.; KÖLZ/HÄNER, Rz. 223; aus der Praxis vgl. etwa VPB 1979 Nr. 26 S. 111 f., VPB 1982 Nr. 62 S. 348 f., ZBl 1993 S. 416 ff., VPB 1994 Nr. 79, VPB 1996 Nr. 20 S. 152 ff. (weitere Beispiele bei RHINOW/KRÄHENMANN, S. 103 f. und 107 f.).

15 ZBl 1992 S. 234 ff. (Verfügung verneint; ebenso ein älterer Entscheid, vgl. den Hinweis bei IMBODEN/RHINOW, S. 215), ZBl 1992 S. 524 ff. (Verfügung bejaht), vgl. dazu JAAG, Rechtsnatur, S. 50 ff. und GIACOMINI, S. 237 ff.

16 Aus der publizierten Rechtsprechung vgl. etwa EGV-SZ 1984 S. 135 (Verfügung verneint).

17 Aus der publizierten Rechtsprechung vgl. etwa EGV-SZ 1980 S. 73 f. (Verfügung verneint), anders dagegen ZR 1995 S. 301 ff. (Verfügung implizit bejaht).

18 Ähnliche Probleme stellen sich auch im Anstellungsrecht der Lehrkräfte, vgl. etwa ZBl 1994 S. 476 ff. (Inspektionsbericht und Errichtung eines Mentorats gegenüber einer Lehrkraft, Verfügung verneint).

vertieft nachgegangen werden.[19] Der Wortlaut von Art. 5 Abs. 1 VwVG unterscheidet nicht Anordnungen, die sich nach innen oder nach aussen richten.[20] Der Bundesrat hat seinerzeit in der Botschaft zum Verwaltungsverfahrensgesetz die Auffassung vertreten, dass „(i)ndividuelle und konkrete Anordnungen im innerdienstlichen oder in einem anderen sogenannten besonderen Gewaltverhältnis, die Konsequenzen für die persönlichen Ansprüche des Adressaten involvieren, ... im Unterschied zu Verwaltungsverordnungen grundsätzlich Verfügungen"[21] sind. Einem allzu engen Begriffsverständnis wurde somit eine Absage erteilt. Daran ändert auch der Umstand nichts, dass bei den Beratungen des Verwaltungsverfahrensgesetzes (u. a.) dessen Nichtanwendbarkeit auf „Dienstbefehle an Bundespersonal"[22] beschlossen wurde, denn damit steht einzig fest, dass der historische Gesetzgeber gewisse, nicht näher umschriebene Dienstbefehle nicht als Verfügungen betrachten wollte; dabei blieb aber offen, ob sich der Vorbehalt nach Art. 3 VwVG primär auf das Begriffselement der „Anordnung" oder jenes der „Regelung eines Einzelfalls"[23] bezieht.[24]

Eine weitere Möglichkeit, um den herkömmlichen Anwendungsbereich von Art. 5 VwVG zu erweitern, läge meines Erachtens in der folgenden Überlegung: Der Gesetzestext (Art. 5 Abs. 1 VwVG) spricht ganz einfach von „Anordnungen ..., die sich auf öffentliches Recht des Bundes stützen ..." sowie (mehrmals) von „Rechten oder Pflichten" und legt sich nicht auf die herkömmlichen Verwaltungsrechtsverhältnisse fest,[25] sondern ist offen für sämtliche öffentlichrechtlichen Rechtsverhältnisse.

---

19 Vgl. immerhin Ziff. 2.1.2.5.

20 Vgl. HALTNER, S. 35 f., der auf die Legaldefinition des Verwaltungsaktes nach deutschem Verwaltungsverfahrensgesetz hinweist, dessen § 35 die Rechtswirkung nach aussen verlangt (vgl. Ziff. 2.1.1.4.1).

21 BBl 1965 II 1363.

22 So die ursprüngliche Fassung von Art. 3 Bst. b VwVG (BBl 1968 II 1223; vgl. auch das Amtliche Bulletin der Bundesversammlung - Ständerat 1967 S. 163 f.); im Rahmen einer Teilrevision des Beamtengesetzes wurde der nicht mehr gebräuchliche Ausdruck „Dienstbefehle" durch den Ausdruck „dienstliche Anordnungen" ersetzt (BBl 1986 II 335 und 347, AS 1987 S. 940).

23 Vgl. dazu sogleich unten.

24 A. M. wohl HALTNER, S. 36.

25 So aber die Rechtsprechung und die gängigen schweizerischen Verwaltungsrechtslehrbücher: vgl. etwa HÄFELIN/MÜLLER, Rz. 685 f., 690; GYGI, Verwaltungsrecht, S. 117 ff. (jeweils mit Hinweisen auf die Praxis); für die ältere Lehre sei auf GIACOMETTI, S. 318 ff. verwiesen.

Darunter fallen neben den erwähnten Verwaltungsrechtsverhältnissen auch *Grundrechtsverhältnisse*.[26] Wird der Gesetzestext in diesem Sinne verstanden, wird wohl am Begriffsmerkmal „Rechtsverhältnis" festgehalten, dieses aber weiter gefasst.[27] Gerade in einem „grundrechtssensiblen" Bereich wie dem Bildungsrecht[28] könnte ein solches Verständnis überaus fruchtbar wirken.

b) Hoheitlichkeit / Einseitigkeit

Die Verfügung wird einseitig durch einen Träger öffentlicher Gewalt erlassen, dem Verfügungskompetenz zukommt[29] (in der Terminologie des Verwaltungsverfahrensgesetzes: die *Behörde*[30]). Einseitigkeit bedeutet, dass die Verfügung auch ohne Zustimmung der Betroffenen rechtswirksam ist.[31] Oder negativ ausgedrückt: Es handelt sich nicht um eine zweiseitige (privat- oder öffentlichrechtliche) rechtsgeschäftliche Erklärung.[32]

c) *Regelung eines Einzelfalls*

Die Verfügung stellt einen *individuell-konkreten Rechtsanwendungsakt* dar (im Gegensatz dazu steht der generell-abstrakte Rechtssatz)[33], regelt also gegenüber einer bestimmten Person oder einem bestimmten Personenkreis einen konkreten Sachverhalt. Entsprechend fallen etwa Rechts- und Verwaltungsverordnungen regelmässig nicht unter den Verfügungsbegriff, wohl aber - zumindest verfahrensrechtlich - die

---

26 Dieser Auffassung steht auch der Geltungsbereich des Verwaltungsverfahrensgesetzes nicht entgegen (Art. 1 Abs. 1 VwVG; vgl. dazu auch SALADIN, Verwaltungsverfahrensrecht, S. 57 und 59 f.).

27 In diesem Sinne auch MARKUS MÜLLER, S. 551.

28 Vgl. etwa SALADIN/AUBERT, S. 158 ff.; RICHLI, Chancengleichheit, S. 200 ff.

29 KÖLZ/HÄNER, Rz. 217.

30 Vgl. dazu Art. 1 Abs. 2 VwVG.

31 HÄFELIN/MÜLLER, Rz. 688.

32 SALADIN, Verwaltungsverfahrensrecht, S. 67 ff., der sich auch mit dem Problem der Abgrenzung zwischen einseitiger (Verfügung) und rechtsgeschäftlicher Erklärung befasst; IMBODEN/RHINOW, S. 215; RHINOW/KRÄHENMANN, S. 103; KÖLZ/HÄNER, Rz. 218 f.

33 SALADIN, Verwaltungsverfahrensrecht, S. 70 ff., der sich auch mit der Abgrenzung von Verfügung und Rechtssatz befasst (dazu auch JAAG, Abgrenzung, besonders S. 105 ff.; IMBODEN/RHINOW, S. 206 ff. und 214 f.; RHINOW/KRÄHENMANN, S. 103); HÄFELIN/MÜLLER, Rz. 689; KÖLZ/HÄNER, Rz. 220 f.; vgl. etwa VPB 1995 Nr. 59.

(generell-konkreten) Allgemeinverfügungen.[34] Somit ist letztlich entscheidend, dass die Verfügung einen *konkreten Sachverhalt* regelt.[35]

d) *Grundlage im öffentlichen Recht*

Die Verfügung stützt sich auf öffentliches und nicht auf privates Recht.[36] Öffentliches Recht bedeutet hier primär (Bundes-) Verwaltungsrecht, ergeht die Verfügung doch in Anwendung von Verwaltungsrecht.[37]

e) *Grundlage im Bundesrecht*

Das Verwaltungsverfahrensgesetz ist nur anwendbar, wenn sich die Verfügung auf Bundesrecht stützt oder stützen sollte.[38]

Der eben dargestellte Verfügungsbegriff des Bundesgesetzgebers führt zusammen mit der bundesrechtlichen Konzeption des Rechtsschutzes[39] zu einer *„doppelten" Bedeutung* der Verfügung: Die Verfügung ist gleichzeitig ein Institut des *materiellen Verwaltungsrechts* (das der Verwaltung das Recht einräumt, bestimmte Rechtsverhältnisse mit einer Verfügung zu regeln) und ein Institut des *Verwaltungsprozessrechts* (das die Verfügung als Anfechtungsgegenstand der nachträglichen Verwaltungsrechtspflege bezeichnet).[40] Im Bundesverwaltungsrecht entsprechen diese beiden Institute einander.[41]

Dies hat zur Folge, dass die bundesrechtliche Rechtsschutz-Konzeption dort *Mängel* aufweist, wo die Verwaltung nicht oder zumindest nicht von

---

34 SALADIN, Verwaltungsverfahrensrecht, S. 70; HÄFELIN/MÜLLER, Rz. 737 ff.; JAAG, Abgrenzung, S. 193.

35 SALADIN, Verwaltungsverfahrensrecht, S. 70; vgl. dazu auch (letztlich mit gleichem Ergebnis) GIACOMETTI, S. 343 f.

36 SALADIN, Verwaltungsverfahrensrecht, S. 74 ff.

37 SALADIN, Verwaltungsverfahrensrecht, S. 77; HÄFELIN/MÜLLER, Rz. 690; KÖLZ/HÄNER, Rz. 224.; weitere Hinweise auf die Lehre in BGE 118 Ia 121 ff.

38 SALADIN, Verwaltungsverfahrensrecht, S. 77 ff.; KÖLZ/HÄNER, Rz. 224 f.; vgl. etwa BVR 1994 S. 335.

39 Art. 44 und 72 VwVG (vgl. immerhin die Besonderheiten nach Art. 73 VwVG); Art. 97 und 128 OG.

40 GYGI, Verfügung, S. 517; grundlegend (und kritisch) SALADIN, Verwaltungsprozessrecht, S. 307 ff. (vgl. auch DERS., Verwaltungsverfahrensrecht, S. 58 ff.); neuerdings vgl. etwa MOOR, II, S. 372 ff. und RICHLI, Regelungsdefizit, S. 198.

41 GYGI, Verfügung, S. 519.

vornherein in der Rechtsform der Verfügung handelt. Die Praxis versucht hier (teilweise) Abhilfe zu schaffen, indem sie den Anspruch auf Erlass einer Feststellungsverfügung im Sinne von Art. 25 VwVG auch auf Leistungs- und Gestaltungsverfügungen ausgedehnt hat.[42] Diese Praxis ist zu begrüssen, bleibt jedoch an das starre Konzept des Verwaltungsverfahrensgesetzes gebunden, denn sie kommt nur dort zum Tragen, wo es um öffentlichrechtliche Rechte und Pflichten geht.[43] Darüber hinaus bleiben empfindliche Lücken im Rechtsschutz bestehen.[44]

Aufgrund der Doppelfunktion der Verfügung ist nach *Gygi* die Anfechtbarkeit zu verneinen, wenn bloss ein Rechtsschutzinteresse, nicht aber eine Verfügung gegeben ist.[45] Andernfalls würde der verwaltungsprozessuale Verfügungsbegriff weiter gefasst, als der Verfügungsbegriff des materiellen Verwaltungsrechts.[46] Diese Rechtslage erlaube „letztlich nur die *Fiktion einer Verfügung* dort, wo das Rechtsschutzinteresse so intensiv ist, dass eine Anfechtungsmöglichkeit unabdingbar erscheint. Das bedeutet nichts anderes als unausgesprochene *Lückenfüllung* ..."[47] Dieser streng-dogmatischen Argumentation sind die folgenden Überlegungen entgegenzuhalten: Die Verfügung strebt immer ein *Ziel* an, was sich etwa am Umstand zeigt, dass die *Erfüllung öffentlicher Aufgaben* im Zentrum des Verwaltungsrechts steht.[48] Wenn eine Anordnung Rechtswirkungen zeitigt, werden objektives und subjektives Rechtsschutzinteresse regelmässig nicht auseinanderfallen. Die Verfahren der Verwaltungsbeschwerde und der Verwaltungsgerichtsbeschwerde bezwecken nicht anders als das von den Beschwerdegründen her eingeschränkte[49] staatsrechtliche Beschwerdeverfahren, *Individualrechtsschutz* gegenüber der Verwaltung zu gewährleisten. *Kölz* folgend kann deshalb festgestellt werden, dass

---

42 Grundlegend BGE 98 Ib 58 ff., weiter etwa VPB 1983 Nr. 23; vgl. SALADIN, Verwaltungsverfahrensrecht, S. 97.

43 Vgl. Art. 5 und 25 VwVG.

44 Vgl. dazu etwa die Hinweise bei RICHLI, Regelungsdefizit, S. 198 ff.; MARKUS MÜLLER, S. 537; BIAGGINI, S. 228.

45 GYGI, Verfügung, S. 521 und 527; vgl. auch etwa RHINOW/KRÄHENMANN, S. 102 und JAAG, Rechtsnatur, S. 53 f.

46 GYGI, Bundesverwaltungsrechtspflege, S. 130.

47 GYGI, Bundesverwaltungsrechtspflege, S. 130 (mit Hinweisen auf BGE 97 I 595, 101 Ib 308 E. 2 und 103 Ib 338 f.).

48 Vgl. dazu bereits BACHOF, S. 223 ff.

49 Vgl. Art. 84 (besonders Abs. 1 Bst. a) und 85 OG gegenüber Art. 49 VwVG und Art. 104 f. OG.

das objektive Rechtsschutzinteresse die Begriffsmerkmale wohl nicht ersetzt, jedoch als Grundmotiv derselben bei der Auslegung beizuziehen ist.[50] Der Auslegungsspielraum ist dabei nicht evident kleiner als bei der staatsrechtlichen Beschwerde,[51] hat der Gesetzgeber in Art. 5 VwVG doch ausschliesslich unbestimmte Rechtsbegriffe zur Definition der Verfügung beigezogen. Es wäre deshalb überaus wünschenswert, den Gedanken des Rechtsschutzes bei der Konkretisierung des Verfügungsbegriffs stärker zum Ausdruck kommen zu lassen und auch auf diese Weise das geltende Rechtsschutzkonzept des Bundes etwas zu flexibilisieren.[52]

2.1.1.2 VERFÜGUNGSBEGRIFF IM BERNISCHEN VERWALTUNGSRECHT

2.1.1.2.1 Verwaltungsrechtspflegegesetz

Dem vorne dargestellten bundesrechtlichen Verfügungsbegriff kommt über den Geltungsbereich des Verwaltungsverfahrensgesetzes[53] hinaus grosse Bedeutung zu. So zieht etwa das Bundesgericht Art. 5 VwVG als Auslegungshilfe in Fällen bei, in denen keine andere Legaldefinition des Verfügungsbegriffs anwendbar ist.[54] Grundsätzlich ist der bundesrechtliche Verfügungsbegriff nach Art. 5 VwVG für das kantonale Verwaltungsrecht jedoch *nicht verbindlich.*[55] Jedoch lehnt sich die Rechtsprechung eidgenössischer und kantonaler Behörden oft so stark an die Bundesgerichtspraxis, dass auch schon vertreten wird, es habe „sich ein weitgehend einheitliches, *'gemeineidgenössisches' Regime der Verfügung* herausgebildet"[56]. Im folgenden ist zu prüfen, ob und allenfalls inwiefern für den Verfügungsbegriff im Kanton Bern etwas anderes gilt.

Anders als das Verwaltungsverfahrensgesetz des Bundes[57] enthält das bernische Verwaltungsrechtspflegegesetz[58] *keine Legaldefinition* der Ver-

---

50 KÖLZ, VRG, § 19 N 2.

51 In dieser Beziehung eventuell zurückhaltender KÄLIN, Verfahren, S. 116.

52 Vgl. auch RHINOW, Verwaltungsgerichtsbarkeit, S. 660 f.

53 Art. 1 in Verbindung mit Art. 2 und 3 VwVG.

54 BGE 104 Ia 28, 114 Ia 463.

55 BGE 104 Ia 27 f.

56 BIAGGINI, S. 293 (vgl. auch 129); vgl. weiter RHINOW/KRÄHENMANN, S. 101 m. w. H.; JAAG, Rechtsnatur, S. 52.

57 Art. 5 VwVG; vgl. Ziff. 2.1.1.1.

58 Gesetz vom 23. Mai 1989 über die Verwaltungsrechtspflege (VRPG; BSG 155.21).

fügung. Im Vortrag wurde der Verzicht auf eine Legaldefinition wie folgt begründet:

> *„Von einer positiven Umschreibung der Verfügung im Gesetz wird abgesehen. Keine der bisher bekannten Legaldefinitionen hat dieses Rechtsinstitut allumfassend und abschliessend festhalten können. Ist - was in der Praxis zuweilen vorkommt - umstritten, ob eine behördliche Anordnung, Meinungsäusserung, Stellungnahme o. dgl. eine Verfügung im Rechtssinn sei, so wird die angerufene Verwaltungsjustizbehörde diese Frage für den konkreten Einzelfall nach den aus Lehre und Rechtsprechung gewonnenen Erkenntnissen zu beantworten haben."*[59]

Diese Auffassung deckt sich mit derjenigen, die der Gesetzesredaktor[60], der damalige Verwaltungsgerichtspräsident Arthur *Aeschlimann*, bereits in seiner Dissertation vertreten hat.[61] Im selben Sinne enthielt übrigens schon das alte Verwaltungsrechtspflegegesetz[62] keine Legaldefinition der Verfügung.

Unter dem Titel *„Vorrang der Verfügung"* sieht das geltende Recht immerhin vor, dass *öffentlichrechtliche Rechtsverhältnisse durch Verfügungen zu regeln* sind, wenn das Gesetz nicht ausdrücklich etwas anderes vorsieht oder zur Streiterledigung auf den Klageweg verweist.[63] Das Gesetz schreibt den Verwaltungsbehörden[64] somit vor, dass sie ihr Handeln grundsätzlich in die Form der Verfügung kleiden müssen, soweit es um die Regelung von öffentlichrechtlichen Rechtsverhältnissen geht; hingegen sagt es nicht, was den materiellen Inhalt einer Verfügung ausmacht.[65]

Das Konzept des Verwaltungsrechtspflegegesetzes kann aber noch aus einem anderen Grund als „offen" bezeichnet werden: Aus dem Wortlaut von Art. 49 Abs. 1 VRPG könnte sogar geschlossen werden, dass auch Verfügungen denkbar sind, die nicht die Regelung eines öffentlichrechtlichen *Rechts*verhältnisses betreffen, sondern öffentlichrechtliche Verhält-

---

59 Vortrag VRPG, S. 3 f.

60 Vgl. Vortrag VRPG, S. 2.

61 AESCHLIMANN, Anfechtungsstreitverfahren, S. 18.

62 Gesetz vom 22. Oktober 1961 über die Verwaltungsrechtspflege (aVRPG; GS 1961 S. 210 ff.); vgl. GYGI/STUCKI, S. 74 ff.

63 Art. 49 Abs. 1 VRPG; vgl. dazu AESCHLIMANN, Übergang, S. 375.

64 Vgl. zu diesem Begriff Art. 2 VRPG.

65 Zu den formellen Anforderungen sogleich unten.

nisse tatsächlicher Natur, für die dann allerdings der Vorrang der Verfügung nicht gelten würde. Art. 49 Abs. 1 VRPG setzt für öffentlichrechtliche Rechtsverhältnisse prioritär auf Streiterledigung durch die nachträgliche Verwaltungsrechtspflege,[66] was aber grundsätzlich nicht ausschliesst, dass weitere öffentlichrechtliche Beziehungen und weiteres Verwaltungshandeln durch Verfügungen geregelt werden könnten.[67] Dies würde allerdings voraussetzen, das Rechtsverhältnis als zwingendes Begriffsmerkmal der Verfügung aufzugeben.[68]

Art. 52 VRPG bestimmt schliesslich in *formeller* Hinsicht den *„Inhalt der Verfügung"*[69]:

> *[1] Eine Verfügung muss enthalten*
> *a die Bezeichnung der verfügenden Behörde,*
> *b die Tatsachen, Rechtssätze und Gründe, auf die sie sich stützt,*
> *c die Verfügungsformel und die Kostenregelung,*
> *d den Hinweis auf das zulässige ordentliche Rechtsmittel mit Angabe von Frist und Instanz (Rechtsmittelbelehrung),*
> *e die Adressatinnen und Adressaten,*
> *f das Datum und*
> *g die Unterschrift; bei Massenverfügungen kann darauf verzichtet werden.*
>
> *[2] Die Verwaltungsbehörden können eine Verfügung ohne Begründung eröffnen, wenn*
> *a unbestrittenen Begehren voll entsprochen wird;*
> *b die Eröffnung durch amtliche Publikation erfolgt;*
> *c sich diese ohne weiteres aus den Begleitumständen des Verfahrens ergibt.*

Fehlt zu Unrecht die Rechtsmittelbelehrung nach Art. 52 Abs. 1 Bst. d VRPG, liegt eine mangelhafte Eröffnung vor, aus der niemandem ein Rechtsnachteil erwachsen darf.[70]

---

[66] Vortrag VRPG, S. 3; ebenso das Verwaltungsgericht in BVR 1993 S. 168.

[67] Die Praxis geht bisher aber nicht in diese Richtung, vgl. Ziff. 2.1.1.2.2 und 2.1.1.3.3. Eine spezialrechtliche Regelung enthält Art. 57 Abs. 2 Bst. b des Gemeindegesetzes vom 20. Mai 1973 (BSG 170.11), wonach gegen Beschlüsse der Gemeindeorgane Gemeindebeschwerde geführt werden kann, wenn dagegen kein anderes Rechtsmittel möglich ist (vgl. auch Art. 57 Abs. 1 des Gemeindegesetzes).

[68] Vgl. Ziff. 2.1.1.1.

[69] So lautet die Marginalie zu Art. 52 VRPG (und meint damit den formellen, nicht den materiellen Inhalt einer Verfügung). Zur Form der Verfügung im Bildungsrecht vgl. BOURQUIN, S. 79 ff., der sich noch auf das aVRPG bezieht.

[70] Art. 44 Abs. 5 VRPG, vgl. BGE 118 Ia 227 f. (vgl. ZBJV 1992 S. 489).

Im Vortrag wurde zu Art. 52 VRPG bemerkt:

> *„Aufgezählt wird das inhaltliche Gerüst einer Verfügung. In welche Form die Verfügung gekleidet wird, ist rechtsunerheblich (Urteilsform mit Rubrum, Sachverhaltsdarstellung, rechtlichen Erwägungen und Dispositiv; Brief; computerausgefertigte Gebührenabrechnung usw.).“*[71]

Bei den Beratungen im Grossen Rat gaben sowohl Art. 49 wie Art. 52 VRPG nicht Anlass zu Bemerkungen und wurden diskussionslos angenommen.[72] Aus der parlamentarischen Debatte lassen sich deshalb keine vertieften (subjektiv-) historischen Erkenntnisse für die Auslegung fruchtbar machen.

Die Durchsicht der spärlichen *Literatur* zum bernischen Verfügungsbegriff ergibt das Folgende: Die Autoren gehen auf den Begriff der Verfügung nicht näher ein und verweisen jeweils bloss auf die in Lehre und Rechtsprechung verbreitete Umschreibung.[73] Als vorläufiges *Zwischenergebnis* ist festzuhalten, dass die Literatur - trotz „offener“ Konzeption des Verwaltungsrechtspflegegesetzes - keine Hinweise zu einem allfälligen Abweichen des kantonalen vom bundesrechtlichen Verfügungsbegriff gibt.

Arn hat die von *Gygi* geprägte Kurzformel, die Verfügung sei ein Rechtsanwendungsakt der Verwaltung,[74] als zu eng kritisiert, weil auf Gemeindeebene „nicht nur die Verwaltung (Exekutive), sondern auch die Legislativorgane (Stimmberechtigte, Gemeindeparlament) Verfügungen erlassen“.[75] Dazu ist meines Erachtens (paradoxerweise) festzuhalten, dass wohl eher die Auffassung von *Arn* zu eng ist, geht doch *Gygi* von einem „offenen“ Begriff der Verwaltung aus.[76] So ist es nicht ausgeschlossen, dass sich ein gesetzgebendes Organ selber mit der (teilweisen) Erfüllung gewisser öffentlicher Aufgaben beauftragt und dann in diesem Rahmen auch verfügt.[77]

---

71 Vortrag VRPG, S. 4.

72 Tagblatt des Grossen Rates des Kantons Bern 1989, S. 213 und 569.

73 Vgl. STALDER, S. 17; KILCHENMANN, S. 73; AESCHLIMANN, Anfechtungsstreitverfahren, S. 15 ff.; GYGI/STUCKI, S. 74 ff.; vgl. auch Ziff. 2.1.1.1 (aus der bundesgerichtlichen Praxis vgl. etwa BGE 101 Ia 74).

74 GYGI, Verwaltungsrecht, S. 122.

75 ARN, S. 33.

76 GYGI, Verwaltungsrecht, S. 21 f.

77 Vgl. die Beispiele bei ARN, S. 33 sowie bei HÄFELIN/MÜLLER, Rz. 13; allenfalls können sich beim Rechtsschutz besondere Probleme stellen (dazu NEUHAUS, S. 503 ff.; HERZOG, S. 412 f.).

2.1.1.2.2 Praxis (ohne Leistungsbeurteilungen)

Für die Verwaltungsjustizbehörden besteht oft kein Anlass, sich überhaupt näher mit der Frage des Verfügungsbegriffs auseinanderzusetzen. So lässt man es etwa dabei bewenden, dass das anwendbare Recht ein bestimmtes Verwaltungshandeln als anfechtbar erklärt.[78] Hin und wieder finden sich jedoch Hinweise auf den Verfügungsbegriff. In diesem Abschnitt seien - um das Umfeld etwas abzustecken - zunächst einige solche Entscheide aufgegriffen, die nicht bildungsrechtliche Leistungsbeurteilungen betreffen.

Das *Verwaltungsgericht* bezieht sich in seinen Entscheiden regelmässig auf die Praxis des Bundesgerichts; daran hat sich auch seit Inkraftsetzung des Verwaltungsrechtspflegegesetzes von 1989 nichts geändert:

- Im Zusammenhang mit der Nichtwiederwahl eines Beamten hielt das Verwaltungsgericht fest, beim umstrittenen Beschluss handle es sich „um eine Verfügung im Rechtssinn, d. h. um eine gestützt auf Art. 54 Abs. 1 MSG getroffene und ordnungsgemäss eröffnete autoritative behördliche Anordnung, die im Falle ihrer Nichtanfechtung rechtsverbindlich wird (vgl. BGE 99 Ib 235 Erw. 1)."[79]

- In einem den Anwendungsbereich von Art. 292 StGB bei Verbotsverfügungen betreffenden Entscheid hielt das Verwaltungsgericht fest:

> *„Unter einer Verfügung ist gemeinhin ein obrigkeitlicher Akt zu verstehen, durch den konkrete Rechtsbeziehungen zwischen der Verwaltung und einzelnen Bürgern festgestellt, begründet, aufgehoben, abgeändert oder präzisiert werden (vgl.* Max Imboden, *Schweiz. Verwaltungsrechtsprechung, Bd. I, 4. Aufl., Nr. 321 I S. 166 sowie Art. 5 VwG).*
> *Als eingreifende Verfügung - und nur eine solche ist durch Art. 292 StGB abzusichern - gilt jeder individuelle, an den Einzelnen für einen bestimmten Fall gerichtete Hoheitsakt, durch den die Behörde den Betroffenen in definitiver, verbindlicher und erzwingbarer Weise zu einem Tun, Unterlassen oder Dulden verpflichtet (BGE 92 I 79). Anordnungen im Einzelfall knüpfen an konkrete Umstände an; sie sind auf einen konkreten (bestimmten) Sachverhalt bezogen. Nicht der Adressat, wohl aber der Sachverhalt muss bestimmt sein (BGE 98 Ib 462 und dortige Hinweise). Die Anordnung im Einzelfall hat den Zweck, ein konkretes und individuelles Rechtsverhältnis durch einseitigen hoheitlichen Akt für die Beteiligten im Ausmass der Eignung zu formeller und materieller*

---

[78] Vgl. z.B. BVR 1990 S. 61.

[79] BVR 1977 S. 271.

Rechtskraftfähigkeit in verbindlicher, definitiver und erzwingbarer Weise zu regeln (BGE 98 Ib 463 und dortige Hinweise)."[80]

- Handlungen und Erklärungen des Gemeinwesens bei Submissionen galten auch im Kanton Bern lange Zeit[81] nicht (oder allenfalls partiell[82]) als Verfügungen.[83]

- Nach Auffassung des Verwaltungsgerichts stellt die Anordnung einer Abteilung des Inselspitals, einem Patienten nur salzloses Essen zu verabreichen, keine anfechtbare Verfügung dar. Das Gericht stellte in diesem Zusammenhang fest:

  „Der bernische Gesetzgeber hat es unterlassen, den Begriff der Verfügung zu definieren, weshalb hiefür auf Art. 5 ... VwVG ... abzustellen ist ... Danach gelten als Verfügungen Anordnungen der Behörden im Einzelfall, die sich auf öffentliches Recht stützen und Rechte oder Pflichten begründen, ändern oder aufheben, das Bestehen, Nichtbestehen oder den Umfang von Rechten oder Pflichten feststellen sowie Begehren auf Begründung, Änderung, Aufhebung oder Feststellung von Rechten oder Pflichten abweisen oder nicht darauf eintreten."[84]

- In einem die Pensenreduktion eines Berufsschullehrers betreffenden Entscheid bot sich dem Verwaltungsgericht eine weitere Gelegenheit, sich mit dem Verfügungsbegriff des Verwaltungsrechtspflegegesetzes auseinanderzusetzen:

  „Begrifflich hat für die Verfügung im kantonalen Verwaltungsrecht das gleiche zu gelten wie im Bundesverwaltungsrecht, auch wenn das VRPG keine positive Umschreibung enthält ..."[85]

---

80 BVR 1979 S. 92.

81 Vgl. etwa BVR 1994 S. 74.

82 Vgl. dazu etwa BGE 119 Ia 424 ff., wonach die Rüge der formellen Rechtsverweigerung im staatsrechtlichen Beschwerdeverfahren zulässig ist; aus der Literatur vgl. etwa KÄLIN, Verfahren, S. 121 ff. m. w. H.

83 Seit dem 1. Januar 1996 erfolgt der Zuschlag oder der Abbruch des Verfahrens durch Verfügung (Art. 16 der Submissionsverordnung vom 23. Dezember 1980 [in der Fassung vom 25. Oktober 1995]; BSG 731.21, BAG 95-105); diese Änderung wurde aufgrund eines entsprechenden GATT-Übereinkommens notwendig (vgl. auch Art. 9 Abs. 1 des Bundesgesetzes vom 6. Oktober 1995 über den Binnenmarkt, AS 1996 S. 1741). Geplant sind ferner der Beitritt des Kantons Bern zur Interkantonalen Vereinbarung über das öffentliche Beschaffungswesen vom 25. November 1994 sowie der Erlass eines kantonalen Submissionsgesetzes.

84 BVR 1995 S. 383.

85 BVR 1996 S. 172 (mit Hinweisen auf unveröffentlichte Entscheide).

Der Beschwerdeführer sei mit einem variablen Pensum von 14 bis 26 Lektionen pro Woche angestellt. Die Festlegung der Lektionenzahl innerhalb dieser Bandbreite stelle eine Verfügung und nicht eine organisatorische Anordnung dar, denn mit der Pensenzuteilung würden „wesentliche Elemente des Dienstverhältnisses wie der Beschäftigungsgrad und die Besoldung innerhalb der vorgesehenen Bandbreite für die einzelnen Schulperioden abschliessend bestimmt."[86]

Aus der Praxis des *Regierungsrats* ist etwa auf die folgenden Entscheide hinzuweisen:

- Ohne ausdrückliche Bezugnahme auf das Bundesrecht als Verfügung betrachtet wurde eine kommunale Sonderbauvorschrift, wonach eine bestimmte Unternehmung die Kosten für die Kehrichtabfuhr und -verwertung zu übernehmen habe.[87]
- Die Argumentation des Regierungsrats, wonach der schriftliche Hinweis, der Staat komme für eine allfällige Reinigung des verschmutzten Grundwassers nicht auf, keine anfechtbare Verfügung darstelle, beruhte auf der bundesgerichtlichen Formel.[88]

Schliesslich sei auch noch auf einen Entscheid aus der Praxis der *Verwaltungsdirektionen* verwiesen:

- In einem das kantonale Datenschutzgesetz betreffenden Entscheid vertrat die Justizdirektion (ohne nähere Umschreibung des Verfügungsbegriffs) die Auffassung, dass die Verweigerung der Herausgabe oder Vernichtung der Krankengeschichte eine anfechtbare Verfügung darstelle.[89]

Zusammengefasst: Die bernischen Verwaltungsjustizbehörden gehen in ihrer ständigen Rechtsprechung vom selben Verfügungsbegriff aus wie das Bundesrecht, obschon das Verwaltungsrechtspflegegesetz meines Erachtens erlauben würde, den Verfügungsbegriff stärker auf die Rechtsschutzbedürfnisse auszurichten. Die gleiche Auffassung vertritt auch

---

86 BVR 1996 S. 174.

87 BVR 1983 S. 89 ff.

88 BVR 1989 S. 316 (vgl. auch BVR 1993 S. 204 [Androhung einer Wiederherstellungsverfügung]).

89 BVR 1990 S. 61.

Gygi, der mit Blick auf die regelmässig gesetzlich nicht näher umschriebenen kantonalen Verfügungsbegriffe schreibt: „Es ist weder eine rechtliche noch eine sachliche Notwendigkeit anzunehmen, als anfechtbare Verfügung nur gelten zu lassen, was auch Verfügung des materiellen Verwaltungsrechts ist."[90]

2.1.1.3 Leistungsbeurteilung als Verfügung

2.1.1.3.1 Lehre

Das Verwaltungsverfahrensgesetz ist auf bundesrechtliche Leistungsbeurteilungen zweifellos anwendbar.[91] Wenn das Verfahrensrecht des Bundes eine Verfügung im Sinne von Art. 5 VwVG voraussetzt, bedeutet das für die Leistungsbeurteilungen, dass nur jene Leistungsbeurteilungen dem Verwaltungsrechtsschutz unterworfen sind, die eine Verfügung darstellen. Andere Leistungsbeurteilungen können allenfalls im Rahmen von aufsichtsrechtlichen Verfahren überprüft werden.[92]

Welche Leistungsbeurteilungen stellen nun Verfügungen dar? Zunächst sei auf die Antworten verwiesen, die bisher in der Literatur auf diese Frage gegeben worden sind.

Plotke verneint den Verfügungscharakter von Einzelnoten[93] (darunter sind die während einer Bewertungsperiode vorgenommenen Leistungsbeurteilungen zu verstehen, z. B. die während eines Semesters erteilte Note für eine Mathematikprobe oder für einen Aufsatz), weil diesen keine unmittelbare rechtliche Wirkung zukomme.[94] Hingegen sollen Gesamt- (das sind Zusammenzüge mehrerer Einzelnoten eines unterrichteten Faches[95])

---

90 GYGI, Verfügung, S. 521 f. STÄHELIN, S. 37, glaubt der Rechtsprechung der kantonalen Verwaltungsgerichte generell die Tendenz entnehmen zu können, „das Rechtsschutzanliegen in den Vordergrund und formelle Bedenken hintanzustellen."

91 Vgl. immerhin die Einschränkung in Art. 2 Abs. 2 VwVG, dazu die wichtigen Hinweise bei SALADIN, Verwaltungsverfahrensrecht, S. 52.

92 In diesem Sinne auch GYGI, Verfügung, S. 528; vgl. Art. 71 VwVG.

93 Vgl. Ziff. 2.1.3.4.

94 PLOTKE, Schulrecht, S. 319 und 491; in einer früheren Arbeit bejahte dieser Autor die Anfechtbarkeit von Einzelnoten (DERS., Probleme, S. 119 f.; dieser Ansicht folgen ARTHUR MÜLLER, S. 213 und ECKSTEIN, Schulrecht, S. 88).

95 PLOTKE, Schulrecht, S. 319.

und Prüfungsnoten[96] (das sind Schlussnoten in den einzelnen Fächern einer Prüfung[97], z. B. die Note im Fach „Praktische Arbeiten" im Rahmen einer Lehrabschlussprüfung) anfechtbar sein, obschon deren Verfügungscharakter zweifelhaft sei.[98] Zur Begründung wird angeführt, dass sich solche Noten auf Berechtigungen (z. B. Besuch von Freikursen, Zulassung zu gewissen Schulen) auswirken könnten, weshalb eine Anfechtung selbst bei bestandenen Promotionen und Prüfungen möglich sein müsse[99].[100]

Gygi schliesst aus Art. 99 Abs. 1 Bst. f OG, dass bei Berufs-, Fach- und Fähigkeitsprüfungen lediglich das Ergebnis der Prüfung eine Verfügung darstelle; dagegen regelten die einzelnen Prüfungsnoten kein Rechtsverhältnis, diese seien bloss Bestandteil der Begründung der Verfügung.[101]

Fulda betrachtet als Verfügungen etwa den Entscheid über die Zulassung zum Studium an der ETH oder über die Erteilung oder Nichterteilung des Diploms, nicht aber die einzelnen Noten, denen er blosse Innenwirkung zuschreibt und die höchstens als schriftliche Begründung der Verfügung gelten könnten.[102] Die an der Prüfung erzielten Teilnoten (= Fachnoten[103]) seien lediglich verwaltungsinterne Massnahmen zur Vorbereitung der Endverfügung, und eine allfällige Überprüfung sei immer im Zusammenhang mit den anderen Teilnoten sowie des gesamten Notenbildes zu sehen.[104] Eine direkte (wohl Aussen-) Wirkung auf den Entscheid über die Endverfügung gehe nur von der Gesamtheit aller Teilprüfungsnoten aus.[105]

---

96 Was hier als „Gesamt- und Prüfungsnoten" bezeichnet wird, nenne ich „Fachnoten" (vgl. Ziff. 2.1.3.3.).

97 PLOTKE, Schulrecht, S. 320.

98 PLOTKE, Schulrecht, S. 491; vgl. auch DERS., Probleme, S. 61 und ECKSTEIN, Schulrecht, S. 88.

99 PLOTKE, Schulrecht, S. 491 f.; vgl. auch DERS., Probleme, S. 120 ff.

100 Den Überlegungen von *Plotke* schliesst sich ARTHUR MÜLLER, S. 212 f., an; ECKSTEIN, Schule, S. 264 f. (ebenso DERS., Schulrecht, S. 54), möchte noch weiter gehen, allerdings ohne eine nähere Begründung zu geben (er scheint das blosse Vorliegen eines Rechtsschutzinteresses als genügend zu betrachten).

101 GYGI, Bundesverwaltungsrechtspflege, S. 133.

102 FULDA, S. 149 f.

103 Vgl. Ziff. 2.1.3.3.

104 FULDA, S. 151.

105 FULDA, S. 150.

Nach *Recordon* lässt sich der Verfügungscharakter von einzelnen Prüfungsnoten aus dem Leistungsanspruch der Schülerinnen und Schüler gegenüber der Ausbildungsstätte ableiten; wer die gestellten Anforderungen erfülle, habe einen Rechtsanspruch auf den angestrebten Ausweis.[106] Die Fachnoten stellten Haupt-, nicht etwa Zwischenverfügungen dar und seien unverzüglich zu eröffnen, (besonders) wenn die Gesamtnote erst viel später bekannt werde.[107]

Knapp unterscheidet primäre und sekundäre Verfügungen.[108] Dabei nennt er Fähigkeits- und Abschlussprüfungen als Schulbeispiele: Die Erteilung eines Ausweises (sekundäre Verfügung) knüpfe immer an das Bestehen einzelner Prüfungen (primäre Verfügungen) an.[109] Bei gestaffelten Prüfungen seien die primären Verfügungen allenfalls vor der sekundäre Verfügung zu eröffnen.[110]

Zur Frage des Verfügungscharakters von Leistungsbeurteilungen im *bernischen Bildungsrecht* liefert die Lehre kaum Hinweise:[111] *Aeschlimann* betrachtet Zeugnisse und Prüfungsentscheide als Verfügungen mit feststellendem Charakter.[112] Er spricht sich weiter für die Anfechtbarkeit einzelner Fachnoten einer (bestandenen) Prüfung aus: Auch in diesen Fällen könne ein Interesse an einer Kontrolle bestehen, besonders dann, „wenn die Einzelnote die Gesamtqualifikation tatsächlich zu beeinflussen mag oder Ausgangspunkt für die Zulassung zu einem weiteren Ausbildungsgang ist."[113]

Auf Einzelheiten der eben skizzierten Lehrmeinungen wird im folgenden noch einzugehen sein.[114]

---

106 RECORDON, protection, S. 220 (vgl. später DERS., statut de l'élève, S. 245 ff.).

107 RECORDON, protection, S. 221 f.

108 KNAPP, Rz. 994 ff.

109 KNAPP, Rz. 997.

110 KNAPP, Rz. 1000.

111 Die (nicht spezifisch auf die bernischen Verhältnisse bezogene) Auffassung von *Gygi* wurde bereits oben dargestellt.

112 AESCHLIMANN, Anfechtungsstreitverfahren, S. 94.

113 AESCHLIMANN, Anfechtungsstreitverfahren, S. 95.

114 Vgl. die beiden folgenden Ziffern sowie die Beurteilung in Ziff. 2.1.3.

2.1.1.3.2 Praxis im Bund und in einzelnen Kantonen

Die Frage des Verfügungscharakters von Leistungsbeurteilungen wird nur in wenigen publizierten Fällen untersucht. Um so wichtiger ist deshalb eine kurze, zusammenfassende Darstellung dieser Rechtsprechung.

ZBl 1981 S. 331 ff.

Das Schaffhauser Obergericht trat 1980 auf die Beschwerde einer Haushaltlehrmeisterin nicht ein, die die Prüfung eines Kurses zum Thema „Ernährung und Verpflegung" mit dem Durchschnitt 4,3 und Prüfungsnoten zwischen 2 und 5 bestanden hatte.[115] Zur Begründung führte das Gericht an, dass insofern eine Verfügung vorliege, als über Bestehen oder Nichtbestehen der Prüfung entschieden worden sei, denn dieser Entscheid beeinflusse unmittelbar die Rechtsstellung der Beschwerdeführerin (i. c. war das Bestehen der Prüfung Voraussetzung für die Beschäftigung von Haushaltslehrtöchtern).[116] Zur Qualifikation der einzelnen Prüfungsnoten führte das Gericht aus:

> *„Das gleiche kann jedoch von einer einzelnen Note, die für das Bestehen der Prüfung nicht ausschlaggebend ist, nicht gesagt werden. Die Note bewirkt keine Veränderung der Rechtsstellung der Geprüften; sie hat eher die Bedeutung einer tatsächlichen Feststellung, die zur Begründung des Entscheides über das Bestehen oder Nichtbestehen dient ... Die Begründung kann aber für sich allein nicht angefochten werden.*
> *Die Note besitzt auch nicht den Charakter eines Feststellungsentscheides. Denn auch eine Feststellungsverfügung ist darauf gerichtet, mit Bezug auf einen konkreten Sachverhalt die für die Beteiligten geltende Rechtslage verbindlich festzustellen ... Blosse Tatsachen können daher im allgemeinen nicht Gegenstand einer Feststellungsverfügung sein ...; auch eine Expertise ist keine selbständige Verfügung."*[117]

Immerhin wurde nicht ausgeschlossen, dass ausnahmsweise auch eine Prüfungsnote anfechtbar sein könne.[118] So etwa, wenn die Gesamtnote verbindliche Rechtswirkungen habe[119] oder wenn sich einzelne Noten auf

---

[115] ZBl 1981 S. 331 ff.

[116] ZBl 1981 S. 334.

[117] ZBl 1981 S. 334.

[118] ZBl 1981 S. 334 f.

[119] Z.B. Zulassung zum Doktorat, mit Hinweis auf KÖLZ, VRG, § 21 N. 59.

bestimmte Berechtigungen auswirkten.[120] Offengelassen wurde schliesslich die Frage, ob Noten auch angefochten werden könnten (m. a. W. eine Verfügung gegeben sei), wenn sie bloss in faktischer Hinsicht (z. B. in bezug auf das „wirtschaftliche Fortkommen") benachteiligend seien (m. a. W. ein Rechtsschutzinteresse vorliege).[121]

Plotke trat in einer Kritik[122] dem Entscheid des Schaffhauser Obergerichts entgegen und vertrat die Ansicht, dass nach einer bestandenen Prüfung sowohl die einzelnen Prüfungsnoten wie auch die (genügende) Gesamtqualifikation anfechtbar seien. Weiter regte er an, die einzelnen Prüfungsnoten als Zwischenverfügungen anzusehen, die erst mit dem Entscheid über das Prüfungsergebnis anfechtbar würden.[123] *Fulda* kritisierte diese Anregung als nicht der Realität entsprechend, denn die Teilprüfungsnote erzeuge „für sich allein keinen klar definierbaren Einfluss auf die Endverfügung und schon gar nicht eine klar definierbare Rechtswirkung gegenüber dem Betroffenen."[124] Die direkte Wirkung auf den Entscheid über die Endverfügung gehe nur von der Gesamtheit aller Teilprüfungsnoten aus.[125]

VPB 1981 Nr. 38

Mit Entscheid vom 19. Dezember 1980 trat der Schweizerische Schulrat auf die Beschwerde eines Naturwissenschafters nicht ein, der die Schlussdiplomprüfung an der ETH Zürich bestanden hatte und eine Verbesserung der Note für die Diplomarbeit von 4,5 auf 5 verlangte.[126] Das ETH-Recht gebe den Studierenden bloss einen Anspruch auf einen Entscheid über Bestehen oder Nichtbestehen des Studienabschlusses.[127] Zur Bedeutung der Note für die Diplomarbeit hielt der Schulrat fest:

---

120 Z.B. Besuch von Freikursen, Zutritt zu Schulen mit Zulassungsbeschränkungen, mit Hinweis auf PLOTKE, Schulrecht, S. 491 f.

121 ZBl 1981 S. 335 (mit Hinweisen auf die verschiedenen Lehrmeinungen); vgl. zum Verhältnis von Legitimation und Verfügung auch Ziff. 2.1.1.1.

122 ZBl 1981 S. 445 ff.

123 ZBl 1981 S. 447.

124 FULDA, S. 150 (vgl. zu dessen Kritik dann RECORDON, protection, S. 216 ff. [vgl. Ziff. 2.1.1.3.1]).

125 FULDA, S. 150.

126 VPB 1981 Nr. 38 S. 193 ff.

127 VPB 1981 Nr. 38 S. 199 f.

> *„Die vom Beschwerdeführer befürchtete Wirkung seiner Note von 4,5 in der schriftlichen Diplomarbeit auf eine allfällige Stellenbewerbung oder auf die Anfangsentlöhnung in der Privatindustrie, stellt keine Aussenwirkung im Sinne von Artikel 5 VwVG dar. Diese Aussenwirkung mündet nicht in ein konkretes und individuelles Rechtsverhältnis des Verwaltungsrechts. Allfällige für den Prüfungskandidaten nachteilige Folgen der Bekanntgabe des Prüfungsergebnisses sind tatsächliche, aber nicht verwaltungsrechtlich relevante Nebenerscheinungen, die für den Beschwerdeführer um so weniger ins Gewicht fallen, als er mit der Note 4,5 ein genügendes Notenergebnis erzielt hat. Ebensolche Nebenerscheinungen könnten sich beispielsweise aus dem gestützt auf das Optionsrecht des Prüfungskandidaten entstandenen und ausgewiesenen Fächerkanon der Abschlussprüfung ergeben."*[128]

Neben dem Verfügungscharakter verneinte der Schulrat auch das Vorliegen eines Rechtsschutzinteresses.[129]

VPB 1987 Nr. 8

Mit Entscheid vom 27. Mai 1986 trat der Schweizerische Schulrat auf die Beschwerde eines Architekturstudenten der ETH Lausanne nicht ein, die sich gegen eine ungenügende, später in den Jahresdurchschnitt einzubeziehende Teilnote richtete. Noten wie die umstrittene Teilnote stellten keine selbständig anfechtbare Zwischenverfügung im Sinne von Art. 45 Abs. 2 VwVG dar:

> *„Elles constituent au contraire seulement une motivation des futures décisions arrêtant l'autorisation ou l'interdiction de se présenter aux épreuves théoriques puis le résultat de l'examen propédeutique I, ou des mesures préparatoires en vue de ces décisions. Les notes partielles en elles-mêmes n'influencent pas la situation juridique des étudiants; seul l'ensemble de ces notes a un effet juridique car on ne peut pas déterminer laquelle des notes d'examen a conduit à l'échec d'un examen propédeutique, de promotion ou de diplôme ..."* [130]

VPB 1996 Nr. 45

X bestand die Berufsprüfung für Bäuerinnen nicht, weil sie im Fach „Gartenbau" nur die Note 2,8 erhalten hatte. In ihrem Entscheid vom 24. August 1995 hielt die Rekurskommission EVD fest:

---

[128] VPB 1981 Nr. 38 S. 203.

[129] Dieser Aspekt wird unter Ziff. 2.2.3.1 behandelt.

[130] VPB 1987 Nr. 8 S. 60 (im vorliegenden Zusammenhang nicht zu behandeln ist die Frage der „Revision", die i. c. ebenfalls von Bedeutung war).

„Zu berücksichtigen ist bei den nachfolgenden Abklärungen die Besonderheit bei der Anfechtung von Berufsprüfungen, wonach einzig das Prüfungsergebnis - nämlich der Entscheid über das Bestehen oder Nichtbestehen einer Prüfung beziehungsweise die Diplomerteilung - Streitgegenstand bilden kann. Die einzelnen Noten begründen dagegen weder eine direkte Veränderung der Rechtsstellung des Geprüften, noch haben sie den Charakter eines Feststellungsentscheides. Entsprechend werden sie lediglich als Teil der Begründung der Verfügung angesehen ..."[131]

Weitere Hinweise auf die Kasuistik:

Als Verfügung betrachtet wurden weiter etwa:

- der Entscheid über die prüfungsfreie Zulassung zum Studium an der ETH;[132]
- der Entscheid, dass (und in welchem Umfang) für die Zulassung zum Studium an der ETH eine Prüfung zu bestehen sei;[133]
- der Entscheid über die Zulassung zum Studium an der ETH aufgrund der absolvierten Aufnahmeprüfung;[134]
- der Entscheid über Bestehen oder Nichtbestehen der Vordiplomprüfungen und der Schlussdiplomprüfung an der ETH;[135]
- die Streichung einer Person von der Doktorandenliste.[136]

2.1.1.3.3 Praxis im Kanton Bern

Um eine Beurteilung der bernischen Verhältnisse vornehmen zu können, ist neben den (spärlichen) Lehrmeinungen[137] nun vor allem die Praxis von Erziehungsdirektion und Regierungsrat beizuziehen. Es handelt sich fast durchwegs um eine nicht publizierte Rechtsprechung.

---

[131] VPB 1996 Nr. 45 S. 407.

[132] Hinweis bei FULDA, S. 146.

[133] Hinweis bei FULDA, S. 146.

[134] Hinweis bei FULDA, S. 146.

[135] Hinweis bei FULDA, S. 148.

[136] VPB 1993 Nr. 5.

[137] Vgl. die Hinweise in Ziff. 2.1.1.3.1.

Einleitend muss darauf hingewiesen werden, dass sowohl die Erziehungsdirektion als auch der Regierungsrat in verschiedenen Fällen die Frage eines zulässigen Anfechtungsobjekts gar nicht geprüft haben, obschon dazu Anlass bestanden hätte,[138] oder diese Frage nicht klar genug von jener der Überprüfungsbefugnis getrennt haben.[139]

Gewisse Erkenntnisse lassen sich bereits aus Entscheiden ziehen, die sich *nicht explizit* mit der Frage nach einem zulässigen Anfechtungsobjekt befassen:

- Ohne dies ausdrücklich zu sagen, wurde verschiedentlich eine einzelne, ungenügende Zeugnisnote eines gesamthaft genügenden Zeugnisses als Verfügung behandelt.[140] Mitunter wurde auch eine genügende Zeugnisnote eines genügenden Zeugnisses als Verfügung betrachtet.[141]
- Ohne Begründung wurde eine Verfügung angenommen bei der Anfechtung einer als „ausreichend" bewerteten Lizentiatsarbeit;[142] ebenso bei der Bewertung eines Lizentiats mit dem Prädikat „befriedigend".[143]
- Als Verfügung wurde auch die genügende Gesamtnote der beruflich-praktischen Schlussprüfung in Logopädie betrachtet.[144]
- Der Entscheid einer Fakultät über die Nichtzulassung zum Doktorat wurde als Verfügung qualifiziert.[145]

---

[138] Vgl. etwa RRB Nr. 2214 vom 7. Juni 1972 i. S. T.T., Entscheid der Erziehungsdirektion vom 18. Mai 1978 i. S. O.W., Entscheid der Erziehungsdirektion vom 9. November 1979 i. S. E.M., Entscheid der Erziehungsdirektion vom 10. Juni 1981 i. S. A.H.

[139] Vgl. etwa Entscheid der Erziehungsdirektion vom 27. August 1976 i. S. P.S. sowie den Entscheid der Erziehungsdirektion vom 28. September 1976 i. S. P.S.

[140] RRB Nr. 2214 vom 7. Juni 1972 i. S. T.T.; Entscheid der Erziehungsdirektion vom 22. Februar 1982 i. S. D.B.; RRB Nr. 2945 vom 15. August 1984 i. S. D.H.

[141] Entscheid der Erziehungsdirektion vom 18. Mai 1978 i. S. O.W.; Entscheid der Erziehungsdirektion vom 12. Oktober 1981 i. S. E.B.; Entscheid der Erziehungsdirektion vom 3. März 1986 i. S. C.A.

[142] Entscheid der Erziehungsdirektion vom 9. November 1979 i. S. E.M.

[143] Entscheid der Erziehungsdirektion vom 10. Juni 1981 i. S. A.H.

[144] Entscheid der Erziehungsdirektion vom 17. Januar 1983 i. S. C.F.

[145] Entscheid der Erziehungsdirektion vom 21. Juli 1983 i. S. M.B.; Entscheid der Erziehungsdirektion vom 15. Februar 1984 i. S. H.W.; mit einer Begründung dagegen nun der Entscheid der Erziehungsdirektion vom 30. November 1995 i. S. C.G. und M.W.

- Eine Verfügung wurde angenommen beim Entscheid über das (Nicht-) Bestehen der Abschlussprüfung eines Studiennebenfachs.[146]

- Eingetreten wurde auch auf Beschwerden gegen ungenügende Noten eines genügenden Maturitätszeugnisses.[147]

Es finden sich aber auch Entscheide, die - in meist sehr knapper Form - ausdrückliche Hinweise auf die Verfügungsqualität enthalten:

- Ein nicht promovierter Gymnasiast führte Beschwerde gegen sein Zeugnis. Die Erziehungsdirektion hielt dazu fest: „Das Zeugnis des ... Gymnasiums ... mit Promotionsvermerk stellt eine Verwaltungsverfügung dar."[148]

- Eingetreten wurde auch auf die Beschwerde eines Gymnasiasten, der überzeugt war, im Fach Zeichnen eine bessere Note als die erteilte 4 ½ verdient zu haben: „Das Zeugnis, durch das ... betroffen ist, entfaltet rechtliche Wirkungen und stellt daher eine anfechtbare Verfügung dar."[149]

  Im Bereich der gymnasialen Ausbildung bejaht die Erziehungsdirektion übrigens in ständiger „Praxis das Vorliegen eines Anfechtungsobjektes in Fällen ..., da die umstrittene Zeugnisnote als Teil einer Erfahrungsnote auch in das Maturzeugnis einfliesst und sich allenfalls (z. B. bei Nichtbestehen der Matur) eine spätere Überprüfung als kaum oder nicht mehr durchführbar erweisen könnte."[150] Es darf aber nicht vergessen werden, dass auch diese „Medaille" eine Kehrseite hat: Wird das die Erfahrungsnote enthaltende Zeugnis nicht fristgerecht angefochten, tritt die Erziehungsdirektion im Rahmen eines späteren (regelmässig das Ma-

---

146 Entscheid der Erziehungsdirektion vom 31. Januar 1984 i. S. W.F.

147 Entscheid der Erziehungsdirektion vom 22. Januar 1990 i. S. N.V.; Entscheid der Erziehungsdirektion vom 29. Januar 1990 i. S. T.H.

148 Entscheid der Erziehungsdirektion vom 1. September 1970 i. S. G.B.

149 Entscheid der Erziehungsdirektion vom 7. Juni 1985 i. S. D.B.

150 Entscheid der Erziehungsdirektion vom 18. Mai 1992 i. S. C.E.; Entscheid der Erziehungsdirektion vom 16. Juni 1992 i. S. C.W.; im selben Sinne auch RRB Nr. 199 vom 26. Januar 1994 i. S. S.R. Vgl. auch PLOTKE, Schulrecht, S. 492.

turitätszeugnis betreffenden) Beschwerdeverfahrens auf entsprechende Rügen nicht ein.[151]

- Eine Verfügung stellt ebenso das Notenblatt einer (bestandenen) Patentprüfung für Sekundarlehrkräfte dar.[152]
- Die (ungenügende) Note einer juristischen Seminararbeit gilt als Verfügung, die bei der Erziehungsdirektion angefochten werden kann.[153]
- Die Lizentiatsnote in einem Studiennebenfach gilt als Verfügung.[154]
- Im Zusammenhang mit der Ablehnung einer erziehungswissenschaftlich-didaktischen Hausarbeit im Rahmen der Zeichenlehrerausbildung wurde entschieden: „Der Entscheid über die Annahme oder Ablehnung dieser Hausarbeit ist demzufolge als mit Verwaltungsbeschwerde anfechtbare Verfügung zu betrachten, da sie Teil der Abschlußprüfungen darstellt."[155]
- Als Verfügung ist auch das Notenblatt zu betrachten, mit dem die rechts- und wirtschaftswissenschaftliche Fakultät den Studierenden das Resultat der ersten juristischen Teilprüfung (sog. *cand.*) nach dem damals geltenden Studienreglement eröffnete.[156]

Nicht haltbar waren die von der Fakultät in ihrer Stellungnahme aufgeworfenen Zweifel am Vorliegen eines Anfechtungsobjekts: Wegen der Wiederholbarkeit von Prüfungen sei das Vorliegen einer anfechtbaren Verfügung solange zu verneinen, als eine Prüfung eben noch wiederholt werden könne. Mit dem Entscheid, ob eine Prüfung bestanden ist, wird zweifellos ein Rechtsverhältnis geregelt, denn die betroffene Person

---

[151] Entscheid der Erziehungsdirektion vom 6. Oktober 1994 i. S. M.Q.; Entscheid der Erziehungsdirektion vom 18. November 1994 i. S. L.F. (vom Regierungsrat bestätigt in BVR 1996 S. 28 ff.).

[152] Entscheid der Erziehungsdirektion vom 13. Oktober 1986 i. S. M.H.

[153] Entscheid der Erziehungsdirektion vom 17. Oktober 1986 i. S. N.M.

[154] Entscheid der Erziehungsdirektion vom 17. Juli 1990 i. S. D.D.; Entscheid der Erziehungsdirektion vom 19. September 1990 i. S. D.S.; Entscheid der Erziehungsdirektion vom 24. Oktober 1994 i. S. K.S.

[155] Entscheid der Erziehungsdirektion vom 21. Juni 1991 i. S. A.M. und B.L.

[156] Entscheid der Erziehungsdirektion vom 7. Dezember 1993 i. S. S.B. (am Verfügungscharakter des Notenblatts änderte auch der Umstand nichts, dass es keine Rechtsmittelbelehrung enthielt; vgl. Ziff. 2.1.1.2.1); ebenso der Entscheid der Erziehungsdirektion vom 13. Februar 1996 i. S. E.F.

kann ihre Ausbildung nicht fortsetzen oder abschliessen, vielmehr muss sie sich aufgrund des Entscheides zum Abbruch oder zur Wiederholung von Ausbildungsteilen entschliessen. Allenfalls könnte man auch eine Zwischenverfügung annehmen, aber selbst eine solche wäre ihrer nicht wieder gutzumachenden Nachteile wegen anfechtbar[157].

- Auf die Beschwerde eines Studierenden, dem das Lizentiat mit dem Gesamtprädikat „befriedigend" erteilt worden war und der für seine Lizentiatsarbeit nun die Note 5 statt 4,5 forderte, ist der Regierungsrat eingetreten.[158]
- Gleich entschied der Regierungsrat auch im Falle eines kaufmännischen Angestellten, der die Lehrabschlussprüfung mit der Gesamtnote 4,6 bestanden hatte und nun die (mündliche) Note 3 im Fach Deutsch sowie die Note 5 im Fach „Praktische Arbeiten / Kenntnisse aus Lehrbetrieb und Branche" angefochten hatte.[159]
- Ein Student einer Ingenieurschule hatte das Vordiplom bestanden, im Fach „Chemie und Werkstoffkunde" jedoch die Note 3,5 erhalten. In ihrem Entscheid führte die Erziehungsdirektion aus, dass ein taugliches Anfechtungsobjekt vorliege, weil sich mit einer Änderung der umstrittenen Note auch der Notendurchschnitt des Vordiploms verändern würde und deshalb von einer Anfechtung des Vordiploms ausgegangen werden könne.[160]

Zusammengefasst: Die Rechtsprechung der massgebenden bernischen Verwaltungsjustizbehörden ist oft eher als diejenige der Bundesbehörden[161] geneigt, eine Verfügung anzunehmen. Dabei scheinen in der Regel pragmatische Überlegungen entscheidend zu sein, während dogmatische Erwägungen und Hinweise auf entsprechende Literaturstellen oft fehlen. Wohl ist eine Rechtsprechung, die den berechtigten Rechtsschutzanliegen der Auszubildenden entgegenkommt, sehr zu begrüssen. Die „Non-

---

157 Vgl. Art. 61 Abs. 1 VRPG.

158 RRB Nr. 1935 vom 8. Juni 1994 i. S. M.A.

159 RRB Nr. 1937 vom 8. Juni 1994 i. S. B.H.; der Regierungsrat stützte sich dabei massgeblich auf die spezialgesetzliche Norm von Art. 34 Abs. 3 KBG. Vgl. ebenfalls in diesem Sinn den Entscheid der Erziehungsdirektion vom 9. Februar 1996 i. S. G.S. (betreffend Lehrabschlussprüfung als Dekorationsgestalterin).

160 Entscheid der Erziehungsdirektion vom 30. April 1996 i. S. P.B.

161 Vgl. Ziff. 2.1.1.3.2.

chalance“, mit der dieses Ansinnen verwirklicht wird, lässt aber die Frage aufkommen, ob so nicht unter Umständen die Verwirklichung grundlegender rechtsstaatlicher Prinzipien (z. B. Rechtsgleichheit, Rechtssicherheit) gefährdet wird.

2.1.1.4 RECHTSVERGLEICHENDE HINWEISE

Es soll nicht Zweck dieses Buches sein, die Rechtsschutzsysteme und die jeweils spezifischen Probleme bei der Anfechtung bildungsrechtlicher Leistungsbeurteilungen in anderen Rechtsordnungen einlässlich darzustellen oder gar zu analysieren. Für unseren Zusammenhang müssen einige Hinweise auf zwei Nachbarstaaten (Deutschland, Österreich) genügen. Die Situation nach deutschem Recht wird dargestellt, weil (auch) im Bereich des Verwaltungshandelns ein gewisser Einfluss des deutschen auf das schweizerische Verwaltungsrecht nicht von der Hand zu weisen ist. Die wenigen Sätze zur österreichischen Auffassung sollen ein Streiflicht auf einen anderen (als den schweizerischen) Ansatz werfen.

2.1.1.4.1 Deutschland

Was man in der deutschen Schweiz als „Verfügung“ bezeichnet, nennt man in Deutschland „Verwaltungsakt“.[162] Dieser Begriff wiederum ist eine Übersetzung des französischen „acte administratif“, einer durch die deutsche Rechtswissenschaft zu Beginn des 19. Jahrhunderts rezipierten und weiterentwickelten Rechtsfigur.[163] Das Bundesverwaltungsgericht sah sich zur Feststellung veranlasst:

> *„Der Begriff des Verwaltungsakts ist eine Zweckschöpfung der Verwaltungsrechtswissenschaft. Durch ihn soll ein wirksamer Rechtsschutz des Bürgers gegen die öffentliche Gewalt gewährleistet werden.“*[164]

Nach *Faber* ist deshalb „der Begriff des Verwaltungsakts, so eingehend er auch im Gesetz geregelt ist, im Zweifel immer rechtsschutzfreundlich auszulegen.“[165] Der Begriff des Verwaltungsakts ist von grosser Bedeu-

---

[162] So etwa § 35 des deutschen Verwaltungsverfahrensgesetzes (VwVfG) vom 25. Mai 1976.

[163] ERICHSEN, S. 241 (zur zentralen Bedeutung von *Otto Mayer* bei der Prägung der Stellung des Verwaltungsakts in der Verwaltungsrechtsdogmatik vgl. ERICHSEN, S. 242).

[164] Zitat nach FABER, S. 174.

[165] FABER, S. 174.

tung und steht - allen Diskussionen zur Lehre des Verwaltungsrechtsverhältnisses zum Trotz - weiterhin im Zentrum der Verwaltungsrechtsdogmatik.[166]

§ 35 VwVfG formuliert eine bundesrechtliche Legaldefinition des Verwaltungsakts (gleichlautende Umschreibungen finden sich auch in den Verwaltungsverfahrensgesetzen der Bundesländer[167]):

> *„Verwaltungsakt ist jede Verfügung, Entscheidung oder andere hoheitliche Massnahme, die eine Behörde zur Regelung eines Einzelfalles auf dem Gebiet des öffentlichen Rechts trifft und die auf unmittelbare Rechtswirkung nach aussen gerichtet ist ...“*

Obschon inhaltlich unverkennbar Parallelen zum schweizerischen Verfügungsbegriff bestehen, ist doch aus verfahrensrechtlicher Sicht darauf hinzuweisen, dass das deutsche Recht die Bedeutung des Verwaltungsakts für den Rechtsschutz relativiert hat. Anders als in der Schweiz hängt der verwaltungsgerichtliche Rechtsschutz nicht vom Vorliegen eines Verwaltungsakts ab: Die Generalklausel von § 40 Abs. 1 Satz 1 VwGO[168] öffnet den Verwaltungsrechtsweg für alle öffentlichrechtlichen Streitigkeiten nichtverfassungsrechtlicher Art. Wohl knüpfen die Anfechtungsklage[169] und die Verpflichtungsklage[170] am Verwaltungsakt an, daneben können aber mit der allgemeinen Leistungsklage auch verwaltungsrechtliche Realakte[171] angefochten werden. Der Rechtsschutz hängt in Deutschland somit nicht so stringent wie in der Schweiz vom Anfechtungsobjekt ab.

Je nach Rechtsnatur bildungsrechtlicher Leistungsbeurteilungen entscheidet sich somit, welche Klageart offensteht. Welche Leistungsbeurteilungen als Verwaltungsakte zu qualifizieren sind, ist in Rechtsprechung und Lehre umstritten; es lässt sich folgendes feststellen:

---

166 ERICHSEN, S. 212; vgl. auch WOLFF/BACHOF/STOBER, S. 597; FABER, S. 45 f.; SALADIN, Struktur, S. 603 ff.

167 Zu diesen Erlassen vgl. etwa MAURER, S. 90 ff.

168 Verwaltungsgerichtsordnung in der Fassung der Bekanntmachung vom 19. März 1991.

169 § 42 Abs. 1 VwGO (Klage auf Aufhebung eines Verwaltungsaktes).

170 § 42 Abs. 1 VwGO (Klage auf Erlass eines abgelehnten oder unterlassenen Verwaltungsaktes).

171 FABER, S. 334.

- Noch bis in die zweite Hälfte des 20. Jahrhunderts wurde die Lehre vom besonderen Gewaltverhältnis so streng verstanden, dass Leistungsbeurteilungen nicht gerichtlich anfechtbar waren.[172]

- Als sich dann die Unterscheidung von Grundverhältnis und Betriebsverhältnis durchzusetzen begann, galten „jedenfalls die das Schulverhältnis begründenden, aufhebenden und verändernden Massnahmen"[173] (Aufnahme, Nicht-Versetzung, Ausschluss, Abschluss) als Verwaltungsakte.

- Seit den siebziger Jahren werden verschiedentlich nicht versetzungsrelevante Fachnoten als anfechtbar betrachtet, weil eine Fehlbeurteilung in solchen Fällen Rechte der Schülerin oder des Schülers verletze.[174] Umstritten ist aber, ob diese Leistungsbeurteilungen mit Anfechtungsklage oder mit der allgemeinen Leistungsklage anzufechten sind; aufgrund von § 35 VwVfG sind besonders die Merkmale „Regelung" und „Rechtswirkung nach aussen" kontrovers.[175] Das Vorliegen eines Verwaltungsaktes wird etwa bejaht, wenn eine Fachnote eine spätere Versetzung oder Zulassung präjudiziert oder für die weitere berufliche Entwicklung von Bedeutung ist.[176]

2.1.1.4.2 Österreich

Im Zentrum des österreichischen Verwaltungsrechts steht der „Bescheid", auf den auch das Rechtsschutzsystem ausgerichtet ist.[177] Lehre und Rechtsprechung qualifizieren den Bescheid „als individuellen, hoheitlichen, im Aussenverhältnis ergehenden, normativen (rechtsgestaltenden oder rechtsfeststellenden) Verwaltungsakt";[178] eine Art. 5 VwVG oder § 35 VwVfG entsprechende Legaldefinition kennt das österreichische Recht

---

172 BRYDE, S. 195 mit Hinweisen auf Lehre und Rechtsprechung.

173 BRYDE, S. 195, der hier auch auf das grundlegende Referat von *Carl Hermann Ule* am deutschen Staatsrechtslehrertag 1956 hinweist.

174 BRYDE, S. 195 mit Hinweisen auf die Rechtsprechung.

175 BRYDE, S. 195 (zum Merkmal „Regelung" vgl. etwa die Kritik von LÖWER, S. 954 ff.).

176 KNACK, S. 456; MAURER, S. 170; NIEHUES, Rz. 380; WOLFF/BACHOF/STOBER, I, S. 641 und II, S. 384; FALCKENBERG/SCHIEDERMAIR/AMBERG, S. 184; weiter geht wohl BRYDE, S. 195 f. (alle mit diversen Hinweisen auf die Rechtsprechung).

177 WIELINGER/GRUBER, S. 78; OBERNDORFER, S. 39.

178 WALTER/MAYER, S. 144.

nicht.[179] Immerhin sind inhaltlich klar Parallelen zu den bereits dargestellten Begriffen erkennbar.[180]

Für die Qualifikation von Leistungsbeurteilungen gilt das Folgende:

- Die Verwaltungsverfahrensgesetze finden - wenn nicht ausdrücklich etwas anderes bestimmt ist[181] - keine Anwendung auf die Durchführung von Prüfungen, die der Beurteilung der Kenntnisse von Personen auf bestimmten Sachgebieten dienen, soweit es sich nicht um die Zulassung zur Prüfung handelt.[182]
- Der Verwaltungsgerichtshof und der Verfassungsgerichtshof leiten aus dieser Norm ab, „dass Prüfungsentscheidungen keine Bescheide, sondern *Gutachten* und als solche weder durch Berufung oder Beschwerde bei den Gerichtshöfen des öffentlichen Rechts anfechtbar noch der Rechtskraft zugänglich seien ..."[183] Diese Rechtsprechung hat einen überaus lückenhaften Rechtsschutz zur Folge, was in der Lehre kritisiert wird.[184]

Aufgrund dieser Situation vermag das österreichische Verwaltungsrecht für die Beantwortung der Frage nach dem Charakter von Leistungsbeurteilungen keine näheren Aufschlüsse zu geben.

2.1.2 Rechtsschutz auch ohne Verfügung?

Es hat sich gezeigt, dass die bundesrechtliche und ebenso die kantonale Konzeption des Verwaltungsrechtsschutzes im wesentlichen nur dann greift, wenn ein Anfechtungsobjekt in der Form der „Verfügung" vor-

---

179 ANTONIOLLI/KOJA, S. 470; ADAMOVICH/FUNK, S. 267.

180 Vgl. Ziff. 2.1.1.1 und Ziff. 2.1.1.4.1.

181 Z. B. im Schulunterrichtsgesetz von 1974 (dazu HENGSTSCHLÄGER, S. 1102 ff.; RILL, S. 126 f.; ADAMOVICH/FUNK, S. 260 und 288; ANTONIOLLI/KOJA, S. 482; FUNK, S. 175 und 196 f.).

182 So lautet Art. II Abs. 6 Ziff. 4 des Einführungsgesetzes zu den Verwaltungsverfahrensgesetzen von 1991. Unter den Begriff „Verwaltungsverfahrensgesetze" fallen das Allgemeine Verwaltungsverfahrensgesetz, das Verwaltungsstrafgesetz und das Verwaltungsvollstreckungsgesetz (alle in der Fassung der Wiederverlautbarung von 1991).

183 ADAMOVICH/FUNK, S. 288.

184 Umfassend FUNK, S. 175 ff. (noch eindeutiger in: ADAMOVICH/FUNK, S. 287 ff.); weiter etwa ANTONIOLLI/KOJA, S. 480 ff. und RILL, S. 125 ff.

liegt.[185] Ebenso darf als anerkannt gelten, dass diese Konzeption problematisch ist.[186] Folglich dreht sich die Diskussion in der Regel um den Begriff der Verfügung. In diesem Abschnitt soll nun aber noch der Frage nachgegangen werden, ob nicht auch Rechtsschutzansprüche bestehen, ohne dass eine Verfügung ergangen ist oder erwirkt werden kann. Solche Ansprüche könnten sich allenfalls aus übergeordnetem Recht ergeben, weshalb nun einzelne Bestimmungen der europäischen Menschenrechtskonvention[187], der UNO-Pakte[188], der Kinderrechtskonvention[189] sowie - spezifisch für die bernischen Verhältnisse - der Kantonsverfassung[190] untersucht werden.

2.1.2.1 Das Recht auf gerichtlichen Rechtsschutz nach Art. 6 Abs. 1 EMRK

2.1.2.1.1 Vorbemerkungen

Art. 6 Abs. 1 Satz 1 der europäischen Konvention vom 4. November 1950 zum Schutze der Menschenrechte und Grundfreiheiten[191] lautet:

> *„Jedermann hat Anspruch darauf, dass seine Sache in billiger Weise öffentlich und innerhalb einer angemessenen Frist gehört wird, und zwar von einem unabhängigen und unparteiischen, auf Gesetz beruhenden Gericht, das über zivilrechtliche Ansprüche und Verpflichtungen ... zu entscheiden hat."*

Diese Bestimmung setzt einen Anspruch auf gerichtlichen Rechtsschutz (sog. *Rechtsweggarantie*)[192] sowie verschiedene (hier nicht darzustellende) Verfahrensgarantien.

---

185 Keiner näherer Erläuterung bedarf der Umstand, dass im vorliegenden Zusammenhang auch die verwaltungsrechtliche Klage nicht greift (vgl. Art. 116 OG, Art. 87 f. VRPG).

186 Vgl. Ziff. 2.1.1.1 sowie etwa MOOR, II, S. 375 (mit Hinweisen auf die Arbeiten von *Saladin*).

187 Ziff. 2.1.2.1 und Ziff. 2.1.2.2

188 Ziff. 2.1.2.3.

189 Ziff. 2.1.2.4.

190 Ziff. 2.1.2.5.

191 EMRK, SR 0.101.

192 Vgl. dazu besonders die Darstellung bei KLEY-STRULLER, Rechtsschutz, S. 106 ff.

Im vorliegenden Zusammenhang ist zunächst von Interesse, welche Formen des Verwaltungshandelns wegen Verletzung von Art. 6 Abs. 1 EMRK angefochten werden können. Weiter ist zu untersuchen, welche Materien oder Streitigkeiten zivilrechtlicher Natur im Sinne dieser Norm sind.

Die Strassburger Organe bejahen die Anwendbarkeit von Art. 6 Abs. 1 EMRK, wenn die folgenden drei Voraussetzungen kumulativ erfüllt sind:[193]

- Es liegt eine *Entscheidung* vor.
- In dieser Entscheidung geht es um eine *Streitigkeit über Ansprüche oder Verpflichtungen (Rechtsstreitigkeit)*.
- Das Recht oder die Pflicht gilt als *zivilrechtlich* im Sinne von Art. 6 Abs. 1 EMRK.

2.1.2.1.2 Anfechtbares Verwaltungshandeln (Entscheidung, Rechtsstreitigkeit)

Art. 6 Abs. 1 EMRK ist zunächst nur auf Verfahren anwendbar, in denen über Ansprüche oder Verpflichtungen tatsächlich *entschieden* wird.[194] Verneint wurde das Vorliegen einer Entscheidung etwa für behördliche Empfehlungen[195] und Vorabklärungen[196].[197]

Eine Entscheidung über eine *Rechtsstreitigkeit* im Sinne von Art. 6 Abs. 1 EMRK erachtet die Strassburger Praxis dann als gegeben, wenn Ansprüche oder Verpflichtungen umstritten sind, die das innerstaatliche Recht (oder allenfalls auch internationales Vertrags- oder Gewohnheitsrecht[198]) vorsieht.[199] Begründet wird diese Praxis damit, dass Art. 6 Abs. 1 EMRK

---

193 HERZOG, S. 16 und S. 70 ff. m. w. H.

194 HERZOG, S. 18.

195 *Benthem gegen Niederlande*, Série A Vol. 97 § 40; MARKUS MÜLLER, S. 540 m. w. H.

196 *Fayed gegen Grossbritannien*, Série A Vol. 294-B § 61; HERZOG, S. 71 m. w. H.

197 Zur (hier nicht relevanten) Frage des Entscheidcharakters von Prozessentscheiden vgl. die eingehende Darstellung bei HERZOG, S. 71 ff.

198 HERZOG, S. 78.

199 VILLIGER, EMRK, Rz. 377 (mit vielen Hinweisen auf die Rechtsprechung); HERZOG, S. 78.

nicht neue Rechte schaffen, sondern innerstaatlich anerkannten Rechten einen verfahrensrechtlichen Schutz gewährleisten will;[200] klare Kriterien für die Anerkennung von Rechten und Pflichten bestehen bisher aber nicht.[201] Immerhin - und das ist im vorliegenden Zusammenhang von besonderem Interesse - wird die Anwendbarkeit von Art. 6 Abs. 1 EMRK verneint, wenn die gerichtliche Durchsetzung von Rechten durch das innerstaatliche Recht ausgeschlossen wird.[202]

In der schweizerischen Literatur fehlt es nicht an Stimmen, die das Anfechtungsobjekt im Geltungsbereich von Art. 6 Abs. 1 EMRK weiter als die „klassische" Verfügung fassen wollen.[203] Diese Auffassung stützt sich auf den Fall *Karl Adler gegen Schweiz*[204], in dem es um Staatshaftungsansprüche aus angeblich falschen behördlichen Auskünften ging. *Herzog* hat aber überzeugend aufgezeigt, dass dieser Kommissionsentscheid zur Begründung eines ausdehnenden Verständnisses des Anfechtungsobjekts nicht taugt.[205] Bis auf weiteres ist deshalb davon auszugehen, dass ein zulässiges Anfechtungsobjekt im Sinne von Art. 6 Abs. 1 EMRK fehlt, „wo das Landesrecht die gerichtliche Durchsetzbarkeit eines Anliegens über die *Umschreibung des anfechtbaren Verwaltungsaktes* verunmöglicht."[206] Immerhin sei darauf hingewiesen, dass weiterhin nicht geklärt ist, wann solche Ausschlüsse der gerichtlichen Durchsetzbarkeit von Ansprüchen willkürlich sind und dadurch die Substanz von Art. 6 Abs. 1 EMRK verletzen.[207] Bedenkenswert erscheint vor diesem Hintergrund deshalb *Markus Müllers* Auffassung, wonach der Ausschluss spe-

---

200 VILLIGER, EMRK, Rz. 377; HERZOG, S. 79 (beide mit weiteren Hinweisen).

201 HERZOG, S. 79 f.

202 VILLIGER, EMRK, Rz. 377; HERZOG, S. 87 ff.; vgl. auch KLEY-STRULLER, Rechtsschutz, S. 125; aus der Praxis vgl. besonders *Powell und Rayner gegen Grossbritannien*, Série A Vol. 172 § 34 ff.

203 SCHMUCKLI, S. 37 (vgl. auch S. 171); SCHWEIZER, S. 687; KLEY-STRULLER, Art. 6 EMRK, S. 65; DERS., Anspruch, S. 40; vgl. auch WOHLFART, Anforderungen, S. 1424 f.

204 DR 46 S. 36 und 45 f.

205 HERZOG, S. 89 (dort Fussnote 120) und S. 90; vgl. weiter MARKUS MÜLLER, S. 540.

206 HERZOG, S. 88 (vgl. auch S. 380); aus der Rechtsprechung vgl. besonders *Fayed gegen Grossbritannien*, Série A Vol. 294-B § 65.

207 Vgl. dazu *Fayed gegen Grossbritannien*, Série A Vol. 294-B § 65 ff.; VILLIGER, EMRK, Rz. 377; KLEY-STRULLER, Rechtsschutz, S. 125; HERZOG, S. 89.

zifischer Sachbereiche zulässig ist, nicht aber ein allgemeiner Ausschluss durch die verfahrensrechtliche Umschreibung des Anfechtungsobjekts.[208]

In einem weiteren Schritt ist nun das bildungsrechtlich bedeutsame Urteil *van Marle* einzuordnen, bei dem es um die Führung des Titels „Wirtschaftsprüfer" ging: Die Beschwerdeführer waren seit Jahren in diesem Beruf tätig und verlangten nach einer Rechtsänderung als zugelassene Wirtschaftsprüfer eingetragen zu werden, was ihnen mangels genügender beruflicher Eignung verweigert wurde.[209] Das Gericht verneinte bereits das Vorliegen einer Rechtsstreitigkeit.[210] Einer gerichtlichen Überprüfung zugänglich seien wohl Fragen wie die Auslegung der gesetzlichen Zulassungsvoraussetzungen, die Dauer der Berufsausübung oder der Besitz bestimmter Diplome oder Titel.[211] Art. 6 Abs. 1 EMRK könne erfolgreich angerufen werden, wenn es um Probleme wie Willkür, Ermessensmissbrauch oder Verfahrensfehler gehe.[212] Dagegen nähere sich aber die umstrittene Beurteilung der zur Berufsausübung notwendigen Kenntnisse und Erfahrungen „à un examen de type scolaire ou universitaire et s'éloigne tant de la tâche normale du juge que les garanties de l'article 6 ne sauraient viser des différends sur pareille matière."[213] Die Frage der „Eignung" wurde somit als nicht justiziabel betrachtet. Aus dem Urteil kann wohl eine Scheu abgelesen werden, Leistungsbeurteilungen gerichtlicher Kontrolle zu unterwerfen;[214] insgesamt bleiben Bedeutung und Tragweite des Entscheids jedoch höchst unklar. Deshalb: Wieviel „Wunschdenken" ist dabei, wenn gelegentlich aus dem Urteil *van Marle* abgeleitet wird, dass bei Streitigkeiten um Berufsausübungsbewilligungen die Rüge der Willkür und die Rüge von Verfahrensfehlern durch ein Gericht zu beurteilen seien?[215]

---

208 MARKUS MÜLLER, S. 541 f.

209 *Van Marle und andere gegen Niederlande*, Série A Vol. 101.

210 *Van Marle und andere gegen Niederlande*, Série A Vol. 101 § 37; kritisch dazu HERZOG, S. 77 f.

211 *Van Marle und andere gegen Niederlande*, Série A Vol. 101 § 36.

212 *Van Marle und andere gegen Niederlande*, Série A Vol. 101 § 35.

213 *Van Marle und andere gegen Niederlande*, Série A Vol. 101 § 36.

214 So HERZOG, S. 266.

215 KLEY-STRULLER, Art. 6 EMRK, S. 45; DERS., Anspruch, S. 33; ungenau SCHWEIZER, S. 678.

Zwischenergebnis: Die Strassburger Organe betrachten bisher regelmässig bloss die Formen des herkömmlichen „formalen“ Verwaltungshandelns (wie etwa die schweizerische Verfügung) als taugliches, von Art. 6 Abs. 1 EMRK erfasstes Anfechtungsobjekt.[216] Soweit aber eine Verfügung als Anfechtungsobjekt vorliegt, darf die grundsätzliche[217] Anwendbarkeit von Art. 6 Abs. 1 EMRK angenommen werden.

2.1.2.1.3 Zivilrechtliche Natur

Von grosser Bedeutung ist diese letzte Voraussetzung, weil die Strassburger Organe deren Geltungsbereich immer weiter ausgelegt[218] haben; so erlangte Art. 6 Abs. 1 EMRK allmählich auch im Verwaltungsrecht und im Verwaltungsprozessrecht eine zentrale Stellung.[219] Art. 6 Abs. 1 EMRK gilt somit nicht nur für die privatrechtlichen Streitigkeiten, sondern regelmässig auch dort, „wo die Regelung eines öffentlichrechtlichen Rechtsverhältnisses *Auswirkungen auf Rechtsbeziehungen zwischen Privatpersonen oder auf die private Stellung einzelner* hat.“[220] Welche bildungsrechtlichen Streitigkeiten gelten nun aber als „zivilrechtlich“ im Sinne von Art. 6 Abs. 1 EMRK?[221]

Verneint haben die Strassburger Organe bisher im Bildungsbereich den zivilrechtlichen Charakter von:

- Streitigkeiten um das Recht auf elementare Schulbildung[222] und um das Recht auf Zugang zu öffentlichen Schulen[223];

---

216 Ebenso im wesentlichen MARKUS MÜLLER, S. 540 ff. und HERZOG, S. 88 f.

217 Vorbehalten bleibt die zivilrechtliche Natur des Anspruchs oder der Verpflichtung (vgl. sogleich Ziff. 2.1.2.1.3).

218 Zur Auslegung des Begriffs vgl. besonders den Überblick bei HERZOG, S. 16 f. und S. 91 ff.

219 Vgl. etwa die Darstellung der Entwicklung der Rechtsprechung bei ZIMMERLI, S. 48 ff. und KLEY-STRULLER, Art. 6 EMRK, S. 27 ff.

220 HERZOG, S. 96.

221 Vgl. dazu besonders die Praxisanalyse bei HERZOG, S. 260 ff.

222 *Simpson gegen Grossbritannien*, DR 64 S. 200 (vgl. dazu das Recht auf Bildung gemäss Art. 2 des von der Schweiz nicht ratifizierten ersten Zusatzprotokolls zur EMRK; wiedergegeben bei VILLIGER, EMRK, S. 434).

223 FROWEIN/PEUKERT, Rz. 36 zu Art. 6 (Hinweis auf einen unpublizierten Kommissionsentscheid).

- Streitigkeiten über die Beurteilung von Universitäts-[224] und Maturitätsprüfungen[225];[226]

- Streitigkeiten über die Verleihung von akademischen Graden durch universitäre Organe.[227]

Das Bundesgericht hat sich dieser Rechtsprechung angeschlossen. Es verneint die zivilrechtliche Natur[228] von:

- Verfügungen über Diplomprüfungen;[229]

- Verfügungen über das Ergebnis von Berufs-, Fach- oder anderen Fähigkeitsprüfungen im Sinne von Art. 99 Abs. 1 Bst. f OG;[230]

- Verfügungen über die Zulassung eines Schülers in eine höhere Klasse.[231]

Die Verneinung des zivilrechtlichen Charakters von bildungsrechtlichen Streitigkeiten wird in der schweizerischen Lehre nicht grundsätzlich in Frage gestellt.[232]

Herzog hat aufgezeigt, dass die dargestellte Rechtsprechung der Strassburger Organe zu bildungsrechtlichen Streitigkeiten einerseits mit der (überholten[233]) Bezugnahme auf die Rechtsfigur des besonderen Rechts-

---

224 VPB 1986 Nr. 96.

225 VPB 1991 Nr. 45.

226 Vgl. auch etwa die Meinung der Kommission im Fall *van Marle und andere gegen Niederlande*, Série A Vol. 101 § 115.

227 MIEHSLER, Rz. 161 (Hinweis auf zwei unpublizierte Kommissionsentscheide).

228 Generell zur Auslegung des Begriffs „zivilrechtliche Ansprüche und Verpflichtungen" durch das Bundesgericht vgl. etwa BGE 121 I 34, 119 Ia 329 (je mit weiteren Hinweisen).

229 SJIR 1990 S. 212 (unveröffentlichter BGE vom 21. August 1989 i. S. P.D. c. Erziehungsdepartement des Kantons Luzern).

230 SZIER 1993 S. 601 (unveröffentlichter BGE vom 9. Dezember 1992 i. S. W. c. Eidg. Volkswirtschaftsdepartement).

231 SZIER 1995 S. 375 (unveröffentlichter BGE vom 9. Mai 1994 i. S. Ch.C. c. Département de l'instruction et de la culture du Tessin).

232 Vgl. etwa VILLIGER, EMRK, Rz. 387; SCHWEIZER, S. 678; KLEY-STRULLER, Art. 6 EMRK, S. 45; DERS., Anspruch, S. 33; DERS., Rechtsschutz, S. 122; ausführlicher zum Ganzen HERZOG, S. 260 ff.

233 HERZOG, S. 242 f.

verhältnisses[234], andererseits mit der (ebenfalls nicht überzeugenden[235]) Vorstellung vom Bildungswesen als nichtjustiziabler „Exekutivmaterie“[236] zusammenhängt. Konsequent ist sodann die Forderung der Autorin, die zivilrechtliche Natur einer Streitigkeit auch im Bereich des Bildungsrechts nach den allgemeinen Kriterien[237] zu bestimmen.[238]

Auf den ersten Blick scheint Art. 6 Abs. 1 EMRK somit für das Bildungsrecht zur Zeit kaum fruchtbar gemacht werden zu können. Wirft man nun einen zweiten Blick auf die Rechtsprechung im Bereich der Berufsausübungsbewilligungen, kommt man jedoch um weitere Überlegungen nicht herum. Nach heutiger Praxis wird die zivilrechtliche Natur des Rechts auf private Erwerbstätigkeit bejaht.[239] Bei den Berufsausübungsbewilligungen waren bisher vor allem der Entzug oder die Wiedererteilung zu beurteilen.[240] Im vorliegenden Zusammenhang ist von besonderer Bedeutung, „ob auch die *erstmalige Ausübung* eines Berufs oder eines Gewerbes unter Art. 6 fällt.“[241] Ausserhalb des Bereichs von Berufsausübungsbewilligungen stellt die Rechtsprechung offensichtlich nicht darauf ab, ob eine Bewilligung zum ersten Mal erteilt wird; so wurde die Streitigkeit über die Inbetriebnahme einer Anlage zum Verkauf von Flüssiggas als zivilrechtlich betrachtet.[242] Bereits in unmittelbarer Nähe einer Streitigkeit über eine Berufsausübungsbewilligung liegt sodann die ebenfalls als zivilrechtlich anerkannte Streitigkeit über die Wiedereintragung in die Liste der Rechtsanwälte (eine Voraussetzung, um diese Tätigkeit ausüben zu können).[243] Es war nur folgerichtig, eine Streitigkeit um den erstmaligen Eintrag in die Liste der Rechtsanwaltanwärterinnen und -anwärter nicht anders zu beur-

---

234 HERZOG, S. 262.

235 HERZOG, S. 263 f.

236 HERZOG, S. 263.

237 HERZOG, S. 97 ff., nennt drei aus der Rechtsprechung abgeleitete Kriterien (Berührtsein in persönlichen Interessen, Rechtsschutzbedürfnis, Justizmaterie).

238 HERZOG, S. 262 (vgl. besonders auch S. 242 f.) und S. 263 f.

239 VILLIGER, EMRK, Rz. 379; KLEY-STRULLER, Anspruch, S. 30 f.; DERS., Rechtsschutz, S. 116 ff.; SCHWEIZER, S. 677; HERZOG, S. 47 ff. und S. 195 ff. (alle mit Hinweisen auf die Rechtsprechung).

240 VILLIGER, EMRK, Rz. 379 und 383; KLEY-STRULLER, Anspruch, S. 30 f. (beide mit Hinweisen auf die Praxis).

241 So VILLIGER, EMRK, Rz. 379 (m. w. H.), der diese Frage bejaht, sie aber als von der Rechtsprechung noch unbeantwortet betrachtet.

242 *Benthem gegen Niederlande*, Série A Vol. 97 § 36.

243 *H. gegen Belgien*, Série A Vol. 127-B § 44 ff.

teilen.[244] Nach meiner Auffassung sollte für die Beantwortung der Frage nach der zivilrechtlichen Natur einer Streitigkeit nicht darauf abgestellt werden, ob es um die erstmalige Erteilung einer Bewilligung oder um deren Widerruf oder Änderung geht.[245] Was für nachträgliche Eingriffe in Bewilligungsverhältnisse gilt, muss doch - wohl um so mehr - auch für die Begründung solcher Verhältnisse gelten.[246]

Das Bundesgericht hat sich mittlerweile mit dem Urteil *van Marle*[247] befasst und seine oben erwähnte Praxis in einem ausführlichen *obiter dictum* teilweise in Frage gestellt, soweit es um Berufsprüfungen geht, mit deren Bestehen auch die direkte Zulassung zur Berufsausübung verbunden ist.[248] Im zu beurteilenden Sachverhalt aus dem Kanton Genf war der Beschwerdeführer zum dritten Mal an der Anwaltsprüfung gescheitert; mit staatsrechtlicher Beschwerde rügte er unter anderem, dass er den negativen Entscheid der Prüfungskommission nicht einem Gericht habe unterbreiten können, das die Anforderungen von Art. 6 Abs. 1 EMRK erfülle. Das Bundesgericht befasste sich in seinen Erwägungen besonders mit eventuellen Auswirkungen des Urteils *van Marle* auf das schweizerische Rechtsschutzsystem:

> *„La décision sur l'octroi de l'autorisation d'exercer une profession a un caractère civil au sens de l'art. 6 par. 1 CEDH. Il existe donc certaines raisons d'admettre l'application de cette disposition à la décision relative à la réussite d'un examen professionnel qui conditionne directement l'accès à une profession lorsque, comme en l'espèce, le seul obstacle à la pratique du barreau par le recourant est la délivrance du brevet d'avocat (les autres conditions de l'autorisation de pratiquer ne semblant pas poser ici de difficultés). On peut du reste constater que les organes de la Convention ont une notion large de la contestation du droit de caractère civil. Le problème est cependant délicat. L'arrêt van Marle traduit luimême les hésitations qu'on peut avoir en l'espèce."*[249]

---

244 *De Moor gegen Belgien*, Série A Vol. 292-A § 42 ff.

245 HERZOG, S. 81, erachtet dies aufgrund der Rechtsprechung als gesichert.

246 Vgl. dazu besonders die Urteile *De Moor gegen Belgien*, Série A Vol. 292-A § 42 und *H. gegen Belgien*, Série A Vol. 127-B.

247 *Van Marle und andere gegen Niederlande*, Série A Vol. 101.

248 Unveröffentlichter BGE vom 10. November 1995 i. S. A.D. c. Commission d'examens des avocats du canton de Genève (vgl. die Hinweise in: SZIER 1996 S. 431 f. und plädoyer Nr. 2/1996 S. 68).

249 Unveröffentlichter BGE vom 10. November 1995 i. S. A.D. c. Commission d'examens des avocats du canton de Genève, S. 11.

Weil die Beschwerde schliesslich wegen Verletzung des Gleichbehandlungsgebots (Art. 4 Abs. 1 BV) gutgeheissen wurde,[250] konnte das Bundesgericht die Frage der Anwendbarkeit von Art. 6 Abs. 1 EMRK offen lassen.[251] Die bundesgerichtliche Rechtsprechung ist somit nicht eindeutig. Immerhin darf der eben zitierte Entscheid aber als Signal an die Kantone verstanden werden, einen EMRK-konformen Rechtsweg für Streitigkeiten vorzusehen, welche die Berufsausübung berühren.

Eine Klärung wäre nicht nur erforderlich, sondern meines Erachtens auch möglich. Die Rechtsprechung der Strassburger Organe, wonach „(s)ach- und personenbezogene Bewilligungspflichten im Zusammenhang mit der Ausübung von Berufen und Gewerben ... gleichermassen in Zivilrechte"[252] eingreifen, müsste bloss konsequent auch auf die personenbezogene Bewilligungsvoraussetzung der „Eignung" angewandt werden. Die zivilrechtliche Natur von Streitigkeiten über Leistungsbeurteilungen wäre dann zu bejahen, wenn die Leistungsbeurteilungen Voraussetzung für die nachfolgende Zulassung zur privatwirtschaftlichen Erwerbstätigkeit bildeten. Dabei wäre besonders an die Ausbildungsabschlüsse im Berufsbildungsrecht und im Hochschulrecht zu denken. Mit der Bejahung der zivilrechtlichen Natur einer Streitigkeit wäre jedoch noch nichts über die Intensität der gerichtlichen Überprüfung gesagt.[253]

2.1.2.1.4 Beurteilung

Die Analyse ergibt, dass bei Leistungsbeurteilungen, deren Verfügungscharakter fraglich ist, gerichtlicher Rechtsschutz momentan nicht aufgrund von Art. 6 Abs. 1 EMRK erzwungen werden kann. Selbst dort, wo ein Anfechtungsobjekt grundsätzlich gegeben wäre,[254] wird die Berufung

---

[250] Unveröffentlichter BGE vom 10. November 1995 i. S. A.D. c. Commission d'examens des avocats du canton de Genève, S. 13 ff. (Erwägung 5).

[251] Unveröffentlichter BGE vom 10. November 1995 i. S. A.D. c. Commission d'examens des avocats du canton de Genève, S. 11; ebenso blieb die Frage offen im unveröffentlichten BGE vom 6. März 1996 i. S. D.G. (betreffend die zürcherische Anwaltsprüfung; vgl. den Hinweis in: SZIER 1996 S. 432) und im unveröffentlichten BGE vom 30. April 1996 i. S.P. (betreffend die neuenburgische Anwaltsprüfung).

[252] HERZOG, S. 196 (mit Hinweis auf die Praxis).

[253] Vgl. Ziff. 3.

[254] Vgl. Ziff. 2.1.2.1.2.

auf die Konvention (vorläufig) regelmässig an der fehlenden zivilrechtlichen Natur des Anspruchs scheitern.[255]

Zwar hat sich gezeigt, dass eine Verbesserung des Rechtsschutzes im Bildungsrecht zur Zeit nicht über Art. 6 Abs. 1 EMRK verwirklicht wird. In dieser Bestimmung steckt aber weiterhin ein erhebliches Entwicklungspotential:

- Je nach Entwicklung des innerstaatlichen Verfügungsbegriffs[256] und der Rechtsprechung der Strassburger Organe zu den Begriffsmerkmalen „Entscheidung" und „Rechtsstreitigkeit" könnten vermehrt auch bildungsrechtliche Leistungsbeurteilungen anfechtbar werden. Auf das Landesrecht stark auswirken würde sich jedoch bereits, wenn der bisher anerkannte allgemeine Ausschluss der gerichtlichen Anfechtbarkeit durch die verfahrensrechtliche Umschreibung des Anfechtungsobjekts fallen sollte.[257] Im Bildungsrecht müssten die gesetzgebenden Behörden dann etwa spezialrechtliche Ausschlüsse umschreiben, wenn für Leistungsbeurteilungen weiterhin nicht der Weg an die Verwaltungsgerichte offenstehen soll.[258]

- Sollte sich die zukünftige Rechtsprechung der Strassburger Organe zur „zivilrechtlichen Natur" einer Streitigkeit tatsächlich in die gezeigte Richtung entwickeln,[259] müsste der Rechtsweg in vielen Bereichen des eidgenössischen und kantonalen Bildungsrechts überdacht werden. Die Verwaltungsgerichtsbeschwerde an das Bundesgericht ist heute unzulässig gegen Verfügungen über das Ergebnis von Berufs-, Fach- oder anderen Fähigkeitsprüfungen.[260] Ebenso unterliegen heute die meisten bildungsrechtlichen Streitigkeiten im Kanton Bern keiner gerichtlichen Kontrolle, regelmässig entscheidet der Regierungsrat als letzte kantonale Instanz. Die kantonale Verwaltungsgerichtsbeschwerde ist unzulässig

---

255 Vgl. Ziff. 2.1.2.1.3.

256 Vgl. dazu etwa die Überlegungen von MARKUS MÜLLER, S. 540 f. und 549 ff. (mit weiteren Hinweisen).

257 Vgl. Ziff. 2.1.2.1.2.

258 Dazu auch den folgenden Absatz und Ziff. 3.4.2.4.7.

259 Vgl. Ziff. 2.1.2.1.3.

260 Art. 99 Abs. 1 Bst. f OG, für den Bereich der Berufsbildung vgl. Art. 100 Abs. 1 Bst. v OG (immerhin steht vereinzelt der Weg an die Rekurskommission EVD und damit an ein „Spezialverwaltungsgericht" offen, vgl. dazu Ziff. 4.4.2.3); für den vorliegenden Zusammenhang nicht relevant ist Art. 100 Abs. 1 Bst. k OG.

gegen Verfügungen und Entscheide betreffend das Ergebnis von Berufs-, Fach- oder anderen Fähigkeitsprüfungen.[261] Zulässig ist die kantonale Verwaltungsgerichtsbeschwerde im Bereich des Bildungswesens einzig, wenn es um die Zulassung zu einer Prüfung, um die Führung einer Privatschule oder um Streitigkeiten vermögensrechtlicher Natur geht, an denen Private beteiligt sind.[262] Dazu kommen noch jene Verfügungen oder Entscheide, die der eidgenössischen Verwaltungsgerichtsbeschwerde unterliegen.[263]

2.1.2.2 Das Recht auf eine wirksame Beschwerde nach Art. 13 EMRK

Die Menschenrechtskonvention enthält noch eine weitere verfahrensrechtlich bedeutsame Bestimmung; Art. 13 EMRK lautet:

> *„Sind die in der vorliegenden Konvention festgelegten Rechte und Freiheiten verletzt worden, so hat der Verletzte das Recht, eine wirksame Beschwerde bei einer nationalen Instanz einzulegen, selbst wenn die Verletzung von Personen begangen worden ist, die in amtlicher Eigenschaft gehandelt haben."*

Diese Bestimmung gewährleistet ein innerstaatliches Beschwerderecht gegen Verletzungen der Menschenrechtskonvention und ihrer Zusatzprotokolle.[264] Art. 13 EMRK ist unmittelbar anwendbar, was wichtig ist, weil das schweizerische Recht keine entsprechende Norm enthält.[265] Im Verhältnis zu Art. 6 Abs. 1 EMRK ist Art. 13 EMRK subsidiär.[266] Nach der Praxis öffnet die Bestimmung nicht zwingend den Rechtsweg zu einem Gericht, sondern bloss (mindestens) zu einer „hinreichend *unabhängigen Verwaltungsinstanz*"[267] .

---

261 Art. 77 Abs. 1 Bst. m VRPG.

262 Art. 78 Bst. d Ziff. 1 - 3 VRPG.

263 Art. 76 Abs. 2 Satz 2 VRPG (vgl. auch Art. 98a Abs. 1 OG); dabei wird es sich regelmässig aber nicht um Streitigkeiten über bildungsrechtliche Leistungsbeurteilungen handeln (vgl. Art. 99 Abs. 1 Bst. f und Art. 100 Abs. 1 Bst. v OG), sondern beispielsweise um Streitigkeiten im Zusammenhang mit der Bewilligung, in einem Betrieb Lehrlinge und Lehrtöchter ausbilden zu dürfen.

264 Hangartner, S. 4; vgl. auch Villiger, EMRK, Rz. 623 ff. und Wetzel, S. 76 ff.

265 Villiger, EMRK, Rz. 52 und 623.

266 Hangartner, S. 4; Villiger, EMRK, Rz. 624; Schweizer, S. 685 f.; Frowein/Peukert, S. 301; Wetzel, S. 114 ff.

267 Villiger, EMRK, Rz. 625; vgl. weiter Hangartner, S. 9 (mit Hinweisen auf kritische Stimmen) sowie Schweizer, S. 672; aus der bundesgerichtlichen Rechtsprechung vgl. etwa BGE 118 Ib 277 ff. Nach der bisherigen Rechtsprechung scheinen

Das Beschwerderecht nach Art. 13 EMRK richtet sich gegen alle Akte von Regierung, Verwaltung und Gerichten. Ausgenommen bleiben nach dem heutigen Stand der Rechtsprechung einzig Rechtsetzungsakte. Die Bestimmung bietet somit nicht nur gegen „klassische" Verfügungen, sondern auch gegen andere behördliche Handlungsformen Schutz.[268]

Wegen des akzessorischen Charakters[269] von Art. 13 EMRK bleiben die Auswirkungen dieser Norm aber begrenzt. Für den Rechtsschutz im Bildungsrecht ist somit erst etwas gewonnen, wenn Art. 13 EMRK zusammen mit einer anderen Konventionsnorm gerügt werden kann. Dies dürfte aber nur ausnahmsweise gelingen; zu denken ist am ehesten an die Art. 8 - 11 EMRK, wobei sich in diesen Fällen die Streitigkeit wohl regelmässig nicht um Leistungsbeurteilungen drehen dürfte. Das für den vorliegenden Zusammenhang primär in Frage kommende Recht auf Bildung und (wohl eher eingeschränkt) die Elternerziehungsrechte nach Art. 2 des ersten Zusatzprotokolls fallen von vornherein ausser Betracht, weil die Schweiz dieses Zusatzprotokoll nicht ratifiziert hat.[270]

Sobald Art. 13 EMRK im Einzelfall anwendbar ist, stellt sich im Zusammenhang mit der Frage nach der Wirksamkeit einer Beschwerde auch die Frage nach der *Überprüfungsbefugnis*. Dabei ist für das Bildungsrecht von besonderem Interesse, dass eine blosse Willkürprüfung als ungenügend gilt.[271]

Fazit: Eine Verbesserung des Rechtsschutzes in bezug auf Streitigkeiten über bildungsrechtliche Leistungsbeurteilungen lässt sich heute nicht durch Art. 13 EMRK erreichen.

Bundesrat und Regierungsrat den Anforderungen grundsätzlich zu genügen (vgl. HANGARTNER, S. 9).

268 MARKUS MÜLLER, S. 543; HANGARTNER, S. 5 ff.; SCHWEIZER, S. 686 f.; WETZEL, S. 82 ff.

269 VILLIGER, EMRK, Rz. 624; FROWEIN/PEUKERT, S. 298; WETZEL, S. 47 ff.

270 Vgl. dazu VILLIGER, EMRK, Rz. 23 (Hinweise zur Praxis in Rz. 646 ff.); zur Haltung des Bundesrats im Hinblick auf eine Ratifikation vgl. BBl 1996 I 437 f.

271 HANGARTNER, S. 10 f.; WETZEL, S. 140; vgl. Ziff. 3.

2.1.2.3 Rechtsschutz durch die UNO-Pakte?

2.1.2.3.1 Vorbemerkung

Seit dem 18. September 1992 gelten der internationale Pakt vom 16. Dezember 1966 über wirtschaftliche, soziale und kulturelle Rechte[272] sowie der internationale Pakt vom 16. Dezember 1966 über bürgerliche und politische Rechte[273] auch für die Schweiz. Die beiden Vertragswerke wurden bisher in einer breiteren Öffentlichkeit noch kaum zur Kenntnis genommen; damit ist aber noch nichts über die effektive Bedeutung der Pakte ausgesagt. Im folgenden soll auch mit Bezug auf die UNO-Pakte geprüft werden, ob sie allenfalls Anhaltspunkte für einen verbesserten Rechtsschutz für bildungsrechtliche Leistungsbeurteilungen liefern.

2.1.2.3.2 UNO-Pakt I

Der UNO-Pakt I enthält - anders etwa als der UNO-Pakt II[274] und die EMRK[275] - keine Rechtsweggarantie. Immerhin enthält der Pakt in Art. 2 Abs. 1 eine *progressive Implementierungspflicht* und in Art. 2 Abs. 2 ein *Diskriminierungsverbot*:

> *Art. 2 [1] Jeder Vertragsstaat verpflichtet sich, einzeln und durch internationale Hilfe und Zusammenarbeit, insbesondere wirtschaftlicher und technischer Art, unter Ausschöpfung aller seiner Möglichkeiten Massnahmen zu treffen, um nach und nach mit allen geeigneten Mitteln, vor allem durch gesetzgeberische Massnahmen, die volle Verwirklichung der in diesem Pakt anerkannten Rechte zu erreichen.*
>
> *[2] Die Vertragsstaaten verpflichten sich, zu gewährleisten, dass die in diesem Pakt verkündeten Rechte ohne Diskriminierung hinsichtlich der Rasse, der Hautfarbe, des Geschlechts, der Sprache, der Religion, der politischen oder sonstigen Anschauung, der nationalen oder sozialen Herkunft, des Vermögens, der Geburt oder des sonstigen Status ausgeübt werden.*

Weiter ist im vorliegenden Zusammenhang auf die Art. 13 und 14 UNO-Pakt I hinzuweisen, die das *Recht auf Bildung* gewährleisten:

---

272 UNO-Pakt I (Sozialpakt), SR 0.103.1.

273 UNO-Pakt II (Zivilpakt), SR 0.103.2.

274 Ziff. 2.1.2.3.3.

275 Ziff. 2.1.2.1.

Art. 13 [1] Die Vertragsstaaten erkennen das Recht eines jeden auf Bildung an. Sie stimmen überein, dass die Bildung auf die volle Entfaltung der menschlichen Persönlichkeit und des Bewusstseins ihrer Würde gerichtet sein und die Achtung vor den Menschenrechten und Grundfreiheiten stärken muss. Sie stimmen ferner überein, dass sie Verständnis, Toleranz und Freundschaft unter allen Völkern und allen rassischen, ethnischen und religiösen Gruppen fördern sowie die Tätigkeit der Vereinten Nationen zur Erhaltung des Friedens unterstützen muss.

[2] Die Vertragsstaaten erkennen an, dass im Hinblick auf die volle Verwirklichung dieses Rechts
a) der Grundschulunterricht für jedermann Pflicht und allen unentgeltlich zugänglich sein muss;
b) die verschiedenen Formen des höheren Schulwesens einschliesslich des höheren Fach- und Berufsschulwesens auf jede geeignete Weise, insbesondere durch allmähliche Einführung der Unentgeltlichkeit, allgemein verfügbar und jedermann zugänglich gemacht werden müssen;
c) der Hochschulunterricht auf jede geeignete Weise, insbesondere durch allmähliche Einführung der Unentgeltlichkeit, jedermann gleichermassen entsprechend seinen Fähigkeiten zugänglich gemacht werden muss;
d) eine grundlegende Bildung für Personen, die eine Grundschule nicht besucht oder nicht beendet haben, so weit wie möglich zu fördern oder zu vertiefen ist;
e) die Entwicklung eines Schulsystems auf allen Stufen aktiv voranzutreiben, ein angemessenes Stipendiensystem einzurichten und die wirtschaftliche Lage der Lehrerschaft fortlaufend zu verbessern ist.

[3] Die Vertragsstaaten verpflichten sich, die Freiheit der Eltern und gegebenenfalls des Vormunds oder Pflegers zu achten, für ihre Kinder andere als öffentliche Schulen zu wählen, die den vom Staat gegebenenfalls festgesetzten oder gebilligten bildungspolitischen Mindestnormen entsprechen, sowie die religiöse und sittliche Erziehung ihrer Kinder in Übereinstimmung mit ihren eigenen Überzeugungen sicherzustellen.

[4] Keine Bestimmung dieses Artikels darf dahin ausgelegt werden, dass sie die Freiheit natürlicher oder juristischer Personen beeinträchtigt, Bildungseinrichtungen zu schaffen und zu leiten, sofern die in Absatz 1 niedergelegten Grundsätze beachtet werden und die in solchen Einrichtungen vermittelte Bildung den vom Staat gegebenenfalls festgesetzten Mindestnormen entspricht.

Art. 14 Jeder Vertragsstaat, der zu dem Zeitpunkt, da er Vertragspartei wird, im Mutterland oder in sonstigen seiner Hoheitsgewalt unterstehenden Gebieten noch nicht die Grundschulpflicht auf der Grundlage der Unentgeltlichkeit einführen konnte, verpflichtet sich, binnen zwei Jahren einen ausführlichen Aktionsplan auszuarbeiten und anzunehmen, der die schrittweise Verwirklichung des Grundsatzes der unentgeltlichen allgemeinen Schulpflicht innerhalb einer angemessenen, in dem Plan festzulegenden Zahl von Jahren vorsieht.

Die Gewährleistung eines Rechts auf Bildung ist in dieser Art für die Schweiz neu.[276] Nach Auffassung des Bundesrats stellt dieses Recht eine Mindestgarantie dar, die „in der Schweiz seit langem vollumfänglich gewährleistet ist."[277] Entsprechend hat die Schweiz auch keinen Vorbehalt zu dieser Bestimmung angebracht.[278] Zur *unmittelbaren Anwendbarkeit* hat der Bundesrat in der Botschaft ausgeführt, dass sich der UNO-Pakt I grundsätzlich an den Gesetzgeber richte; nur ausnahmsweise gewährleiste der Pakt subjektive und justiziable Rechte.[279] Inwiefern nun das Recht auf Bildung eine solche Ausnahme darstellt, ist umstritten.[280] Dabei fällt auch ins Gewicht, dass die internationale Kontrolle bisher einzig in der periodischen Prüfung von Staatenberichten durch den Ausschuss für wirtschaftliche, soziale und kulturelle Rechte („Sozialausschuss") besteht.[281] Aus diesem Grund besteht auch keine eigentliche internationale „Gerichtspraxis" zur Frage der Justiziabilität der durch den UNO-Pakt I gewährten Rechte.[282]

Im Zusammenhang mit bildungsrechtlichen *Leistungsbeurteilungen* fallen am ehesten die Garantien nach Art. 13 Abs. 2 Bst. a - d UNO-Pakt I als direkt anwendbar in Betracht.[283] Denkbar wären beispielsweise Streitigkeiten über die Einschulung und die Promotion fremdsprachiger Kinder

---

276 SALADIN/AUBERT, S. 167; vgl. die umfassende Darstellung von Art. 13 UNO-Pakt I bei GEBERT.

277 BBl 1991 I 1197; vgl. ROUILLER, S. 109.

278 AS 1993 S. 724; da die Schweiz nach Auffassung der Bundesbehörden alle im UNO-Pakt I gewährleisteten Rechte verwirkliche, wurden überhaupt keine Vorbehalte angebracht (BBl 1991 I 1198). Im Bereich des Rechts auf Bildung wäre allenfalls ein Vorbehalt zu Gunsten der „Bildungshoheit" der Kantone denkbar gewesen (vgl. dazu KÄLIN/MALINVERNI/NOWAK, S. 55).

279 BBl 1991 I 1202; vgl. KÄLIN/MALINVERNI/NOWAK, S. 8 f. und 55 f.; KÜNZLI, S. 531 ff.

280 Vgl. die Hinweise bei RICHLI/MASCELLO, S. 133 f.; aus der Praxis der Bundesgerichts (die unmittelbare Anwendbarkeit verneinend) BGE 120 Ia 10 ff. (vgl. dazu die kritischen Bemerkungen von KÜNZLI, S. 533 f.) sowie BGE vom 28. April 1994 in: AJP 1995 S. 359 f. (mit Bemerkungen von *Richli*); vgl. auch BGE 121 V 229 ff. und 246 ff. (das Sozialversicherungsrecht betreffend) sowie 122 I 101 ff. (das Recht auf Existenzsicherung betreffend).

281 Art. 16 UNO-Pakt I; vgl. KÄLIN/MALINVERNI/NOWAK, S. 18 ff. sowie den im Mai 1996 publizierten ersten Bericht der Schweiz zur Umsetzung des internationalen Paktes über wirtschaftliche, soziale und kulturelle Rechte.

282 KÜNZLI, S. 532.

283 Unter Umständen ist auch eine Berufung auf das Diskriminierungsverbot nach Art. 2 Abs. 2 UNO-Pakt I möglich, vgl. dazu KÜNZLI, S. 535 f.

(Bst. a, allenfalls in Verbindung mit Bst. d) oder Zulassungsstreitigkeiten im Bereich von höheren Schulen (Bst. b) und von Hochschulen (Bst. c).

In *verfahrensrechtlicher* Hinsicht ist zu beachten, dass die unmittelbare Anwendbarkeit sich bloss (aber immerhin) auf die bestehenden innerstaatlichen Rechtswege auswirken würde; eine Verletzung des Paktes kann somit nicht vor einem internationalen Rechtspflegeorgan gerügt werden. Allenfalls stünden innerstaatlich gestützt auf den Pakt auch zusätzliche Rügen offen. In erster Linie fällt der Anspruch auf eine diskriminierungsfreie Anwendung der Paktgarantien in Betracht. Dabei lässt sich der Rechtsweg an das Bundesgericht auf zwei Arten öffnen: Entweder durch die direkte Anrufung des Diskriminierungsverbotes (Art. 2 Abs. 2 UNO-Pakt I) oder - indirekt - über eine Anrufung von Art. 4 Abs. 1 BV, wobei Art. 2 Abs. 2 UNO-Pakt I dann die Grundlage für eine Legitimationserweiterung liefern würde.[284]

Fazit: Punktuell sind auf UNO-Pakt I gestützte Verfahren somit möglich und auch erwünscht. Der UNO-Pakt I führt aber meines Erachtens nicht zu einer generellen Verbesserung des Rechtsschutzes bei Streitigkeiten über bildungsrechtliche Leistungsbeurteilungen, weil eine Rechtsweggarantie fehlt und das Problem des allenfalls fehlenden Anfechtungsobjekts bestehen bleibt.

2.1.2.3.3 UNO-Pakt II

Nach Art. 2 Abs. 3 UNO-Pakt II verpflichtet sich jeder Vertragsstaat,

> *a) dafür Sorge zu tragen, dass jeder, der in seinen in diesem Pakt anerkannten Rechten oder Freiheiten verletzt worden ist, das Recht hat, eine wirksame Beschwerde einzulegen, selbst wenn die Verletzung von Personen begangen worden ist, die in amtlicher Eigenschaft gehandelt haben;*
>
> *b) dafür Sorge zu tragen, dass jeder, der eine solche Beschwerde erhebt, sein Recht durch das zuständige Gerichts-, Verwaltungs- oder Gesetzgebungsorgan oder durch eine andere, nach den Rechtsvorschriften des Staates zuständige Stelle feststellen lassen kann, und den gerichtlichen Rechtsschutz auszubauen;*
>
> *c) dafür Sorge zu tragen, dass die zuständigen Stellen Beschwerden, denen stattgegeben wurde, Geltung verschaffen.*

---

284 KÜNZLI, S 536.

Art. 14 Abs. 1 UNO-Pakt II bestimmt weiter:

> *Alle Menschen sind vor Gericht gleich. Jedermann hat Anspruch darauf, dass über ... seine zivilrechtlichen Ansprüche und Verpflichtungen durch ein zuständiges, unabhängiges, unparteiisches und auf Gesetz beruhendes Gericht in billiger Weise und öffentlich verhandelt wird ...*

Der UNO-Pakt II enthält in Art. 2 Abs. 3 eine Art. 13 EMRK entsprechende, in den Buchstaben b und c gar darüber hinausgehende Bestimmung.[285] Art. 14 Abs. 1 UNO-Pakt II lautet weitgehend gleich wie Art. 6 Abs. 1 EMRK.[286] Bei der Auslegung des Begriffs „zivilrechtliche Ansprüche und Verpflichtungen" geht die Rechtsprechung sogar weiter als jene der Strassburger Organe.[287] Es ist aus den folgenden Gründen aber illusorisch zu glauben, dass der individuelle Rechtsschutz der Bürgerinnen und Bürger im Bildungsrecht durch den UNO-Pakt II effektiv verbessert werde:

- Die Schweiz hat einen *Vorbehalt* zu Art. 14 Abs. 1 UNO-Pakt II angebracht, wonach die Garantie eines gerechten Prozesses in bezug auf Streitigkeiten über zivilrechtliche Rechte und Pflichten nur bezwecke, „dass eine letztinstanzliche richterliche Prüfung der Akte oder Entscheidungen der öffentlichen Gewalt über solche Rechte stattfindet. Unter dem Begriff 'letztinstanzliche richterliche Prüfung' ist eine auf die Rechtsanwendung beschränkte richterliche Prüfung, die kassatorischer Natur ist, zu verstehen."[288] Wie geschickt oder ungeschickt dieser Vorbehalt ist, kann hier offenbleiben,[289] denn ins Gewicht fällt besonders der folgende Umstand:

- Die Schweiz ist dem *Kontrollsystem* des UNO-Pakts II nicht vollständig unterworfen. Als Vertragsstaat ist sie verpflichtet, dem Ausschuss für Menschenrechte regelmässig Berichte vorzulegen über die getroffenen Massnahmen zur Verwirklichung der im Pakt garantierten Rechte.[290] Weiter kann ein Vertragsstaat gegen einen anderen Vertragsstaat beim

---

285 NOWAK, Rz. 56 zu Art. 2.

286 NOWAK, Rz. 1 und 4 zu Art. 14; ROUILLER, S. 112; KLEY-STRULLER, Rechtsschutz, S. 106.

287 KLEY-STRULLER, Rechtsschutz, S. 129; DERS., Art. 14 CCPR, S. 759.

288 AS 1993 S. 748.

289 KLEY-STRULLER, Rechtsschutz, S. 130 f.; DERS., Art. 14 CCPR, S. 759 f.

290 Art. 40 UNO-Pakt II; NOWAK, Rz. 6 ff. zu Art. 40.

Ausschuss eine sogenannte „Staatenbeschwerde" erheben;[291] diesem fakultativen Verfahren hat sich die Schweiz vorläufig für fünf Jahre unterworfen.[292] Für den (internationalen) Individualrechtsschutz entscheidend ist nun aber, dass die Schweiz das Fakultativprotokoll nicht ratifiziert hat, das Beschwerden von Einzelpersonen („Individualmitteilungen") an den Ausschuss für Menschenrechte erlauben würde.[293] Der Umstand, dass ein Weiterzug nationaler Entscheide an den Ausschuss ausser Betracht fällt, ist an sich für die Verbindlichkeit der Pakt-Normen und für die Verpflichtung zu einer paktkonformen Auslegung nicht von Bedeutung, wird aber trotzdem in der Rechtsprechung faktisch von grossem Gewicht sein.[294]

- Bei den einzelnen durch den Pakt *garantierten Rechte* stellt sich einerseits die Frage des Konnexes zu bildungsrechtlichen Leistungsbeurteilungen, anderseits die Frage der Tragweite dieser Rechte. Bei Streitigkeiten um Leistungsbeurteilungen ist es wohl nur in Ausnahmefällen möglich, dass Rechte des UNO-Pakts II betroffen sind; denkbar wären etwa Probleme im Zusammenhang mit dem Schutz personenbezogener Daten (Art. 17)[295] oder mit dem Gleichheitsgebot (Art. 26)[296]. Zur Tragweite hat der Bundesrat in seiner Botschaft die Auffassung vertreten, dass die Rechte des UNO-Pakts II bloss punktuell weiter gingen als die geltenden Bestimmungen des Landesrechts und der europäischen Menschenrechtskonvention.[297]

Fazit: Der UNO-Pakt II enthält wohl ein gewisses Potential an zusätzlichem Rechtsschutz, führt aber meines Erachtens in der heute für die Schweiz geltenden Form nicht zu einer Verbesserung des Rechtsschutzes bei Streitigkeiten über bildungsrechtliche Leistungsbeurteilungen.

---

291 Art. 41 (vgl. auch Art. 42) UNO-Pakt II; NOWAK, Rz. 1 ff. zu Art. 41.

292 AS 1993 S.749.

293 BBl 1991 I 1207; vgl. den Text und die Kommentierung des Fakultativprotokolls bei NOWAK, S. 693 ff.

294 Dies zeigen bereits die ersten Entscheide zur Anwendung der UNO-Pakte in der Schweiz, vgl. etwa (den Pakt I betreffend) Fussnote 2/280 (Seite 1) sowie KÜNZLI, S. 533 f. und 535 f.

295 NOWAK, Rz. 21 zu Art. 17.

296 NOWAK, Rz. 12 ff. zu Art. 26; vgl. dazu allerdings die erhebliche Einschränkung durch den Vorbehalt der Schweiz (AS 1993 S. 748).

297 Vgl. den Überblick in BBl 1991 I 1198 ff. sowie die Liste der Vorbehalte in AS 1993 S. 747 f.

2.1.2.4 Rechtsschutz durch die Kinderrechtskonvention?

Mit Botschaft vom 29. Juni 1994[298] hat der Bundesrat dem Parlament den Beitritt zum Übereinkommen vom 20. November 1989 über die Rechte des Kindes[299] vorgeschlagen. Die Bundesversammlung hat die Kinderrechtskonvention mit Bundesbeschluss vom 13. Dezember 1996 (mit einigen Vorbehalten) genehmigt; das Vertragswerk ist für die Schweiz am 26. März 1997 in Kraft getreten.[300]

Die Konvention enthält keine ausdrückliche Rechtsweggarantie; aus verfahrensrechtlicher Sicht bemerkenswert ist aber immerhin das *Recht, gehört zu werden* nach Art. 12 der Konvention:

> *Art. 12 [1] Die Vertragsstaaten sichern dem Kind, das fähig ist, sich eine eigene Meinung zu bilden, das Recht zu, diese Meinung in allen das Kind berührenden Angelegenheiten frei zu äussern, und berücksichtigen die Meinung des Kindes angemessen und entsprechend seinem Alter und seiner Reife.*
>
> *[2] Zu diesem Zweck wird dem Kind insbesondere Gelegenheit gegeben, in allen das Kind berührenden Gerichts- oder Verwaltungsverfahren entweder unmittelbar oder durch einen Vertreter oder eine geeignete Stelle im Einklang mit den innerstaatlichen Verfahrensvorschriften gehört zu werden.*

Diese Norm statuiert einen Anspruch auf Mitsprache und Anhörung. Zweifellos handelt es sich dabei um eine zentrale und grundsätzliche Bestimmung der Konvention.[301] Noch offen ist allerdings, welche Bedeutung Art. 12 der Konvention in der Praxis erlangen wird.[302] Da die Kinderrechtskonvention keine Art. 2 Abs. 3 UNO-Pakt II entsprechende Bestimmung enthält, „stellt sich die Frage, inwieweit Art. 12 eine Ersatzfunktion übernimmt."[303] Dies könnte zutreffen, wenn einzig auf Art. 12 Abs. 1 der Konvention abgestellt würde.[304] Aus entstehungszeitlicher Sicht ist aber zu beachten, dass Art. 12 Abs. 2 der Konvention offensichtlich als Kon-

---

298 BBl 1994 V 1 ff.; grundlegend für die Schweiz Hausammann; vgl. weiter aus privatrechtlicher Optik Meier-Schatz und Schwenzer.

299 Vgl. den deutschen Text in BBl 1994 V 79 ff.

300 Wird in AS 1997 publiziert.

301 BBl 1994 V 37; Lücker-Babel, S. 23; Hausammann, S. 49.

302 Vgl. dazu BBl 1994 V 37 ff.; Dorsch, S. 257 ff.; Hausammann, S.49 f.

303 Dorsch, S. 259.

304 Dorsch, S. 259.

kretisierung von Abs. 1 eingebracht und verstanden wurde.[305] Da es Abs. 2 den Vertragsstaaten überlässt, die Anhörung näher auszugestalten (unmittelbar oder mittelbar, im Rahmen des innerstaatlichen Rechts), wird der direkt aus Art. 12 der Konvention fliessende Rechtsschutz geschmälert.[306] Diese Konstellation macht es eher unwahrscheinlich, dass unter Berufung auf Art. 12 der Konvention - innerstaatlich nicht bestehende - Anfechtungsobjekte für bildungsrechtliche Leistungsbeurteilungen hergeleitet werden.

Dieser Umstand vermag aber nichts daran zu ändern, dass die gesetzgebenden Behörden Art. 12 in der Schweiz erst noch werden verwirklichen müssen.[307] Auch die Bildungsgesetzgebung wird sich dieser Bestimmung stellen und angemessene Massnahmen zur Verwirklichung des Anhörungsrechts vorsehen müssen; hier seien beispielhaft etwa Entscheidungen im Zusammenhang mit der Klassenorganisation[308] oder - mit noch stärker individuellem Bezug - der Schullaufbahn (und damit auch der Leistungsbeurteilungen) erwähnt.[309]

Weiter anerkennen die Vertragsstaaten in Art. 28 der Konvention das *Recht des Kindes auf Bildung*:

> *Art. 28 [1] Die Vertragsstaaten erkennen das Recht des Kindes auf Bildung an; um die Verwirklichung dieses Rechts auf der Grundlage der Chancengleichheit fortschreitend zu erreichen, werden sie insbesondere*
> *a) den Besuch der Grundschule für alle zur Pflicht und unentgeltlich machen;*
> *b) die Entwicklung verschiedener Formen der weiterführenden Schulen allgemeinbildender und berufsbildender Art fördern, sie allen Kindern verfügbar und zugänglich machen und geeignete Massnahmen wie die Einführung der Unentgeltlichkeit und die Bereitstellung finanzieller Unterstützung bei Bedürftigkeit treffen;*
> *c) allen entsprechend ihren Fähigkeiten den Zugang zu den Hochschulen mit allen geeigneten Mitteln ermöglichen;*
> *d) Bildungs- und Berufsberatung allen Kindern verfügbar und zugänglich machen;*
> *e) Massnahmen treffen, die den regelmässigen Schulbesuch för-*

---

305 DORSCH, S. 258; BBl 1994 V 37.

306 DORSCH, S. 259 f.; zur direkten Anwendbarkeit vgl. die Hinweise in der Botschaft (BBl 1994 V 20 f. und 39) sowie bei LÜCKER-BABEL, S. 145 ff.

307 HAUSAMMANN, S. 49 f.; BBl 1994 V 38.

308 Vgl. den Hinweis bei HAUSAMMANN, S. 49.

309 Vgl. LÜCKER-BABEL, S. 76 f. und 134 ff.

dern und den Anteil derjenigen, welche die Schule vorzeitig verlassen, verringern.

[2] Die Vertragsstaaten treffen alle geeigneten Massnahmen, um sicherzustellen, dass die Disziplin in der Schule in einer Weise gewahrt wird, die der Menschenwürde des Kindes entspricht und im Einklang mit diesem Übereinkommen steht.

[3] Die Vertragsstaaten fördern die internationale Zusammenarbeit im Bildungswesen, insbesondere um zur Beseitigung von Unwissenheit und Analphabetentum in der Welt beizutragen und den Zugang zu wissenschaftlichen und technischen Kenntnissen und modernen Unterrichtsmethoden zu erleichtern. Dabei sind die Bedürfnisse der Entwicklungsländer besonders zu berücksichtigen.

Neben dieser Bestimmung sind besonders auch Art. 29 zu den Bildungszielen und der Privatschulfreiheit sowie Art. 5 der Konvention zu den Elternrechten und Elternpflichten zu beachten.[310]

Das Recht auf Bildung weist gewisse Parallelen zum bereits geltenden Art. 13 Abs. 2 UNO-Pakt I auf.[311] Der Bundesrat rechnet in seiner Botschaft nicht damit, dass die Umsetzung von Art. 28 der Konvention in der Schweiz zu Problemen führen wird.[312]

Zur Durchsetzung der Verpflichtungen aus der Kinderrechtskonvention steht im übrigen kein Staaten- oder Individualbeschwerdeverfahren offen; die Vertragsstaaten haben einzig regelmässig dem Ausschuss für die Rechte des Kindes Bericht zu erstatten.[313] Dieser Umstand vermag jedoch nichts daran zu ändern, dass die schweizerischen Behörden verpflichtet sind die Kinderrechtskonvention umzusetzen.[314]

Fazit: Nachdem - wie vom Bundesrat vorgeschlagen - die Genehmigung der Kinderrechtskonvention durch die Bundesversammlung erfolgt ist, werden nach der Ratifikation die Auswirkungen für den Rechtsschutz im Bildungsrecht in einer ersten Phase zunächst wohl gering sein. Erst die künftige Rechtsetzung und (wohl besonders die internationale) Rechtsan-

---

310 Vgl. weiter etwa die Art. 9, 16, 18 und 27 der Konvention.

311 BBl 1994 V 55; HAUSAMMANN, S. 71; vgl. Ziff. 2.1.2.3.2.

312 BBl 1994 V 55.

313 Vgl. Art. 42 - 45 der Konvention; BBl 1994 V 18 f.; DORSCH, S. 281 ff.; HAUSAMMANN, S. 17 ff.

314 In diesem Sinne besonders deutlich ist etwa Art. 28 Abs. 1 Bst. e der Konvention („... Massnahmen treffen, ...").

wendung werden zeigen, welches Entwicklungspotential etwa Art. 12 innewohnt.

2.1.2.5 Rechtsschutz durch die bernische Kantonsverfassung?

Die Verfassung des Kantons Bern vom 6. Juni 1993[315] ist am 1. Januar 1995 in Kraft getreten. Sie statuiert - anders als die Kantonsverfassungen von Nidwalden, Basel-Landschaft, Thurgau, Uri und Solothurn[316] - keinen eigentlichen Anspruch auf Rechtsschutz.[317] Zu prüfen bleibt immerhin die Tragweite von Art. 11 Abs. 1 KV, wonach jede Person ein Recht auf Schutz vor staatlicher Willkür hat.

Dieses neuerdings durch das kantonale Verfassungsrecht gewährte Grundrecht auf Schutz vor willkürlicher Behandlung durch den Staat geht in verfahrensrechtlicher Sicht über das sich aus Art. 4 Abs. 1 BV ergebende Willkürverbot hinaus; es bildet ein eigenständiges kantonales verfassungsmässiges Recht.[318] Die Verfassungskommission wies bereits in ihrem Vortrag darauf hin, dass ein effektiver Schutz vor Willkür einen tatsächlich bestehenden, minimalen Rechtsschutz bedinge:[319]

> *„Um den Schutz vor Willkür auch tatsächlich zu gewährleisten, muss gegen jede staatliche Verfügung zumindest ein (kantonales und/oder bundesrechtliches) Rechtsmittel offenstehen. Gegen Verfügungen unterer kantonaler Verwaltungsinstanzen (d.h. Amtsstellen unterhalb der Direktionsebene) sollte zudem nach Auffassung der Verfassungskommission immer zuerst eine kantonale Beschwerde möglich sein, bevor allenfalls der Rechtsweg an Bundesbehörden beschritten werden kann. Die kantonale Gesetzgebung gewährleistet diesen Rechtsschutz bereits weitgehend. Sie ist aber auf allfällige Lücken hin zu überprüfen."*[320]

Diese Auffassung wurde weder vom Regierungsrat noch vom Grossen Rat in Frage gestellt.[321] Die eminente Bedeutung der Grundrechtsverwirklichung durch die entsprechende Ausgestaltung des Verfahrensrechts ist

---

[315] KV; BSG 101.1.

[316] Vgl. die Übersicht bei Kley-Struller, Rechtsschutz, S. 98 ff.

[317] Kley-Struller, Rechtsschutz, S. 102 f.; vgl. immerhin Art. 26 KV.

[318] Jörg Paul Müller, in: Kälin/Bolz, S. 37; Bolz, in: Kälin/Bolz, S. 262 (mit Hinweisen auf die Materialien); vgl. auch BBl 1994 I 407.

[319] Bolz, in: Kälin/Bolz, S. 263.

[320] Vortrag KV, S. 39.

[321] Zu den parlamentarischen Beratungen vgl. Tagblatt des Grossen Rates des Kantons Bern 1992, S. 482 und 1196.

auch in der Lehre anerkannt.[322] Das Bundesgericht hat allerdings in seiner Rechtsprechung zum bundesverfassungsrechtlichen Willkürverbot durch eine überaus zurückhaltende Legitimationspraxis zu Art. 88 OG diesen Aspekt der Grundrechtsverwirklichung nicht zu gebührender Entfaltung gebracht: Normalerweise fliesst der Rechtsschutz aus dem angerufenen verfassungsmässigen Recht; anders verhält es sich bei der Willkürrüge, bei der das Bundesgericht die Legitimation nur bejaht, „wenn das Gesetz, dessen willkürliche Anwendung gerügt wird, dem Beschwerdeführer einen Rechtsanspruch einräumt oder den Schutz seiner Interessen bezweckt ..."[323] Aufgrund dieser langjährigen Praxis und der dagegen erhobenen Einwände[324] wollte der bernische Verfassunggeber mit dem Erlass von Art. 11 Abs. 1 KV eine Verbesserung des Rechtsschutzes bewirken.[325]

Die II. öffentlichrechtliche Abteilung des Bundesgerichts bekundet nun aber offensichtlich Mühe, mit der verfassungsrechtlichen Entwicklung im Kanton Bern Schritt zu halten. Im ersten publizierten Entscheid, der sich mit Art. 11 Abs. 1 KV befasst,[326] hat es das Gericht abgelehnt, seine Legitimationspraxis aufgrund des kantonalen Willkürverbots zu modifizieren und ist auf eine entsprechende staatsrechtliche Beschwerde nicht eingetreten. Das Gericht hat in der Begründung die Tragweite des kantonalen Willkürverbots nur unzureichend vom Anspruch aus Art. 4 BV abgegrenzt und aus Art. 88 OG eine Schranke für Ansprüche aus kantonalem Verfassungsrecht abgeleitet.[327] Aufgrund dieses unbefriedigenden Entscheides muss zumindest vorläufig davon ausgegangen werden, dass sich Art. 11 Abs. 1 KV - soweit er über Art. 4 BV hinausgeht - im staatsrechtlichen Beschwerdeverfahren nicht entfalten kann.

In dieser Situation werden die bernischen Behörden um so stärker in die Pflicht genommen, den Anspruch auf Schutz vor staatlicher Willkür zu verwirklichen und die entsprechenden Rechtsschutzinstrumente bereitzustellen.[328] Dies zu realisieren, dürfte nicht ohne Schwierigkeiten abgehen,

---

322 Vgl. etwa JÖRG PAUL MÜLLER, Elemente, S. 54 f.; KLEY-STRULLER, Rechtsschutz, S. 56; vgl. auch Ziff. 3.4.2.4.

323 BGE 121 I 269.

324 Vgl. etwa KÄLIN, Verfahren, S. 239 ff. (mit vielen Hinweisen).

325 BOLZ, in: KÄLIN/BOLZ, S. 262 (mit Hinweisen auf die Materialien).

326 BGE 121 I 267 ff.; vgl. dazu die Urteilskritiken von KÄLIN, Willkürbeschwerde, S. 76 ff. und von *Jörg Paul Müller* in: ZBJV 1996 S. 779 ff.

327 Vgl. die detaillierte Entgegnung von KÄLIN, Willkürbeschwerde, S. 78 ff.

328 BGE 121 I 272; KÄLIN, Willkürbeschwerde, S. 80.

besteht doch keine ausgebaute kantonale Verfassungsgerichtsbarkeit oder gar ein eigenständiges kantonales Verfassungsgericht.[329] Die kantonale Verfassungsgerichtsbarkeit wird bloss im Rahmen von Art. 66 Abs. 3 KV durch die Justizbehörden ausgeübt.[330] Danach dürfen kantonale Erlasse, die höherrangigem Recht widersprechen, nicht angewandt werden. Bei dieser Rechtslage ist nur bedingt gewährleistet, dass Art. 11 Abs. 1 KV zur vollen Geltung kommt, denn die Beschränkung der Verfassungsmässigkeitsprüfung auf die Einzelaktkontrolle ist grundsätzlich zu eng. Dies trifft gleich in zweifacher Hinsicht zu: Einerseits durch den Ausschluss der abstrakten Normenkontrolle, anderseits durch die einschränkende Umschreibung des Anfechtungsobjekts im Verfahren der Einzelaktkontrolle. Während der Verzicht auf ein Verfahren der abstrakten Normenkontrolle in seiner Eindeutigkeit hingenommen werden muss,[331] besteht bei der Ausgestaltung und Konkretisierung der Prüfung der Verfassungsmässigkeit im Rahmen der Einzelaktkontrolle doch ein beträchtlicher Spielraum.[332] Es ergeben sich deshalb die folgenden Bemerkungen:

- Eine Überprüfung der verwaltungsrechtlichen Rechtsanwendung erfolgt nach geltendem Recht nur in den Justizverfahren nach dem Verwaltungsrechtspflegegesetz.[333] Ausserhalb solcher Verfahren kommen bloss aufsichtsrechtliche Massnahmen in Frage.[334] Eine Verletzung des Willkürverbots kann somit nur geltend machen, wer sich in einem eigentlichen Justizverfahren befindet.[335]

- Damit wird die Frage aufgeworfen, welches behördliche Handeln in den Geltungsbereich von Art. 11 Abs. 1 KV fällt. Handeln die Behörden in der Form der Verfügung oder verweist das Gesetz zur Streiterledigung

---

329 BOLZ, in: KÄLIN/BOLZ, S. 423 (mit Hinweisen auf die Materialien).

330 ZIMMERLI/KIENER, in: KÄLIN/BOLZ, S. 190.

331 BOLZ, in: KÄLIN/BOLZ, S. 423 (mit Hinweis auf die Materialien); ZIMMERLI/KIENER, in: KÄLIN/BOLZ, S. 191.

332 Vgl. ZIMMERLI/KIENER, in: KÄLIN/BOLZ, S. 189 f.

333 Vgl. besonders Art. 60 ff., 74 ff. und 87 ff. VRPG.

334 Vgl. Art. 101 VRPG. Obschon im Zusammenhang mit bildungsrechtlichen Leistungsbeurteilungen nicht von Belang, sei darauf hingewiesen, dass allenfalls auch das spezialrechtliche Rechtsmittel der Gemeindebeschwerde nach Art. 57 Abs. 2 des Gemeindegesetzes vom 20. Mai 1973 (BSG 170.11) offensteht.

335 Vgl. ZIMMERLI/KIENER, in: KÄLIN/BOLZ, S. 191, die gleichenorts auch die Meinung vertreten, dass die Justizbehörden die Frage der Verfassungsmässigkeit von Amtes wegen zu prüfen haben (vgl. dagegen Vortrag KV, S. 53).

auf den Klageweg,[336] stehen den Beteiligten die zum Rechtsschutz notwendigen Verfahren der nachträglichen und der ursprünglichen Verwaltungsrechtspflege offen. Der Anspruch auf Schutz vor staatlicher Willkür ist aber umfassend. Er ist in gewisser Weise - darauf wurde bereits hingewiesen - gerade in verfahrensrechtlicher Sicht sogar umfassender als der entsprechende Anspruch aus Art. 4 Abs. 1 BV. Demnach muss in allen Fällen, in denen jemand durch willkürliches Handeln des Staates spezifisch individuell betroffen ist,[337] ein genügender Rechtsschutz offenstehen; ein Rechtsschutz, der unter Umständen über die im Verwaltungsrechtspflegegesetz vorgesehenen Verfahren hinausgehen kann. In Analogie zum Verfahren der staatsrechtlichen Beschwerde müssen deshalb meines Erachtens im Rahmen von Einzelaktkontrollen mindestens die gleichen Hoheitsakte wie nach Art. 84 Abs. 1 OG als gültige Anfechtungsobjekte anerkannt werden.[338] Massgebend ist dabei primär der materielle Inhalt des angefochtenen Hoheitsakts;[339] in Zweifelsfällen wird letztlich auf das Rechtsschutzinteresse abzustellen sein.[340] Gleichzeitig ist Art. 66 Abs. 3 KV so auszulegen, dass die Justizbehörden allenfalls verpflichtet sind, auf Beschwerden einzutreten, mit denen eine Verletzung von Art. 11 Abs. 1 KV gerügt wird, selbst wenn keine Verfügung im Sinne des Verwaltungsrechtspflegegesetzes vorliegt. Der Wortlaut von Art. 66 Abs. 3 KV lässt eine solche Interpretation ohne weiteres zu. Eine Auslegung nach systematischen Gesichtspunkten ergibt nichts anderes: Art. 66 Abs. 3 KV stellt eine spezifische Konkretisierung der sich aus Art. 8 Abs. 1 KV und Art. 66 Abs. 2 KV[341] ergebenden Rechtsbefolgungspflicht dar, die nicht an bestimmte Formen des Verwaltungshandelns anknüpft. Hinzu kommt die auch für Justizbehörden geltende Verpflichtung von Art. 27 Abs. 2 KV, wonach, wer öffentliche Aufgaben wahrnimmt, an die Grundrechte gebunden ist und zu ihrer Verwirklichung beizutragen hat.[342]

---

336 Vgl. Art. 49 Abs. 1 VRPG.

337 JÖRG PAUL MÜLLER, in: KÄLIN/BOLZ, S. 37.

338 Vgl. dazu besonders die Hinweise bei KÄLIN, Verfahren, S. 114 ff. und S. 137 f.

339 Vgl. etwa BGE 120 Ia 325 (mit weiteren Hinweisen).

340 KÄLIN, Verfahren, S. 115 f.; ähnlich auch MARKUS MÜLLER, S. 550 f.

341 BOLZ, in: KÄLIN/BOLZ, S. 422.

342 Vgl. auch ZIMMERLI/KIENER, in: KÄLIN/BOLZ, S. 190 f.; BOLZ, in: KÄLIN/BOLZ, S. 306.

- Schliesslich stellt sich die Frage, ob sich aus Art. 11 Abs. 1 KV ein Anspruch auf einen Rechtsweg an ein Gericht ergibt. Weiter oben wurde bereits darauf hingewiesen, dass die Verfassungskommission - sinngemäss - die Auffassung vertrat, Hoheitsakte oberer Verwaltungsbehörden (Direktionen, Regierungsrat) sollten mindestens in einem einstufigen, Akte unterer Verwaltungsbehörden in einem zweistufigen Verfahren angefochten werden können.[343] Zudem schaffe die

> *„Anerkennung des Willkürverbots als selbständiges Grundrecht ... die Voraussetzungen dafür, dass die staatsrechtliche Beschwerde an das Bundesgericht neu auch in jenen Fällen offensteht, in denen den Betroffenen bisher der Rechtsweg verschlossen war, weil ihnen kein 'rechtlich geschütztes Interesse' zustand."*[344]

Fällt nun das im Rechtsschutzkonzept des historischen Verfassunggebers ohne jeden Zweifel vorgesehene Rechtsschutzverfahren vor dem Bundesgericht weg, muss eine entsprechende kantonale Gerichtsbehörde (regelmässig wohl das Verwaltungsgericht) an dessen Stelle treten, damit die sich aus Art. 11 Abs. 1 KV ergebende Verpflichtung zu einem minimalen gerichtlichen Rechtsschutz eingelöst werden kann.

Fazit: Das Willkürverbot nach Art. 11 Abs. 1 KV kann selbstverständlich auch für jenes Verwaltungshandeln im Bereich des Bildungsrechts fruchtbar gemacht werden, das wohl einen Hoheitsakt im oben erwähnten Sinn, nicht aber eine Verfügung im Sinne des Verwaltungsrechtspflegegesetzes darstellt. Es wird vorab Aufgabe der Rechtsprechung sein, entsprechende Fallgruppen zu bilden; meines Erachtens steht dabei die Anfechtbarkeit organisatorischer Massnahmen der Schulbehörden[345] im Vordergrund.[346] Schliesslich empfiehlt sich im Hinblick auf den Rechtsweg an das Verwaltungsgericht eine Anpassung des Verwaltungsrechtspflegegesetzes.

---

343 Vortrag KV, S. 39.

344 Vortrag KV, S. 39.

345 Vgl. Ziff. 2.1.1.1.

346 Zu allfälligen Auswirkungen auf die Anfechtbarkeit von bildungsrechtlichen Leistungsbeurteilungen vgl. Ziff. 2.1.3.6.

2.1.3 Leistungsbeurteilungen als Anfechtungsobjekt - Fazit

2.1.3.1 Vorbemerkungen

Nachdem sich die vorangehenden Abschnitte darstellend und teilweise auch analytisch mit der Frage der Anfechtbarkeit von bildungsrechtlichen Leistungsbeurteilungen auseinandersetzten, sollen nun weitere Schlüsse gezogen werden.

Ich knüpfe bei der Kontroverse um den in *ZBl 1981 S. 331 ff.*[347] publizierten Entscheid an: Zentraler Streitpunkt in dieser Diskussion war die Frage, ob nur das Gesamtergebnis einer Prüfung oder auch einzelne Prüfungsnoten anfechtbar seien. Die von *Plotke*[348] vertretene Auffassung ist wohl bürger- und bürgerinnennah, vermag in dogmatischer Hinsicht aber nicht ganz zu überzeugen, denn die Annahme einer Zwischenverfügung ist für die Betroffenen nur dann von Vorteil, wenn die Zwischenverfügung selbständig anfechtbar ist,[349] was aber bei einem zeitlichen Zusammenfallen von Zwischen- und Endverfügung verneint werden muss.[350] Auch das etwa von *Fulda* oder *Gygi* vertretene Konzept[351] ist nicht völlig überzeugend, denn es ist nicht einzusehen, warum grundsätzlich keine Fachnote als Verfügung betrachtet werden soll; wird da die rechtliche Tragweite solcher Noten nicht unterschätzt? Ich gebe den folgenden Überlegungen den Vorzug.[352]

2.1.3.2 Gesamtnote

Zunächst sei eine Selbstverständlichkeit in Erinnerung gerufen: Der Entscheid über *Bestehen* oder *Nichtbestehen* einer Prüfung (hier in einem weiten Sinn verstanden; darunter fallen beispielsweise Schullaufbahnent-

---

347 Vgl. Ziff. 2.1.1.3.2.

348 Vgl. besonders in ZBl 1981 S. 445 ff.

349 Dies ist nach Art. 45 Abs. 1 VwVG der Fall, wenn die Zwischenverfügung einen nicht wieder gutzumachenden Nachteil bewirken kann (fehlt es an einem solchen Nachteil, ist erst die Endverfügung anfechtbar, vgl. Art. 45 Abs. 3 VwVG).

350 Vgl. auch die Kritik bei FULDA, S. 150 f.; zur Zwischenverfügung vgl. HAEFLIGER, S. 341 ff. sowie SALADIN, Verwaltungsverfahrensrecht, S. 81 ff.; GYGI, Bundesverwaltungsrechtspflege, S. 140 ff.; KÖLZ/HÄNER, Rz. 226 ff.

351 Vgl. Ziff. 2.1.1.3.1.

352 Für das sogleich Folgende sei festgehalten, dass die Unterscheidung von Gesamt-, Fach- und Einzelnoten rudimentär ist und bloss einem ungefähren Überblick dienen soll.

scheide am Schluss einer Beurteilungsperiode oder Entscheide über Aufnahme- oder Abschlussprüfungen als Ganzes) ist unbestrittenermassen eine anfechtbare *Verfügung*,[353] unabhängig davon, ob diese positiv (Bestehen der Prüfung) oder negativ (Nichtbestehen der Prüfung) lautet.[354]

Ebenso liegt zweifellos eine Verfügung vor, wenn der Entscheid über Bestehen oder Nichtbestehen einer solchen Prüfung mit der Erteilung einer *Gesamtnote*[355] näher spezifiziert wird (z. B. Nichtbestehen der Lehrabschlussprüfung mit der Gesamtnote 3,7 oder Bestehen des universitären Lizentiatsexamens mit der Gesamtnote 7,1).

2.1.3.3 FACHNOTE

Die *einzelnen Prüfungs- oder Zeugnisnoten (Fachnoten*[356]*)* sind nach dem weiter oben Gesagten dann anfechtbar, wenn ihnen Verfügungscharakter zukommt, was Teile der Lehre und die überwiegende publizierte Praxis jedoch regelmässig verneinen.[357] Entscheidend bei dieser Argumentation ist die Behauptung, dass nur das Gesamtergebnis das Rechtsverhältnis zum Kandidaten oder zur Kandidatin regle; die einzelnen Prüfungsnoten gelten dann bloss als Bestandteil der Begründung der Verfügung.[358] Diese Auffassung differenziert meines Erachtens aber zu wenig:

- Wohl gibt es Sachverhalte, in denen die dargestellte Theorie zu überzeugen vermag. Dabei denke ich vor allem an *Aufnahmeprüfungen*. Hier

---

[353] Vgl. Ziff. 2.1.1.3.1.

[354] Der Umstand, dass eine Prüfung bestanden worden ist, kann allenfalls bei der Prüfung des Rechtsschutzinteresses von Bedeutung sein (vgl. Ziff. 2.2). Abzulehnen - weil willkürlich den Rechtsschutz abschneidend (und im hier erwähnten Fall auch gegen Art. 44 in Verbindung mit Art. 46 Bst. d VwVG verstossend) - sind Bestimmungen wie Art. 18 Abs. 3 der Verordnung vom 7. September 1983 über das Schweizerische Institut für Berufspädagogik (SR 412.104.7), wonach keine Beschwerde erhoben werden kann, wenn eine Prüfung bestanden ist (ebenfalls rechtswidrig ist Art. 7 Abs. 1 des Reglements vom 1. August 1972 über die Ortspilzexperten [SR 817.315], der die Anfechtung des Prüfungsentscheids völlig ausschliesst).

[355] Der Begriff „Gesamtnote" wird manchmal auch für Leistungsbeurteilungen verwendet, die ich als „Fachnoten" (vgl. Ziff. 2.1.3.3.) bezeichne.

[356] Verschiedentlich werden „Fachnoten" auch als „Gesamtnoten" bezeichnet, vgl. etwa PLOTKE, Probleme, S. 108 und 120 sowie DERS., Schulrecht, S. 319 und 491.

[357] Vgl. Ziff. 2.1.1.3.

[358] So z.B. GYGI, Bundesverwaltungsrechtspflege, S. 133; vgl. weiter Ziff. 2.1.1.3.1.

stellt tatsächlich einzig der Aufnahmeentscheid (Aufnahme oder Nichtaufnahme) eine anfechtbare Verfügung dar. Die einzelnen Prüfungsnoten dienen hier nur der Begründung des Aufnahmeentscheids; zudem ist eine rechtliche oder faktische Relevanz dieser Noten über die Aufnahmeprüfung hinaus nicht ersichtlich.

- Soweit es jedoch um Leistungsbeurteilungen geht, die nicht am Anfang einer Ausbildung stehen, sondern *nach* bestimmten Ausbildungsphasen ergehen (z. B. Promotionsentscheide, Abschlussprüfungen), wird die herrschende Lehre den komplexen Sachverhalten nicht gerecht. Hier ist regelmässig von einem *dreistufigen Aufbau* auszugehen: Das Gesamtergebnis (z. B. ein Schullaufbahnentscheid lautet auf „Wiederholen des vergangenen Schuljahres" oder ein eidgenössischer Fähigkeitsausweis wird aufgrund der Gesamtnote 4 erteilt) lässt sich aus den einzelnen Fachnoten herleiten; diese wiederum gehen auf die in der betreffenden Beurteilungsperiode oder im betreffenden Beurteilungsverfahren erbrachten Leistungen zurück.

Den einzelnen Fachnoten kommt daher oft eine doppelte Funktion zu: Nach „oben" dienen sie zur Begründung des Gesamtergebnisses, nach „unten" stellen sie unter Umständen den Abschluss in einem bestimmten (Teil-) Bereich dar. Man kann hier gar gewisse Parallelen zum Konzentrationsmodell[359] der (v. a. bau- und umweltrechtlichen) Koordination[360] ziehen. In einem koordinierten Verfahren legt die zuständige Behörde (z. B. Schulkommission, Prüfungskommission) nicht nur das Gesamtergebnis fest, sondern erwahrt auch verschiedene Teilergebnisse und eröffnet alles zusammen in einem einheitlichen Entscheid. Es ist somit verfehlt, das Modell einer einzigen Verfügung vor Augen zu haben, denn häufig wird nicht nur durch das Gesamtergebnis ein Rechtsverhältnis geregelt, sondern auch durch die Teilergebnisse.[361]

Dies trifft in besonderem Masse etwa zu, wenn Berechtigungen oder Verpflichtungen an Teilergebnisse anknüpfen. Als Beispiele für solche

---

359 Aus der mittlerweile reichen Literatur dazu vgl. etwa MARTI, Koordination, S. 234 ff.; DERS., Bewilligung, S. 1535 ff.; SALADIN, Koordination, S. 286 ff.

360 Grundlegend BGE 116 Ib 50 ff.; vgl. SCHÜRMANN/HÄNNI, S. 340 ff.; für den Bund vgl. die Revision des Raumplanungsgesetzes vom 6. Oktober 1995 (AS 1996 S. 965 f.); für den Kanton Bern vgl. das Koordinationsgesetz vom 21. März 1994 (KoG; BSG 724.1).

361 Vgl. auch RECORDON, protection, S. 221 f.; KNAPP, Rz. 994 ff.; ebenso letztlich *Plotke* in: ZBl 1981 S. 446.

Berechtigungen werden etwa der Besuch von Freikursen und die Zulassung zu gewissen Schulen genannt;[362] weiter können sich Leistungsbeurteilungen auch in späteren Verfügungen in rechtlicher Hinsicht auswirken (z. B. Erfahrungsnoten, die später in das Maturitätszeugnis einfliessen)[363] oder die Gesamtnote beeinflussen.[364] Der Blick auf das materielle Bildungsrecht zeigt, dass solche Berechtigungen und Verpflichtungen heute verbreitet sind.[365] In allen diesen Fällen liegt eine Verfügung vor, da es hier zweifellos um Anordnungen geht, die auf zweiseitig verbindliche, vollstreckbare Rechtswirkungen ausgerichtet sind.[366] Überdies kommt den erwähnten Leistungsbeurteilungen unter Umständen eine erhebliche „faktische" Bedeutung zu.

Die Anfechtbarkeit nun auf die eben beschriebenen Fälle beschränken zu wollen, überzeugt aber nicht:[367] So wie die Auszubildenden müssen sich auch die verfügenden Behörden auf den (hoheitlich) erteilten Noten behaften lassen; diese sind somit auf Verbindlichkeit ausgerichtet.[368] Die erwähnten Fachnoten regeln zudem einen konkreten Sachverhalt so, dass (zumindest) „die Rechtslage eindeutig feststeht (Feststellungsverfügungen)."[369] Allenfalls könnte auch ein Rückgriff auf die Figur des „Grundrechtsverhältnisses" weiterhelfen.[370] Die Beschränkung der Anfechtbarkeit übersieht aber auch berechtigte Rechtsschutzbedürfnisse, denn häufig wird der verfügenden Behörde - und unter Umständen auch den Verfügungsadressatinnen und -adressaten - nicht bekannt sein, inwiefern einzelne Fachnoten in Zukunft rechtliche Wirkungen erzeugen können.[371] Es empfiehlt sich deshalb bei Leistungsbeurteilungen, die nach bestimmten Ausbildungsphasen ergehen, nicht nur das Gesamter-

---

362 PLOTKE, Schulrecht, S. 491 f.; vgl. auch DERS., Probleme, S. 120 ff.

363 PLOTKE, Schulrecht, S. 492; vgl. auch Ziff. 2.1.1.3.3.

364 AESCHLIMANN, Anfechtungsstreitverfahren, S. 95.

365 Vgl. auch Ziff. 4.

366 Vgl. Ziff. 2.1.1.1.

367 Vgl. dazu Ziff. 2.1.1.1 und die kritischen Überlegungen von *Plotke* in: ZBl 1981 S. 446 f.

368 Ebenso *Plotke* in: ZBl 1981 S. 446; RECORDON, protection, S. 221 f.; KNAPP, Rz. 994 ff.

369 SALADIN, Verwaltungsverfahrensrecht, S. 64.

370 Vgl. dazu die Hinweise in Ziff. 2.1.1.1.

371 Z.B. weil unbekannt ist, welche (von vielen und sehr unterschiedlichen) Weiterbildungsmöglichkeiten nach dem Abschluss einer Grundausbildung angestrebt wird.

gebnis, sondern regelmässig auch die einzelnen Leistungsbeurteilungen als anfechtbare Verfügungen zu betrachten.[372]

2.1.3.4 Einzelnote

Wie verhält es sich nun mit den *während einer bestimmten Beurteilungsperiode* (z. B. während eines Semesters oder eines Schuljahres) vorgenommenen *Leistungsbeurteilungen*? Diese Beurteilungen (sog. Einzelnoten[373]; z. B. die Note 3 für eine „Probe" im Fach Geographie, die Note 5 für ein Chemiepraktikum, die Note 4 ½ für die mündliche Beteiligung am Deutschunterricht) erfüllen die Voraussetzungen für eine Verfügung regelmässig nicht. Solche Leistungsbeurteilungen werden nicht von einer Verwaltungsbehörde, sondern von den unterrichtenden Lehrkräften erteilt. Zudem entfalten diese Beurteilungen regelmässig keine Rechtswirkungen: Es handelt sich um pädagogische Beurteilungen, die erst mit dem Abschluss der Beurteilungsperiode in eine Verfügung münden. Immerhin unterliegen sie dann einer nachträglichen, „inzidenten" Kontrolle.

Soweit solche pädagogischen Beurteilungen in einem besonderen Rechtsverhältnis[374] ergehen, kann ihnen in einem weiten Sinn hoheitlicher Charakter zukommen, was sich dann auf den Schutz vor staatlicher Willkür auswirkt.[375]

2.1.3.5 Zwischenverfügung

Schliesslich ist zu prüfen, inwiefern auch die bereits mehrfach erwähnte Zwischenverfügung in einem gewissen Rahmen Bedeutung erlangen kann. Der Grundsatz wurde oben dargestellt; in vielen Fällen wird deshalb von einer „gewöhnlichen" Verfügung auszugehen sein.[376] Es sei hier auf zwei besondere Situationen hingewiesen:

---

[372] Im Ergebnis laufen etliche Entscheide aus der bernischen Praxis auch auf diese Argumentation hinaus (vgl. Ziff. 2.1.1.3.3); *Plotke* weist darauf hin, dass im Kanton Solothurn „einzelne Noten in jedem Fall angefochten werden" (ZBl 1981 S. 448) können.

[373] Vereinzelt werden in Lehre und Rechtsprechung auch „Fachnoten" als „Einzelnoten" bezeichnet.

[374] Die unterrichtenden Lehrkräfte handeln als Personal der Behörden gegenüber den Auszubildenden (vgl. etwa Plotke, Schulrecht, S. 72 ff.).

[375] Vgl. Ziff. 2.1.3.6.

[376] Ziff. 2.1.3.3.

- Bei jenen Ausbildungsgängen, die neben der *Aufnahmeprüfung* auch einen *prüfungsfreien Zugang* kennen, stellt sich die Frage, ob bereits der Entscheid, die Aufnahmeprüfung absolvieren zu müssen, eine Verfügung darstellt oder ob - nach absolvierter Prüfung - erst der (Nicht-) Aufnahmeentscheid angefochten werden kann. Meines Erachtens handelt es sich beim ersten Entscheid um eine selbständig anfechtbare Zwischenverfügung[377], die im Verwaltungsverfahren um Aufnahme in eine bestimmte Ausbildung ergeht; aus zeitlichen Gründen wäre aber allfälligen Beschwerden wohl regelmässig die aufschiebende Wirkung zu entziehen.

- *Mehrteilige Prüfungsverfahren* ziehen sich unter Umständen über eine längere Zeit hinweg. So kann beispielsweise zwischen den Teilprüfungen I und II der ausserordentlichen kantonalen Maturitätsprüfung ein Zeitraum von bis zu einem Jahr liegen.[378] Besonders wenn es um mündliche Prüfungen geht, kann die nachträgliche Überprüfung der Noten des ersten Teils gefährdet sein. In einem solchen Fall hat die Erziehungsdirektion auch schon entschieden, dass die Eröffnung der Noten der Teilprüfung I als selbständig anfechtbare Zwischenverfügung zu betrachten sei.[379] Angesichts der Überlegungen zu den Fachnoten[380] würde nun allerdings eher die Annahme einer (Teil-) Verfügung auf der Hand liegen.[381]

2.1.3.6 Andere Anfechtungsobjekte?

Es hat sich gezeigt, dass für bildungsrechtliche Leistungsbeurteilungen, die keine Verfügungen im Sinne des geltenden Verfahrensrechts darstellen, der Zugang zur Verwaltungsjustiz nach heutiger Rechtslage oder Rechtsprechung nicht durch die Berufung auf die Europäische Menschenrechtskonvention geöffnet werden kann.[382] Ebenso wird im vorliegenden Zusammenhang vorläufig eine Berufung auf die Menschenrechtspakte und

---

[377] In Analogie etwa zu Art. 45 VwVG und Art. 61 VRPG.

[378] Art. 11 Abs. 3 Satz 1 der Verordnung vom 17. August 1988 über die ausserordentlichen Maturitätsprüfungen des Kantons Bern (BSG 436.722).

[379] Entscheid der Erziehungsdirektion vom 23. Dezember 1994 i. S. M.L.

[380] Ziff. 2.1.3.3.

[381] Vgl. auch Recordon, protection, S. 221 f.; Knapp, Rz. 994 ff.

[382] Ziff. 2.1.2.1.4 und 2.1.2.2.

(sobald sie auch in der Schweiz gilt) die Kinderrechtskonvention der UNO nur ausnahmsweise zusätzlichen Rechtsschutz vermitteln.[383]

Werden die bildungsrechtlichen Leistungsbeurteilungen wie im vorliegenden Abschnitt[384] verstanden, wird auch die Berufung auf Art. 11 Abs. 1 KV oft keinen zusätzlichen Rechtsschutz vermitteln, denn die Einzelnoten, denen der Verfügungscharakter abgeht,[385] werden regelmässig auch keine (anderen[386]) Hoheitsakte darstellen, sondern eben bloss pädagogische Beurteilungen. Es sind jedoch Fälle denkbar, in welchen sich aus Art. 11 Abs. 1 KV ein Anspruch auf Rechtsschutz bereits gegen willkürliche pädagogische Beurteilungen ergibt, so etwa, wenn eine Lehrkraft - statt die Mittel des Disziplinarrechts zu beanspruchen - gegen „aufmüpfige" Auszubildende Einzelnoten ausspricht, die krass nicht den tatsächlich gezeigten Leistungen entsprechen und zudem die Gefahr besteht, dass die effektive Leistung nach Abschluss der Beurteilungsperiode - wenn ja die Fachnote anfechtbar sein wird - nicht mehr festgestellt werden kann.

2.1.3.7 Schlussbemerkung und Hinweise für die zukünftige Rechtsetzung

Eine grosse Zahl von bildungsrechtlichen Leistungsbeurteilungen kann nach dem Gesagten als Verfügung im Sinne des geltenden Verwaltungsverfahrensrechts verstanden werden; entsprechend stehen in diesen Fällen dann auch die verfahrensrechtlichen Beschwerdemöglichkeiten offen. Viele Sachverhalte des bildungsrechtlichen „Alltags" werden so in einem geregelten Rechtsschutzverfahren einer Lösung zugeführt werden können.

Trotzdem sind grundsätzliche Vorbehalte aufrechtzuerhalten.[387] Art. 5 VwVG und ebenso die Auslegung zum Verfügungsbegriff nach dem bernischen Verwaltungsrechtspflegegesetz ziehen den Kreis der möglichen Anfechtungsobjekte der Verwaltungsrechtspflege (zu) eng: Er ist auf Verfügungen begrenzt. Immerhin hat sich gezeigt, dass trotz der Einengung des Rechtsschutzes auf Verfügungen in einem gewissen Rahmen ein ge-

---

383 Ziff. 2.1.2.3 und 2.1.2.4.

384 Ziff. 2.1.3.

385 Ziff. 2.1.3.4.

386 Vgl. Ziff. 2.1.2.5.

387 Vgl. Ziff. 2.1.1.1; vgl. auch die Überlegungen von Saladin, Verwaltungsverfahrensrecht, S. 59; sehr skeptisch ist Richli, Regelungsdefizit, S. 200 f.

genüber der heute herrschenden Lehre und Praxis verbesserter Rechtsschutz möglich ist.

Welche weiteren Verbesserungen könnte sich nun aber der Gesetzgeber für die zukünftige Rechtsetzung überlegen? Zwei Möglichkeiten seien hier nur angedeutet:

- Der Gesetzgeber könnte den Kreis der möglichen Anfechtungsobjekte *generell* erweitern und z. B. auch organisatorische Massnahmen[388] oder gar alle staatlichen Handlungsformen[389] als Anfechtungsobjekte bezeichnen.

- Der Gesetzgeber könnte in den bildungsrechtlichen *Spezialerlassen* umschreiben, welche Leistungsbeurteilungen wie Verfügungen anfechtbar sind.[390]

---

388 So der Vorschlag von JAAG, Rechtsnatur, S. 55, der sich auf MOOR, II, S. 111 ff. und GYGI, Verfügung, S. 521 und 528 beruft.

389 So RICHLI, Regelungsdefizit, S. 198, 201 und 205; vgl. auch GIACOMINI, S. 249 f.; MARKUS MÜLLER, S. 554; BIAGGINI, S. 228.

390 Vgl. auch MARKUS MÜLLER, S. 554 f.; kritisch ist SALADIN, Verwaltungsprozessrecht, S. 317 f. (besonders 318), der darauf hinweist, dass dadurch „die allgemeine Gesetzgebung über Verwaltungsverfahren und Verwaltungsprozess wiederum auf eine Partialordnung reduziert" und so „der Unübersichtlichkeit des prozeduralen Verwaltungsrechts" Vorschub geleistet werde.
Als praktische Beispiele aus dem Bundesrecht seien etwa genannt: Art. 29 des Bundesgesetzes vom 16. Dezember 1994 über das öffentliche Beschaffungswesen (SR 172.056.1) sowie (nicht völlig gleich gelagert) Art. 9 Abs. 1 des Bundesgesetzes vom 6. Oktober 1995 über den Binnenmarkt (AS 1996 S. 1741). Im bernischen Bildungsrecht wird etwa Art. 34 Abs. 3 des Gesetzes vom 9. November 1981 über die Berufsbildung (BSG 435.11) in diese Richtung ausgelegt (vgl. Ziff. 2.1.1.3.3 und 4.4.2).

2.1.3.8 Tabellarische Übersicht

Merkmal[391]	**Gesamtnote**[392]	**Fachnote**[393]	**Einzelnote**[394]
Anordnung	+	+	–
Hoheitlichkeit	+	+	–
Regelung eines Einzelfalls	+	+	+
Grundlage im öffentlichen Recht	+	+	+
	Verfügung	Verfügung	keine Verfügung

\+ = Merkmal erfüllt – = Merkmal nicht erfüllt

391 Verfügungen im Sinne von Art. 5 VwVG erfordern zudem eine Grundlage im Bundesrecht (vgl. Ziff. 2.1.1.1).

392 Vgl. Ziff. 2.1.3.2.

393 Vgl. Ziff. 2.1.3.3.

394 Vgl. Ziff. 2.1.3.4 sowie die Sonderfälle nach Ziff. 2.1.3.6.

2.2 BESCHWERDEBEFUGNIS

2.2.1 Beschwerdebefugnis im Bundesverwaltungsrecht

2.2.1.1 ALLGEMEINES

Im Verwaltungsbeschwerdeverfahren vor Bundesbehörden ist nach Art. 48 VwVG[395] zur Beschwerde berechtigt (legitimiert),

> *a. wer durch die angefochtene Verfügung berührt ist und ein schutzwürdiges Interesse an deren Aufhebung oder Änderung hat;*
>
> *b. jede andere Person, Organisation oder Behörde, die das Bundesrecht zur Beschwerde ermächtigt.*

Unter den gleichen Voraussetzungen steht nach Art. 103 Bst. a und c OG die Verwaltungsgerichtsbeschwerde an das Bundesgericht offen. Zusätzlich sind nach Art. 103 Bst. b OG auch die zuständigen Bundesbehörden zur Verwaltungsgerichtsbeschwerde berechtigt.

In der Verwaltungsrechtspflege stellt die Beschwerdebefugnis eine *Sachurteilsvoraussetzung* dar.[396] Die angerufene Behörde hat also von Amtes wegen zu prüfen, ob die Beschwerdeführenden befugt sind, eine umstrittene Verfügung anzufechten.[397] Wenn die Beschwerdebefugnis fehlt oder im Laufe des Verfahrens wegfällt, wird auf die Beschwerde nicht eingetreten.[398]

Bei der Anfechtung von bildungsrechtlichen Leistungsbeurteilungen steht ganz klar das *allgemeine Beschwerderecht* nach Art. 48 Bst. a VwVG und nach Art. 103 Bst. a OG im Vordergrund, weshalb zunächst dieses im folgenden näher dargestellt werden soll. Besonders wird die Frage zu un-

---

395 Diese Bestimmung ist auch in Beschwerdeverfahren vor eidgenössischen Rekurskommissionen (Art. 71a Abs. 2 und 3 VwVG) und vor dem Bundesrat (Art. 77 VwVG) anwendbar.

396 GYGI, Bundesverwaltungsrechtspflege, S. 149 f.; SALADIN, Verwaltungsverfahrensrecht, S. 173; GEORG MÜLLER, Legitimation, S. 281 f. (zu den Funktionen der Beschwerdebefugnis vgl. DERS., Legitimation, S. 291 ff. sowie WULLSCHLEGER, S. 360 ff.).

397 GYGI, Bundesverwaltungsrechtspflege, S. 150 f.; SALADIN, Verwaltungsverfahrensrecht, S. 170.

398 SALADIN, Verwaltungsverfahrensrecht, S. 169 f.; aus der Praxis vgl. etwa BGE 116 Ib 335.

tersuchen sein, was unter den in den Gesetzestexten genannten Erfordernissen des „Berührt-Seins" und des „schutzwürdigen Interesses" zu verstehen ist.

2.2.1.2 „BERÜHRT-SEIN" UND „SCHUTZWÜRDIGES INTERESSE"

Das *„Berührt-Sein"* und das *„schutzwürdige Interesse"* werden von der herrschenden Lehre - entgegen dem ausdrücklichen Wortlaut des Verwaltungsverfahrensgesetzes und des Organisationsgesetzes - nicht als kumulative Erfordernisse verstanden[399], denn es sei „kaum denkbar, dass ein Beschwerdeführer ein schutzwürdiges Interesse an der Anfechtung einer Verfügung haben könnte, ohne dass er von ihr mindestens berührt würde."[400] Demnach sind materielle Verfügungsadressatinnen und -adressaten[401] zur Beschwerdeführung befugt, wenn sie ein ausreichendes Rechtsschutzbedürfnis nachweisen; ein solches kann regelmässig dann angenommen werden, wenn sie durch den Ausgang des vorinstanzlichen Verfahrens formell beschwert sind.[402]

Lehre und Rechtsprechung verstehen unter dem „Berührt-Sein" die *besondere Beziehungsnähe* der beschwerdeführenden Partei zur angefochtenen Verfügung.[403] Diese besondere Beziehungsnähe ergibt sich aus dem Umstand, dass die beschwerdeführende Partei durch die angefochtene Verfügung in ihren rechtlichen oder tatsächlichen Interessen *beschwert* ist.[404] Die *formelle* Beschwer ist gegeben, wenn die beschwerdeführende Partei im Verfahren vor der Vorinstanz mit ihren Begehren nicht (oder nicht vollständig) durchgedrungen ist.[405] Die *materielle* Beschwer

---

399 Vgl. die knappe Begründung bei GYGI, Beschwerderecht, S. 13; zur Situation im Kanton Bern vgl. Ziff. 2.2.2.

400 GYGI, Bundesverwaltungsrechtspflege, S. 156; vgl. auch KÖLZ/HÄNER, Rz. 235.

401 Zu diesem Begriff vgl. GYGI, Bundesverwaltungsrechtspflege, S. 132 f., 148 und 156 sowie LEBER, S. 24. KÖLZ/HÄNER, Rz. 238, sprechen in diesem Zusammenhang von *primären* Adressatinnen und Adressaten.

402 GYGI, Bundesverwaltungsrechtspflege, S. 149 und 155 ff.; DERS., Beschwerderecht, S. 8 f.

403 SALADIN, Verwaltungsverfahrensrecht, S. 174 f. (mit Hinweisen auf die Praxis).

404 SALADIN, Verwaltungsverfahrensrecht, S. 175 (mit Hinweisen auf die Praxis).

405 SALADIN, Verwaltungsverfahrensrecht, S. 175 f.; vgl. auch WULLSCHLEGER, S. 361 ff. (die bundesgerichtliche Praxis dagegen unvollständig reflektierend KÖLZ/HÄNER, Rz. 236). Das Bundesgericht verzichtet ausnahmsweise auf dieses Erfordernis, wenn jemand ohne sein Verschulden nicht am Verfahren vor der Vorinstanz teilnehmen konnte (vgl. etwa BGE 118 Ib 359).

liegt im konkreten, aktuellen[406] Interesse der beschwerdeführenden Partei an der Aufhebung oder Änderung der angefochtenen Verfügung.[407] Berührt können nicht nur die Verfügungsadressatinnen und -adressaten sein, sondern auch Dritte.[408]

Nach *Gygi* ist für das allgemeine Beschwerderecht „allein massgebend, ob der Beschwerdeführer ein ausreichendes *prozessrechtliches Rechtsschutzinteresse* daran hat, dass die angefochtene Verfügung aufgehoben oder geändert wird"[409]. Er umschreibt die Voraussetzungen des Rechtsschutzinteresses als

> *„ ... in aller Regel ganz alltägliche praktische, tatsächliche, wirtschaftliche, ideelle oder andere, gleichsam handfeste Belange, um deren Willen der Beschwerdeführer die Verfügung anficht. Es sind dies die persönlichen Vorteile, die der Beschwerdeführer daraus zieht oder die Nachteile, die er von sich abwendet, wenn er mit seiner Beschwerde Erfolg hat, welche das Rechtsschutzinteresse ausmachen ... Es müssen ganz einfach Interessen sein, die eine ausreichende Veranlassung dazu bilden, die Justiz zu bemühen ... "*[410]

Die herrschende Lehre und Rechtsprechung werden von *Saladin* kritisiert; er vertritt die Auffassung, dass ein „schutzwürdiges Interesse" vorliege, wenn es rechtlich geschützt sei, was wie folgt zu verstehen sei: Das Interesse müsse

> *„sich in das Gerüst der Grund-Prinzipien unserer positiven Rechtsordnung einfügen, so dass es vom Richter anerkannt zu werden verdient, selbst wenn es noch nicht durch Gesetz oder Verordnung ausdrücklich und differenziert anerkannt sein sollte."*[411]

---

406 Vgl. dazu BGE 118 Ia 488 ff. In diesem staatsrechtlichen Beschwerdeverfahren wurde das Vorliegen eines aktuellen praktischen Interesses verneint, da der Beschwerdeführer in der Zwischenzeit die umstrittene Prüfung im zweiten Versuch bestanden hatte.

407 SALADIN, Verwaltungsverfahrensrecht, S. 176; die Begriffe „schutzwürdiges Interesse" und „materielle Beschwer" fallen demnach zusammen (vgl. GADOLA, Beschwerdeverfahren, S. 211 f.); zur materiellen Beschwer im Zivilprozess vgl. BGE 120 II 5 ff.

408 SALADIN, Verwaltungsverfahrensrecht, S. 176 ff.

409 GYGI, Bundesverwaltungsrechtspflege, S. 152 (mit Hinweis auf BGE 98 Ib 70).

410 GYGI, Bundesverwaltungsrechtspflege, S. 153.

411 SALADIN, Verwaltungsverfahrensrecht, S. 183 ff.; vgl. auch die Beurteilung der verschiedenen Auffassungen durch GEORG MÜLLER, Legitimation, S. 285 ff.

Während also die Legitimation der materiellen Verfügungsadressatinnen und -adressaten bereits bejaht wird, wenn diese durch die angefochtene Verfügung „berührt" sind, müssen Nichtadressatinnen und -adressaten (sog. *Dritte*) zusätzlich ein „schutzwürdiges Interesse" an der Aufhebung oder Änderung der Verfügung haben.[412] Dieses kann sich aus einer „besonderen Beziehungsnähe zum Streitgegenstand"[413] ergeben, von der dann die Rede ist, wenn jemand persönlich und mehr als jedermann an einer Aufhebung oder Änderung der Verfügung interessiert ist.[414]

Dieser herrschenden Lehre entsprechend, den Besonderheiten von Drittbeschwerden jedoch die notwendige Beachtung schenkend, verwendet das Bundesgericht in verwaltungsgerichtlichen Verfahren die folgende Standard-Formulierung:

> *„Nach Art. 103 lit. a OG ist zur Verwaltungsgerichtsbeschwerde an das Bundesgericht legitimiert, wer durch die angefochtene Verfügung berührt ist und ein schutzwürdiges Interesse an deren Aufhebung oder Änderung hat. Dieses Interesse kann rechtlicher oder auch bloss tatsächlicher Natur sein und braucht mit dem Interesse, das durch die vom Beschwerdeführer als verletzt bezeichneten Normen geschützt wird, nicht übereinzustimmen. Immerhin wird verlangt, dass der Beschwerdeführer durch den angefochtenen Entscheid stärker als jedermann betroffen ist und in einer besonderen, beachtenswerten, nahen Beziehung zur Streitsache steht. Ein schutzwürdiges Interesse liegt vor, wenn die tatsächliche oder rechtliche Situation des Beschwerdeführers durch den Ausgang des Verfahrens beeinflusst werden kann ... Diese Anforderungen sollen die Popularbeschwerde ausschliessen. Ihnen kommt deshalb dann eine ganz besondere Bedeutung zu, wenn wie hier nicht nur der Verfügungsadressat im materiellen Sinn, sondern auch Dritte ... den Entscheid anfechten. Liegt in einem solchen Fall ebenfalls ein unmittelbares Berührtsein, eine spezifische Beziehungsnähe vor, so hat der Beschwerdeführer ein ausreichendes Rechtsschutzinteresse daran, dass der angefochtene Entscheid aufgehoben oder geändert wird. Dieses Interesse besteht im praktischen Nutzen, den die erfolgreiche Beschwerde dem Beschwerdeführer eintragen würde, das heisst in der Abwendung eines materiellen oder ideellen Nachteils, den der angefochtene Entscheid für ihn zur Folge hätte ..."*[415]

---

[412] GYGI, Bundesverwaltungsrechtspflege, S. 157 (darin besteht auch die Abgrenzung zur sog. *Popularbeschwerde*, S. 149 und 158); DERS., Beschwerderecht, S. 9.

[413] GYGI, Bundesverwaltungsrechtspflege, S. 158.

[414] GYGI, Bundesverwaltungsrechtspflege, S. 158.

[415] So etwa BGE 119 Ib 183 f.

2.2.2 Beschwerdebefugnis im Kanton Bern

2.2.2.1 VERWALTUNGSRECHTSPFLEGEGESETZ

Obwohl dem kantonalen Gesetzgeber bei der Gestaltung des Verfahrensrechts ein beträchtlicher Spielraum zukommt,[416] lehnt sich auch das bernische Verwaltungsrechtspflegegesetz an die eben dargestellten bundesrechtlichen Lösungen an.

Nach Art. 65 VRPG ist zur Verwaltungsbeschwerde befugt,

a wer ein schutzwürdiges Interesse an der Aufhebung oder Änderung der angefochtenen Verfügung hat und

b jede andere Person, Organisation oder Behörde, die durch Gesetz oder Dekret dazu ermächtigt ist.

In gleichem Sinne ordnet Art. 79 VRPG auch die Legitimation zur Verwaltungsgerichtsbeschwerde.

Diese eben genannten Bestimmungen wurden vom Grossen Rat in der von Regierung und vorberatender Kommission beantragten Fassung beschlossen;[417] ein weitergehender Antrag (Beschwerdebefugnis aller Stimmberechtigten, soweit allgemeine Interessen des Kantons berührt sind) wurde abgelehnt.[418] Präzisierend weist schliesslich der Vortrag darauf hin, dass ein schutzwürdiges Interesse nur gegeben ist, wenn sich die Verfügung für die beschwerdeführende Partei nachteilig auswirkt (Beschwer).[419]

Historisch gesehen geht die geltende bernische Lösung auf das (jetzt aufgehobene) Verwaltungsrechtspflegegesetz vom 22. Oktober 1961 zurück, dessen Art. 16 Abs. 1 seinerzeit als „epochemachend"[420] galt und

---

[416] WOHLFART, Rekursbefugnis, S. 114; zu den bundesrechtlichen „Rahmenbedingungen" vgl. jetzt besonders Art. 98a OG, den die Kantone bis zum 15. Februar 1997 umzusetzen haben (kritisch dazu SALADIN, Art. 3, Rz. 105 f.).

[417] Tagblatt des Grossen Rates des Kantons Bern 1989, S. 217, 223 und 569.

[418] Tagblatt des Grossen Rates des Kantons Bern 1989, S. 217 (Antrag *Jenni*).

[419] Vortrag VRPG, S. 5.

[420] Vortrag VRPG, S. 5; vgl. auch GYGI/STUCKI, S. 33 ff. und AESCHLIMANN, Anfechtungsstreitverfahren, S. 18 ff.

der sinngemäss gleich wie der heutige Art. 65 Bst. a VRPG lautete.[421] Neu war damals die Herauslösung des Rechtsschutzinteresses aus dem materiellen Recht, ein Ansatz, der auf die das Zivilprozessrecht betreffende Habilitationsschrift von *Kummer*[422] zurückging.[423]

2.2.2.2 PRAXIS (OHNE LEISTUNGSBEURTEILUNGEN)

Weiter sei auf einige neuere publizierte Entscheide der bernischen Verwaltungsjustizbehörden zur Beschwerdebefugnis hingewiesen. Die hier erwähnten Entscheide betreffen zwar nicht bildungsrechtliche Leistungsbeurteilungen, zeigen aber doch, welche Aspekte der Beschwerdebefugnis in der Rechtsprechung von Bedeutung sind.

BVR 1983 S. 293 ff.[424]

Der Regierungsrat tritt in ständiger Rechtsprechung auf Beschwerden von Gemeinden ein, die sich gegen eine von der Erziehungsdirektion verfügte Klassenschliessung an der örtlichen Schule wehren. Die Gemeinde befindet sich hier als Verfügungsadressatin in der gleichen Situation wie Private.

BVR 1990 S. 258 ff.

Das Verwaltungsgericht verneinte mit Entscheid vom 19. Februar 1990 die Beschwerdebefugnis des Amtes für Kulturelles, das mit seinen Parteianträgen im Baubeschwerdeverfahren vor der Baudirektion keinen Erfolg gehabt hatte. Die unterlegene Fachbehörde konnte weder die allgemeine Beschwerdebefugnis noch einen spezialrechtlichen Anspruch auf Behördenbeschwerde erfolgreich anrufen.[425]

---

421 Auch das bernische Verwaltungsgericht vertritt die Auffassung, dass altes und neues Verwaltungsrechtspflegegesetz die Beschwerdebefugnis gleich umschreiben, vgl. etwa BVR 1990 S. 260.

422 KUMMER, S. 11 ff. (besonders S. 18); die „Rezeption" dieser Theorie im Verwaltungsprozess massgeblich vorangetrieben hat GYGI, Verwaltungssachen, S. 430 ff.; DERS., Verwaltungsprozess, S. 353 ff. (besonders S. 355 f.); DERS., Klagerecht, S. 4 ff.

423 ROOS, S. 396.

424 RRB Nr. 1988 vom 10. Juni 1981 i. S. Gemeinde Wahlen; vgl. auch RRB Nr. 2385 vom 4. August 1982 i. S. Gemeinde A.

425 Weiter als im zitierten Fall geht das Verwaltungsgericht dagegen in baupolizeilichen Streitigkeiten, in denen Gemeinden eine Verletzung ihrer Autonomie rügen (vgl. etwa BVR 1990 S. 402 f.); zum ordentlichen Baubeschwerdeverfahren mit spezial-

BVR 1990 S. 478 ff.[426]

Die Aufsichtskommission (Schulkommission) einer Gewerbeschule ist nicht befugt, gegen die von der zuständigen kantonalen Direktion verfügte Schliessung der von ihr beaufsichtigten Schule Verwaltungsbeschwerde zu führen. Weder sieht das Spezialrecht (hier das Berufsbildungsrecht) die Beschwerdebefugnis für Schulkommissionen vor,[427] noch ist die Kommission als Privatperson, als Drittbeschwerdeführerin oder als Verband legitimiert. Vielmehr handelt es sich bei der Schulkommission „um eine mit öffentlichen Befugnissen ausgestattete Behörde mit Aufsichtsfunktion über den Schulbetrieb"[428], die unter der Oberaufsicht der verfügenden kantonalen Direktion steht. Schliesslich fällt auch die „Frage der gesetzlichen Berechtigung der Schule"[429] nicht in den Aufgabenbereich der Schulkommission.

BVR 1993 S. 368 ff.

Am 25. November 1992 ist der Regierungsrat auf die Beschwerde der Vormundschaftskommission der Stadt Bern nicht eingetreten, die im Beschwerdeverfahren vor dem Regierungsstatthalter teilweise unterlegen war. Ohne besondere Rechtsgrundlage genüge das Interesse der desavouierten Vorinstanz, Recht zu behalten, für die Begründung eines Anfechtungsinteresses nicht.[430]

---

rechtlicher Beschwerdebefugnis der Gemeinden vgl. etwa BVR 1991 S. 352 ff.; vgl. dazu auch ZAUGG, Rz. 5 zu Art. 40 und Rz. 2 zu Art. 49.

426 Entscheid des Regierungsrates vom 4. Juli 1990 i. S. Aufsichtskommission der Gewerbeschule A.

427 BVR 1990 S. 479.

428 BVR 1990 S. 480.

429 BVR 1990 S. 480.

430 BVR 1993 S. 370, die Eingabe wurde sodann als aufsichtsrechtliche Anzeige behandelt.

BVR 1993 S. 401 ff.

Das Verwaltungsgericht hat mit Entscheid vom 9. November 1992 in einem Streit um die Berufsausübungsbewilligung eines Akupunkteurs die Beschwerdebefugnis der Geschäftsführer sowie des medizinischen Leiters des Heilbades bejaht, in welchem der Akupunkteur seine Tätigkeit hätte ausüben wollen. Diese Personen seien an einer Zulassung mehr als jedermann interessiert und wiesen die erforderliche Nähe zur Streitsache auf.[431]

BVR 1993 S. 446 ff.

Mit Entscheid vom 21. Dezember 1992 trat das Verwaltungsgericht auf eine Verwaltungsgerichtsbeschwerde nicht ein, mit der die amtliche Bewertung eines Grundstücks angefochten wurde. Die Steuerverwaltung hatte einen amtlichen Wert von Fr. 365'660.- verfügt. Die Miteigentümerinnen waren nicht damit einverstanden, dass der zum Grundstück gehörende Seegrund dabei mit Fr. 0.- bewertet wurde.

Dieser Entscheid zeigt klar, dass das Verwaltungsgericht den Begriff „schutzwürdiges Interesse" im selben Sinn wie das Bundesgericht und *Gygi* versteht.[432] Nach Auffassung des Verwaltungsgerichts stellen die einzelnen Bestandteile des Grundstücks (Ferienhaus, Schopf, Bootsplatz, Platz Umschwung, Land, Seegrund), deren Summe den amtlichen (Gesamt-) Wert ergibt, nur „Elemente der Begründung"[433] dar. Da eine Gutheissung der Beschwerde zu einem höheren amtlichen Wert führen würde, könne nur eingetreten werden, wenn die Beschwerdeführerinnen ein schutzwürdiges Interesse an einem höheren amtlichen Wert darzutun vermöchten. Dies sei aber nicht der Fall.[434]

BVR 1994 S. 273 ff.

Mit Entscheid vom 17. September 1993 hat das Verwaltungsgericht die Beschwerdebefugnis einer Fürsorgebehörde zur Anfechtung einer Verfügung aus dem Bereich der sozialen Krankenversicherung bejaht. Das Spe-

---

431 BVR 1993 S. 403 f.

432 BVR 1993 S. 449 mit Hinweis auf GYGI, Bundesverwaltungsrechtspflege, S. 152 ff.

433 BVR 1993 S. 450.

434 BVR 1993 S. 450.

zialrecht sehe wohl die Behördenbeschwerde für Fürsorgebehörden nicht vor.[435] Dagegen sei aber die allgemeine Beschwerdebefugnis zu bejahen, wenn die Fürsorgebehörde „legitimiert war, den streitigen Anspruch bereits im Verwaltungsverfahren aus eigenem Recht und ohne Ermächtigung durch den Versicherten geltend zu machen."[436] Dies treffe in Analogie zum Invalidenversicherungsrecht und zur entsprechenden Verwaltungspraxis im vorliegenden Fall zu, weil die von der Verfügung betroffene versicherte Person seit längerer Zeit im Sinne einer umfassenden und finanziellen Fürsorge betreut werde.[437]

BVR 1995 S. 122 ff.

Das Verwaltungsgericht ist mit Entscheid vom 14. Februar 1994 auf die Verwaltungsgerichtsbeschwerde eines Jägers eingetreten, obschon die angefochtene Verweigerung des Jagdpatents eine (mittlerweile) bereits abgelaufene Jagdperiode betraf. Da die angefochtene Verfügung den Hinweis enthalte, dass ein Gesuch auch für das folgende Jahr abgelehnt werden müsste, sei ein schutzwürdiges Interesse an einer Überprüfung der Ablehnung auch für das erste Jahr gegeben.[438]

Aus der nicht publizierten Rechtsprechung sei zusätzlich auf die folgenden Entscheide hingewiesen:

- Die Erziehungsdirektion bewilligte einem Lehrer einen zweimonatigen Urlaub bei sistierter Besoldung für eine Tätigkeit beim Bernischen Lehrerverein (BLV). Der Lehrerverein führte gegen die Sistierung der Besoldung Beschwerde. Darauf ist der Regierungsrat eingetreten, weil der Lehrerverein dem Lehrer den vollen Lohn zugesichert hatte und daraus ein tatsächliches Interesse an der Änderung der Verfügung ableiten konnte.[439]

- Nachdem die Erziehungsdirektion die gegen eine Assistentin ausgesprochene Kündigung der Universitätsverwaltung aufgehoben hatte, erhob der Direktor des betroffenen universitären Seminars Verwaltungsbeschwerde beim Regierungsrat. Die Legitimation der ursprünglich antrag-

---

435 BVR 1994 S. 274 (vgl. in diesem Zusammenhang auch BVR 1993 S. 250 ff.).

436 BVR 1994 S. 275.

437 BVR 1994 S. 276 f.

438 BVR 1995 S. 124.

439 RRB Nr. 2377 vom 11. August 1976 i. S. BLV.

stellenden Behörde wurde jedoch verneint: Wenn selbst der verfügenden Universitätsverwaltung als desavouierter Vorinstanz das Beschwerderecht nicht zustehe, müsse dies um so mehr für die bloss antragstellende Behörde gelten.[440]

2.2.3 Beschwerdebefugnis bei Leistungsbeurteilungen

Weder das Bildungsrecht noch das allgemeine Verfahrensrecht sehen besondere Normen zur Beschwerdebefugnis bei Leistungsbeurteilungen vor. Es gelten daher die eben dargestellten *allgemeinen Grundsätze*. Zur besseren Übersicht wird die Beschwerdebefugnis der Verfügungsadressatinnen und -adressaten, der Behörden und Dritter je getrennt dargestellt. Praktische Grundlage dazu bildet im wesentlichen die weitgehend unpublizierte bernische Praxis.

2.2.3.1 Verfügungsadressatinnen und -adressaten

Die Adressatinnen und Adressaten einer Verfügung, mit der eine bildungsrechtliche Leistungsbeurteilung eröffnet wird, sind - nach dem Gesagten[441] - in der Regel auch *beschwerdebefugt*. Die Legitimation der Verfügungsadressatinnen und -adressaten gibt in der Praxis vor allem dann zu Diskussionen Anlass, wenn es um die Anfechtung genügender Leistungsbeurteilungen und bestandener Prüfungen geht:

Nach *Kölz*[442] ist jemand zur Anfechtung einzelner Zeugnisnoten befugt, wenn die betreffende Person die Prüfung nicht bestanden hat oder durch die einzelne Zeugnisnote sonstwie in ihrer Rechtsstellung beeinträchtigt wird. Die Beschwerdebefugnis sei weiter gegeben, wenn ein Diplom Gesamtqualifikationsstufen (z. B. „gut", „sehr gut" usw.) enthalte; über die Praxis (des zürcherischen Regierungsrats) hinaus, die eine rechtliche Benachteiligung voraussetze[443], genüge es aber, wenn eine Person durch eine Gesamtqualifikationsstufe *faktisch* benachteiligt werde, denn es bestehe zumindest ein Rechtsanspruch darauf, dass das zur Gesamtqualifikation führende Verfahren nicht verletzt worden sei; allerdings müsse „die beantragte Aufbesserung einer Einzelnote rein rechnerisch geeignet sein,

---

[440] RRB Nr. 4790 vom 19. Dezember 1984 i. S. H.-G. B.

[441] Ziff. 2.2.1.2.

[442] KÖLZ, VRG, § 21 N. 59.

[443] Z.B. Nichtzulassung zum Doktorat, weil bloss die Gesamtqualifikationsstufe „gut" statt „sehr gut" erreicht worden war.

die Gesamtqualifikation anzuheben."[444] Auf das gleiche Ergebnis hinaus läuft die Auffassung von *Plotke*, nach der das schutzwürdige Interesse in den genannten Fällen „meistens gegeben" ist.[445]

Die Praxis der Bundesbehörden zu dieser Frage ist äusserst spärlich; immerhin liegt der folgende publizierte Entscheid vor:

VPB 1981 Nr. 38

Mit Entscheid vom 19. Dezember 1980 trat der Schweizerische Schulrat auf die Beschwerde eines Naturwissenschafters nicht ein, der die Schlussdiplomprüfung an der ETH Zürich bestanden hatte und nun eine Verbesserung der Note für die Diplomarbeit von 4,5 auf 5 verlangte.[446]

Nach der Auffassung des Schulrats fehlte es in diesem Fall nicht nur an einem Anfechtungsobjekt,[447] sondern auch an einem Rechtsschutzinteresse:

> *„Am Rande jedoch, der Vollständigkeit halber, ist darauf hinzuweisen, dass die vom Beschwerdeführer bemängelte Note 4,5 ... eine genügende Note darstellt, so dass der Beschwerdeführer durch diese Notengebung nicht beschwert ist und deshalb auch kein schutzwürdiges Interesse an einer Aufhebung oder Änderung dieser Note hätte."*[448]

Dieses *obiter dictum* erscheint problematisch: So ganz am „Rande" des Entscheids und ohne jegliche Auseinandersetzung mit der Problematik wird ein Rechtsschutzinteresse an der Anfechtung einer genügenden Note verneint. Der Schulrat übersieht eine mögliche Argumentation, die er selber unter dem Titel Verfügung in diesem Entscheid anspricht, indem er eine Aussenwirkung der umstrittenen „Diplomarbeit auf eine allfällige Stellenbewerbung oder auf die Anfangsentlöhnung in der Privatindustrie"[449] verneint. Genau diese Überlegung könnte in Fällen, in denen ein zulässiges Anfechtungsobjekt vorliegt, bei der Überprüfung der Beschwerdelegitimation in positivem Sinn entscheidend sein, denn die mög-

---

[444] KÖLZ, VRG, § 21 N. 59.

[445] PLOTKE, Schulrecht, S. 492 (wobei zu beachten ist, dass diese Aussage unter dem Titel „Beschwerdegegenstand" erfolgt); vgl. auch DERS., Probleme, S. 274.

[446] VPB 1981 Nr. 38 S. 193 ff.

[447] Vgl. dazu Ziff. 2.1.1.3.2.

[448] VPB 1981 Nr. 38 S. 202.

[449] VPB 1981 Nr. 38 S. 203.

lichen Auswirkungen auf die Chancen bei der Stellenbewerbung oder auf den Anfangslohn begründen ein genügendes (tatsächliches) Rechtsschutzinteresse.[450]

Insgesamt etwas ergiebiger ist die Rechtsprechung der bernischen Behörden. In den folgenden Fällen wurde die Beschwerdebefugnis *bejaht*:

- Im Streit um die Nichtpromotion von der dritten in die vierte Klasse der Primarschule bleibt der betroffene Schüler beschwerdebefugt, obwohl er im Laufe des Beschwerdeverfahrens in eine Privatschule übergetreten ist. Da sich die Eltern des Schülers die Rückversetzung an die öffentliche Schule vorbehalten haben, würde dort die erneute Einstufung unter anderem vom Ausgang des Beschwerdeverfahrens abhängen. Somit besteht weiterhin ein Rechtsschutzinteresse an der Beurteilung der Beschwerde.[451]

- Ein Student hatte im Nebenfach Philosophie die Note 4,5 erreicht. Die Erziehungsdirektion bejahte das Rechtsschutzinteresse an der Aufhebung oder Änderung dieser Note, weil die Zulassung zum Doktorexamen ein Lizentiat mit dem Gesamtprädikat „gut" (Note 5) verlange. Wohl gebe die Nebenfachnote nicht den alleinigen Ausschlag für die Erreichung des Dissertationsdurchschnitts, sie sei aber ein Teil davon, der den Durchschnitt nach unten ziehe.[452]

- In einem Beschwerdeverfahren um die erste juristische Teilprüfung hielt die Erziehungsdirektion ausdrücklich fest, dass ein Rechtsschutzinteresse an der Anfechtung eines negativen Prüfungsentscheids unabhängig von allfälligen Wiederholungsmöglichkeiten zu bejahen sei. Es genüge schon „rein die Tatsache, dass eine Prüfungswiederholung in der Regel mit zusätzlichen geistigen, zeitlichen und finanziellen Aufwendungen verbunden ... (sei), um das schutzwürdige Interesse anzunehmen."[453]

- Ein kaufmännischer Angestellter hatte die Lehrabschlussprüfung bestanden, erhob aber trotzdem gegen die Noten in den Fächern „Deutsch" (Fachnote: 4; Teilnote schriftlich: 5, Teilnote mündlich: 3) und „Praktische Arbeiten/Kenntnisse aus Lehrbetrieb und Branche"

---

[450] Vgl. sogleich unten.

[451] RRB Nr. 1172 vom 15. März 1989 i. S. U.Z.

[452] Entscheid der Erziehungsdirektion vom 19. September 1990 i. S. D.S.

[453] Entscheid der Erziehungsdirektion vom 7. Dezember 1993 i. S. S.B.

(Fachnote: 5) Beschwerde. Der Regierungsrat bejahte ein Rechtsschutzinteresse, „weil bei der momentanen Wirtschaftslage die einzelnen Zeugnisnoten bei der Stellensuche eine wichtige Rolle spielen können und zwar unabhängig davon, ob die angefochtene Note genügend oder ungenügend ist."[454]

- Ebenfalls bejaht wurde das Rechtsschutzinteresse einer Studentin, welche die Note 4 der schriftlichen Nebenfachprüfung in Kunstgeschichte angefochten hatte. Zur Begründung wurde angeführt, dass die verlangte Verbesserung der Note auf 4,5 zu einer Erhöhung der (Gesamt-) Fachnote führen könnte.[455]

In den folgenden Fällen wurde die Beschwerdebefugnis *verneint* (Nichteintreten auf die Beschwerde):

- Ein zunächst provisorisch, im Laufe des Beschwerdeverfahrens dann definitiv ins Gymnasium aufgenommener Schüler hat kein genügendes Rechtsschutzinteresse mehr an der Anfechtung einer einzelnen Zeugnisnote des letzten Zeugnisses am Untergymnasium.[456]

- Einer Apothekerhelferin, welche die Lehrabschlussprüfung nicht bestanden hat, fehlt ein schutzwürdiges Interesse und damit ein Rechtsschutzinteresse, wenn die Anfechtung nicht zum Bestehen der Prüfung führen kann, weil neben der gerügten (und allenfalls zu korrigierenden) Fachnote noch immer zu viele ungenügende Noten vorhanden sind, deren Bewertung nicht gerügt wird.[457]

- Die Gymnasiastin, die gegen den Ausschluss aus dem Gymnasium Beschwerde führt, darin jedoch erklärt, nicht mehr an diese (öffentliche)

---

454 RRB Nr. 1937 vom 8. Juni 1994 i. S. B.H.; vgl. auch den Entscheid der Erziehungsdirektion vom 30. April 1996 i. S. P.B. (betreffend Vordiplom einer Ingenieurschule) und den Entscheid der Erziehungsdirektion vom 9. Februar 1996 i. S. G.S. (betreffend Lehrabschlussprüfung als Dekorationsgestalterin); ebenso bereits der Entscheid der Erziehungsdirektion vom 17. Juli 1990 i. S. D.D. (betreffend Lizentiatsexamen im Nebenfach Schweizergeschichte).

455 Entscheid der Erziehungsdirektion vom 24. Oktober 1994 i. S. K.S.R.

456 RRB Nr. 2214 vom 7. Juni 1972 i. S. T.T.

457 Entscheid der Erziehungsdirektion vom 29. Oktober 1993 i. S. C.G. Allerdings übersieht der Entscheid, dass nach Art. 44 Abs. 2 BBG bei Wiederholungen der Lehrabschlussprüfung nur die Fächer geprüft werden, in denen die Lehrtochter oder der Lehrling eine ungenügende Note erreicht hat. Ein genügendes Rechtsschutzinteresse ist bei dieser Rechtslage deshalb bereits gegeben, wenn ein Fach weniger wiederholt werden muss.

Schule zurückkehren zu wollen und zudem im Instruktionsverfahren den Mitwirkungspflichten nach Art. 20 VRPG nicht nachkommt, ist nicht zur Verwaltungsbeschwerde befugt.[458]

- Das Rechtsschutzinteresse fehlt auch einer Schülerin, welche die Aufnahmeprüfung in die Sekundarschule ihrer Wohngemeinde unangefochten nicht bestanden hat und nun gegen die Abweisung des Gesuchs um Besuch der öffentlichen Sekundarschule einer Nachbargemeinde Beschwerde führt. Es fehle ihr die grundsätzliche Berechtigung, eine öffentliche Sekundarschule zu besuchen.[459]

- Ein nichtpromovierter HTL-Absolvent verlangte die Korrektur einer Erfahrungsnote (von 3,5 auf 4), obschon er selbst bei Gutheissung der Beschwerde nicht hätte promoviert werden können. Nach Auffassung des Regierungsrats fehlte dem Beschwerdeführer das Rechtsschutzinteresse: Anders als die Einzelnote (gemeint ist hier eine „Fachnote"[460]) eines Abschlusszeugnisses[461] sei die Einzelnote eines Nichtpromotionsentscheids von bloss untergeordneter Bedeutung. Die Einzelnote „verschwinde" hinter der Kernaussage, dass der Beschwerdeführer die Ingenieurschule wegen ungenügender Leistungen nach dem ersten Studienjahr habe verlassen müssen.[462]

- Wird im Laufe eines Verwaltungsbeschwerdeverfahrens bekannt, dass der Beschwerdeführer zur ausserordentlichen Maturitätsprüfung gar nicht hätte zugelassen werden dürfen, fällt damit auch dessen Rechtsschutzbedürfnis im Streit um das Ergebnis dieser Prüfung dahin.[463]

2.2.3.2 BEHÖRDEN

Die Beschwerdebefugnis von Behörden ist zunächst immer dann zu bejahen, wenn ein *spezialgesetzliches Behördenbeschwerderecht*[464] vorgese-

---

[458] RRB Nr. 2684 vom 24. August 1994 i. S. J.S.

[459] Entscheid der Erziehungsdirektion vom 7. September 1994 i. S. J.H.

[460] Vgl. Ziff. 2.1.3.3.

[461] Vgl. oben RRB Nr. 1937 vom 8. Juni 1994 i. S. B.H.

[462] RRB Nr. 3582 vom 16. November 1994 i. S. C.O.

[463] RRB Nr. 965 vom 5. April 1995 i. S. M.L.

[464] Art. 48 Bst. b VwVG, Art. 103 Bst. c OG, Art. 65 Bst. b und Art. 79 Bst. b VRPG. Für das Bildungsrecht vgl. etwa die Hinweise bei PLOTKE, Probleme, S. 289 ff.; DERS., Schulrecht, S. 487 f.; DINKELMANN, S. 176.

hen ist oder wenn eine Behörde von einer Verfügung ähnlich *wie eine Privatperson* betroffen ist.[465]

Daneben stellt sich immer wieder die Frage, ob die *Vorinstanz* (das heisst meistens die verfügende Behörde) zur Beschwerde befugt ist. Grundsätzlich ist die verfügende Behörde *nicht beschwerdeberechtigt*.[466] Das Interesse einer desavouierten Vorinstanz an der richtigen Rechtsanwendung stellt kein schutzwürdiges Interesse (z. B. im Sinne von Art. 103 Bst. a OG) dar.[467] Es fällt in der Praxis einer Vorinstanz - besonders wenn sie einem anderen Gemeinwesen als die Rechtsmittelbehörde angehört[468] - mitunter schwer, einen Beschwerdeentscheid zu akzeptieren, der zu ihren Ungunsten lautet. Es wird nicht immer verstanden, dass die am Beschwerdeverfahren beteiligten „Parteien" (beschwerdeführende Private, Vorinstanz) rechtlich nicht völlig gleichgestellt sind. Während sich die Parteistellung der Privaten aus Art. 12 Abs. 2 VRPG ergibt, gilt für die Vorinstanz Art. 12 Abs. 3 VRPG, wonach diese am Beschwerdeverfahren *wie* eine Partei beteiligt ist.[469] Aufgrund dieser Bestimmung ist der Vorinstanz denn auch das rechtliche Gehör[470] zu gewähren und der Beschwerdeentscheid zu eröffnen[471].

Einen *Sonderfall* können in dieser Beziehung die *Gemeinden* allenfalls soweit darstellen, als es um Eingriffe in ihre *Autonomie*[472] geht. Allerdings

---

465 SALADIN, Verwaltungsverfahrensrecht, S. 179 ff.; aus neuerer Zeit vgl. besonders GADOLA, Behördenbeschwerde, S. 1458 ff. Für die Verhältnisse beim Verfahren der staatsrechtlichen Beschwerde vgl. etwa BGE 120 Ia 95 ff. (vgl. dazu auch die Bemerkungen von *Hangartner* in: AJP 1994 S. 1307 f.).

466 GYGI, Bundesverwaltungsrechtspflege, S. 169; vgl. auch GYGI/STUCKI, S. 35; aus der Literatur zum Bildungsrecht vgl. PLOTKE, Probleme, S. 287 f. und DERS., Schulrecht, S. 485; anderer Ansicht ist BAUMGARTNER, S. 305 ff.

467 In diesem Sinne etwa BGE 108 Ib 207 f. (aus dem Bereich der staatsrechtlichen Beschwerde vgl. etwa BGE 103 Ia 58 ff.).

468 Z.B. wenn das Schulinspektorat oder die Erziehungsdirektion als kantonale Verwaltungsjustizbehörden Verfügungen kommunaler Schulkommissionen aufheben.

469 Der Vorinstanz kommt eine „parteiähnliche Stellung" zu, die nicht ohne weiteres auf die Beschwerdebefugnis schliessen lässt (Vortrag VRPG, S. 3).

470 Vgl. Art. 21 ff., 69 und 71 VRPG.

471 Vgl. Art. 44 VRPG.

472 Zur Gemeindeautonomie vgl. neuerdings DILL.

ist die Lehre in diesem Punkt nicht einig.[473] Die Volksschule[474] gilt wohl als typische Aufgabe der Gemeinden; damit ist aber noch nichts über einen allfälligen kommunalen Autonomiebereich ausgesagt.[475] Ob ein solcher vorliegt, richtet sich nach dem kantonalen Verfassungs- und Gesetzesrecht.[476] Soweit es um bildungsrechtliche Leistungsbeurteilungen geht, dürfte kaum je ein kommunaler Autonomiebereich berührt sein. Dies kann analog aus BGE 118 Ia 218 ff. abgeleitet werden, in dem es um die vorzeitige Einschulung eines Kindes ging. Das Bundesgericht hielt fest, dass es bei der Einräumung eines kommunalen Entscheidungsspielraums in diesem Zusammenhang nicht darum gehe, „einer allfälligen Verschiedenheit der Bedürfnisse und Verhältnisse in den einzelnen Gemeinden und damit lokalen oder organisatorischen Anliegen Rechnung zu tragen, sondern um allgemein in jedem Einzelfall eine *pädagogisch* sachgerechte Entscheidung zu ermöglichen."[477] Das anzuwendende kantonale Recht sei damit nicht „gemeindefreiheitsbezogen" und begründe keine Autonomie.[478] Für Leistungsbeurteilungen kann - ganz besonders angesichts der umfassenden kantonalen Bestimmungen über den Lehrplan und die Schullaufbahnentscheide an der Volksschule[479] - nichts anderes gelten.[480]

Wie sieht nun die Praxis zur Beschwerdebefugnis der Behörden aus? *Bejaht* wurde die Beschwerdebefugnis etwa in den folgenden Fällen:

- Einen etwas skurrilen Entscheid traf der Regierungsrat im Streit um die Nichtaufnahme einer Schülerin in die Sekundarschule: Auf die Beschwerde der (ursprünglich verfügenden) Sekundarschulkommission gegen den Entscheid des Sekundarschulinspektorats wurde zunächst nicht eingetreten; unter dem Titel „Gemeindeautonomie" - obschon von der Sekundarschulkommission nicht geltend gemacht - dann aber doch Ein-

---

473 Grundlegend dazu KÖLZ, Beschwerdebefugnis, S. 97 ff.; weiter etwa SALADIN, Verwaltungsverfahrensrecht, S. 182; KÖLZ/HÄNER, Rz. 245 f.; kritischer dagegen GYGI, Bundesverwaltungsrechtspflege, S. 168 f. und DERS., Beschwerdebefugnis, S. 449 ff.; aus der Praxis vgl. etwa ZBl 1976 S. 27 ff., VPB 1980 Nr. 66, ZBl 1981 S. 548 ff.

474 Vgl. Ziff. 4.1.

475 DILL, S. 48.

476 So etwa BGE 118 Ia 219.

477 BGE 118 Ia 222.

478 BGE 118 Ia 222; vgl. die Kritik bei DILL, S. 66 ff.

479 Vgl. besonders Ziff. 4.1.

480 Letztlich nicht anders PLOTKE, Schulrecht, S. 485 f.

treten beschlossen. Die Beschwerde wurde schliesslich - unter Verneinung eines tatsächlichen Autonomiebereichs - abgewiesen.[481]

- Die Erziehungsdirektion hiess die Beschwerde eines Schülers gut, dem die Aufnahme in die sog. „Erweiterte Oberschule" verweigert worden war. Auf die gegen diesen Entscheid gerichtete Beschwerde der ursprünglich verfügenden Primarschulkommission ist der Regierungsrat eingetreten. Er hat die Beschwerde gutgeheissen: Die betroffene Gemeinde, als deren Organ die Kommission handle, habe ein schutzwürdiges Interesse an der Abklärung der Frage, ob ihre Autonomie durch die kantonalen Behörden verletzt worden sei.[482] Problematisch erscheint die Begründung dieses Entscheids vor allem deshalb, weil sie sich massgeblich auf eine Rechtsprechung[483] stützt, die nicht mit dem vorliegenden Sachverhalt verglichen werden kann.

Verneint wurde die Beschwerdebefugnis dagegen etwa in den folgenden Fällen:

- Auf die Beschwerde der kantonalen Maturitätskommission gegen einen (eine Verfügung der Maturitätskommission umstossenden) Verwaltungsbeschwerdeentscheid der ihr verwaltungshierarchisch übergeordneten Erziehungsdirektion ist nicht einzutreten.[484]

- Nicht eingetreten ist die Erziehungsdirektion ebenso auf eine Beschwerde einer Primarschulkommission, deren Nichtpromotionsentscheid durch das Primarschulinspektorat umgestossen worden war, denn umstritten sei eine Norm des kantonalen Rechts, bei dessen Auslegung der Gemeinde keine Autonomie zukomme.[485]

---

481 MBVR 1975 Nr. 3 (RRB Nr. 4609 vom 4. Dezember 1974 i. S. Commission de l'Ecole secondaire de ...).

482 RRB Nr. 133 vom 4. Januar 1984 i. S. Primarschulkommission B.

483 Dabei geht es um Fälle, in denen sich eine Gemeinde gegen eine Verfügung zur Wehr setzt, die sie nicht ursprünglich selbst erlassen hat (vgl. z.B. BVR 1976 S. 10, 1982 S. 262 ff., 1983 S. 293 ff.).

484 RRB Nr. 4173 vom 14. Juni 1968 i. S. kantonale Maturitätskommission und E.M.; ebenso etwa AGVE 1978 S. 577 ff. (fehlende Legitimation der Kantonsschule Aarau).

485 Entscheid der Erziehungsdirektion vom 6. Januar 1978 i. S. Primarschulkommission K.; ebenso etwa AGVE 1982 S. 595 f. (fehlende Legitimation der kommunalen Schulpflege).

- Mit der selben Begründung wie im eben erwähnten Fall der kantonalen Maturitätskommission ist der Regierungsrat auch auf die Beschwerde einer (kommunalen) Gymnasiumskommission nicht eingetreten.[486]

- Die Gemeinderäte zweier Gemeinden führten Beschwerde gegen das von der Sekundarschulkommission durchgeführte Aufnahmeverfahren. Das zuständige Sekundarschulinspektorat und danach der Regierungsrat traten auf die Beschwerden nicht ein. Wohl kann dem Ergebnis, nicht aber der Begründung des Regierungsrats zugestimmt werden: Massgebend für das Nichteintreten muss das Fehlen eines Rechtsschutzinteresses sein (damals noch nach Art. 16 Abs. 1 aVRPG); dagegen ist es meines Erachtens falsch, in Art. 65 Abs. 1 MSG eine Einschränkung des Kreises der Beschwerdeberechtigten sehen zu wollen.[487]

- Das Primarschulinspektorat hiess eine Verwaltungsbeschwerde gut und wies zwei Kinder einem anderen Kindergarten zu. Auf die Verwaltungsbeschwerde der Kindergartenkommission trat die Erziehungsdirektion nicht ein: Die Kommission kann als desavouierte Vorinstanz weder ein spezialrechtliches Behördenbeschwerderecht (Art. 65 Bst. b VRPG) noch das allgemeine Beschwerderecht oder das Drittbeschwerderecht (Art. 65 Bst. a VRPG) erfolgreich anrufen.[488]

2.2.3.3 Dritte

Im Bereich bildungsrechtlicher Leistungsbeurteilungen sind Dritte nur ausnahmsweise in tatsächlicher oder rechtlicher Hinsicht so betroffen, dass von einer besonderen Beziehungsnähe und damit von einem schutzwürdigen Interesse gesprochen werden kann.[489]

Die Rechtsprechung *verneinte* in den folgenden Fällen die Beschwerdebefugnis (Nichteintreten auf die Beschwerde):

---

486 RRB Nr. 2535 vom 5. August 1981 i. S. Gymnasiumskommission K.

487 RRB Nr. 3548 vom 10. September 1985 i. S. Gemeinderat R. und RRB Nr. 3549 vom 10. September 1985 i. S. Gemeinderat W.

488 Entscheid der Erziehungsdirektion vom 25. September 1992 i. S. Kindergartenkommission O.

489 Vgl. etwa SALADIN, Verwaltungsverfahrensrecht, S. 176 ff.; GYGI, Bundesverwaltungsrechtspflege, S. 157 ff.; KÖLZ/HÄNER, Rz. 239 ff.; vgl. immerhin auch die Überlegungen von PLOTKE, Probleme, S. 281 ff.

- Ein an den Maturitätsprüfungen prüfender Gymnasiallehrer ist nicht befugt, gegen den eine Verfügung der Maturitätskommission umstossenden Entscheid der Erziehungsdirektion Beschwerde zu führen.[490]

- Eine Sekundarlehrerin ist nicht befugt, Verfügungen anzufechten, mit denen die Schulbehörden die Aufnahme einer Schülerin, die Verlängerung der Probezeit und die Wiederholung eines Schuljahres regeln.[491]

- Auf die Beschwerde einer Expertin bei den kantonalen Maturitätsprüfungen gegen einen (eine Verfügung der Maturitätskommission umstossenden) Verwaltungsbeschwerdeentscheid der Erziehungsdirektion ist nicht einzutreten.[492]

- In einem Streit um den Kindergartenort ist der Nachbar des Verfügungsadressaten nicht befugt, zu dessen Gunsten (Dritt-) Beschwerde zu führen. Dieser Nachbar ist von der angefochtenen Verfügung nicht stärker als jedermann betroffen. Sollten seine eigenen Kinder später den gleichen Kindergarten besuchen wollen, wäre die Frage des gesetzlichen Kindergartenortes neu zu prüfen.[493]

- Nachdem ein Gesuch um ausserkantonalen Besuch der Sekundarschule abgelehnt worden war, führte der Vater für den betroffenen Schüler und dessen drei Jahre jüngere Schwester Beschwerde. Die Erziehungsdirektion verneinte das Rechtsschutzinteresse der Schwester, weil für sie ein Übertritt erst in viereinhalb Jahren in Frage komme und sich bis zu diesem Zeitpunkt die Schulorganisation sowie die privaten Verhältnisse verändern könnten.[494]

Nach so vielen negativen Entscheiden sei immerhin noch darauf hingewiesen, dass im *Berufsbildungsrecht*[495] in ständiger Praxis die Beschwerdebefugnis des Lehrbetriebs *bejaht* wird. Dies regelmässig in der Form der Drittbeschwerde zu Gunsten der Verfügungsadressatin oder des Verfügungsadressaten. Als typisches Beispiel sei die Beschwerde der Lehrmei-

---

490 MBVR 1965 Nr. 92 (RRB vom 7. November 1963 i. S. H.).

491 RRB Nr. 291 vom 12. Januar 1968 i. S. U.B.

492 RRB Nr. 4173 vom 14. Juni 1968 i. S. kantonale Maturitätskommission und E.M.

493 Entscheid der Erziehungsdirektion vom 14. August 1992 i. S. E.H. und G.S.

494 Entscheid der Erziehungsdirektion vom 22. Februar 1995 i. S. J. und K.K.

495 Vgl. Ziff. 4.4.

sterin oder des Lehrmeisters zu Gunsten von Auszubildenden erwähnt, die die Lehrabschlussprüfung nicht bestanden haben.[496]

2.2.4 Hinweise zur Prozessfähigkeit

2.2.4.1 Bundesrecht

Die Beschwerdebefugnis ist von der *Prozessfähigkeit* abzugrenzen. Diese ist ebenfalls eine Sachurteilsvoraussetzung und stellt als prozessuale Seite der Handlungsfähigkeit das Recht dar, einen Prozess selber zu führen oder durch eine selbst bestimmte Vertretung führen zu lassen.[497] Die Beschwerdebefugnis setzt somit in gewissem Sinne die Prozessfähigkeit voraus.

Unmündige[498] werden im Beschwerdeverfahren durch die gesetzliche Vertretung[499] (normalerweise die Eltern) vertreten.[500] Immerhin können urteilsfähige Unmündige oder Entmündigte unter anderem *Rechte* ausüben, *die ihnen um ihrer Persönlichkeit willen zustehen*;[501] in diesem Bereich besteht für die genannten Personen somit volle Geschäfts- und Prozessfähigkeit.[502]

Solche höchstpersönliche Rechte können sich auch aus der Verfassung oder öffentlichrechtlichen Gesetzen ergeben.[503] Als Grundrechte mit be-

---

[496] Vgl. etwa Entscheid der Erziehungsdirektion vom 7. Dezember 1993 i. S. H.C., im Ergebnis ebenso Entscheid der Erziehungsdirektion vom 16. September 1994 i. S. S.N.; vgl. auch Plotke, Schulrecht, S. 484.

[497] Vgl. dazu etwa Gygi, Bundesverwaltungsrechtspflege, S. 180 f. und Saladin, Verwaltungsverfahrensrecht, S. 89.

[498] Art. 14 ZGB; das zivilrechtliche Mündigkeitsalter wurde auf den 1. Januar 1996 von 20 auf 18 Jahre herabgesetzt (AS 1995 S. 1125 ff.; vgl. auch die Botschaft in BBl 1993 I 1169 ff.); Andreas Bucher, Rz. 55 und 57.

[499] Vgl. v.a. Art. 19 ZGB (weiter vgl. Art. 296 ff. und 368 ff. ZGB).

[500] Für eine grosszügigere Auslegung und Rechtsetzung ist Plotke, Probleme, S. 279 ff.; ders., Schulrecht, S. 483 f.

[501] Art. 19 Abs. 2 ZGB.

[502] Pedrazzini/Oberholzer, S. 65 f. und 87; Eugen Bucher, Art. 19, Rz. 189 ff.; aus der neueren Rechtsprechung vgl. etwa BGE 120 Ia 371 f. Umstritten ist, ob das prozessuale Kostenrisiko der selbständigen (prozessualen) Geltendmachung von höchstpersönlichen Rechten entgegensteht (vgl. die Übersicht bei Eugen Bucher, Art. 19, Rz. 197, der die Frage verneint; ebenso BGE 112 IV 10 f.).

[503] Pedrazzini/Oberholzer, S. 89; Eugen Bucher, Art. 19, Rz. 282 f.; Stettler, S. 405; Andreas Bucher, Rz. 160; Saladin, Rechtsbeziehungen, S. 188; Kälin, Verfahren, S. 217 f.; Felix Oskar Müller, S. 35.

sonderer Persönlichkeitsnähe gelten etwa die *persönliche Freiheit*, die *Meinungsfreiheit* sowie die *Glaubens- und Gewissensfreiheit*.[504] Im Bildungsrecht ist zudem etwa an Leistungsbeurteilungen zu denken, die die *Ausbildungsfreiheit* oder die *Berufswahlfreiheit* berühren.[505] Urteilsfähige Unmündige oder Entmündigte können somit ihre höchstpersönlichen Rechte unabhängig von ihrer gesetzlichen Vertretung auf dem Rechtsweg durchsetzen.[506]

2.2.4.2 Bernisches Recht

Für die *Prozessfähigkeit* nach bernischem Verwaltungsprozessrecht gilt nichts anderes als im Bundesrecht.[507] Art. 11 Abs. 1 VRPG knüpft explizit am Bundeszivilrecht an, indem als prozessfähig bezeichnet wird, wer „nach dem Zivilrecht handlungsfähig ist". „Die in ihrer Handlungsfähigkeit beschränkten Personen sind befugt, mit Bezug auf die Rechte, die ihnen um ihrer Persönlichkeit willen zustehen, und die Rechtsgeschäfte, die sie nach den Bestimmungen des Zivilrechts selbständig vornehmen können, vor den Behörden aufzutreten."[508] Ebenso hält Art. 27 Abs. 4 KV im Zusammenhang mit der Geltung der Grundrechte fest, dass urteilsfähige Unmündige und Entmündigte die ihnen um ihrer Persönlichkeit willen zustehenden Rechte selbständig geltend machen können.[509]

In der kantonalen Rechtsprechung zum Bildungsrecht ergaben sich etwa die folgenden Fallkonstellationen:

---

504 Vgl. BBl 1994 V 24 (m. w. H.).

505 Saladin, Rechtsbeziehungen, S. 189; Plotke, Schulrecht, S. 484. Ausserhalb von Leistungsbeurteilungen könnte bei mindestens sechzehn Jahre alten Auszubildenden auch die Glaubens- und Gewissensfreiheit (Art. 49 BV) von besonderer praktischer Bedeutung sein (z. B. bei Dispensationsgesuchen aus religiösen Gründen), vgl. Plotke, Schulrecht, S. 484.

506 Saladin, Rechtsbeziehungen, S. 189; Arthur Müller, S. 162 und 216; Plotke, Schulrecht, S. 484; Eckstein, Schule, S. 219 ff. und 262; ders., Schulrecht, S. 64 f.; unklar dagegen Dinkelmann, S. 64 und 174.

507 Ziff. 2.2.4.1; zur Prozessfähigkeit nach dem aVRPG vgl. besonders Sand, S. 34 ff.; zur Möglichkeit, vom Zivilrecht abweichende Regeln zu schaffen, vgl. Imboden/Rhinow, S. 177.

508 So ausdrücklich Art. 11 Abs. 2 VRPG.

509 Vgl. Bolz, in: Kälin/Bolz, S. 307.

- Die Mutter einer mündigen Maturandin ist nicht befugt, stellvertretend für ihre Tochter Verwaltungsbeschwerde zu führen.[510]

- Ebenso verhält es sich mit der Mutter einer mündigen Seminaristin im Streit um das Nichtbestehen der Patentprüfung.[511]

- Nicht einzutreten ist auch auf die Verwaltungsbeschwerde der Eltern einer mündigen Frau, die die Aufnahmeprüfung ins Kindergartenseminar nicht bestanden hat.[512]

2.2.5 Beschwerdebefugnis bei Leistungsbeurteilungen - Fazit

Bei der Anfechtung von bildungsrechtlichen Leistungsbeurteilungen bietet die Beschwerdebefugnis in der Praxis regelmässig kaum Probleme. Die Rechtsprechung der eidgenössischen und die der bernischen Verwaltungsjustizbehörden decken sich weitgehend. Trotzdem lohnen sich einige abschliessende Bemerkungen zur Beschwerdebefugnis.

2.2.5.1 Verfügungsadressatinnen und -adressaten

In der Diskussion über die Beschwerdebefugnis bei der Anfechtung von *genügenden* Leistungsbeurteilungen und von *bestandenen* Prüfungen soll nicht einer schematischen Lösung das Wort geredet werden; vielmehr ist von Fall zu Fall zu entscheiden.[513]

Grundsätzlich sei daran erinnert, dass in den Fällen, in denen ein schutzwürdiges Interesse bejaht wird, auch der Bereich der genügenden Leistungsbeurteilungen einer rechtlichen Überprüfung zugeführt wird. Die Legitimation ist nur dort zu verneinen, wo ein schutzwürdiges Interesse tatsächlich fehlt. Dies dürfte etwa bei bestandenen Aufnahmeprüfungen regelmässig der Fall sein, während bei bestandenen Abschlussprüfungen - hier ist besonders an die Bedeutung von Leistungsbeurteilungen bei Stellenbewerbungen zu denken - die Beschwerdebefugnis nur mit grosser Zurückhaltung zu verneinen sein wird.

---

510 RRB Nr. 5904 vom 20. August 1968 i. S. H.R. (vgl. auch RRB Nr. 3262 vom 8. Mai 1969 i. S. A.S.); vgl. dazu Art. 27 aVRPG sowie jetzt Art. 15 Abs. 4 VRPG (grundsätzliches Anwaltsmonopol).

511 Entscheid der Erziehungsdirektion vom 16. Juli 1981 i. S. H.G.

512 Entscheid der Erziehungsdirektion vom 24. September 1991 i. S. S.S.

513 Vgl. Ziff. 2.2.3.1.

2.2.5.2 Behörden

Im Bereich der *Behördenbeschwerde* steht aus kantonaler Sicht besonders die Legitimation der Gemeindebehörden im Blickpunkt des Interesses. Die Herleitung der Beschwerdebefugnis aus der Gemeindeautonomie ist meines Erachtens generell zurückhaltend einzusetzen.[514] Zur Anfechtung von bildungsrechtlichen Leistungsbeurteilungen fehlt den Gemeindebehörden zudem regelmässig die Autonomie, weshalb auf entsprechende Beschwerden nicht einzutreten ist.[515]

Einigermassen klare Verhältnisse könnte der Gesetzgeber wohl erst durch die Einführung *spezialrechtlicher Behördenbeschwerderechte* nach Art. 103 Bst. c OG und nach Art. 65 Bst. b VRPG oder durch die Erweiterung des Verwaltungsrechtspflegegesetzes um ein allgemeines Behördenbeschwerderecht zur Geltendmachung schutzwürdiger öffentlicher Interessen schaffen.[516] Aber: Für die Anfechtung bildungsrechtlicher Leistungsbeurteilungen drängt sich weder die eine noch die andere Lösung auf.

2.2.5.3 Dritte

Drittbeschwerden - regelmässig zu Gunsten der Adressatin oder des Adressaten - sind etwa denkbar, wenn durch die Leistungsbeurteilung ein *Vertragsverhältnis* berührt wird.[517] Im Vordergrund steht hier die Beschwerdebefugnis des Lehrbetriebs im *Berufsbildungsrecht*. Diese ergibt sich jedoch nicht bereits aus dem Umstand, dass die Anmeldung zur Lehrabschlussprüfung durch die Lehrmeisterin oder den Lehrmeister erfolgt[518] oder dass der Lehrmeisterin oder dem Lehrmeister das Ergebnis der Prüfung zu eröffnen ist.[519] Die besondere Beziehungsnähe ergibt sich vielmehr aus der Verpflichtung der Lehrmeisterin oder des Lehrmeisters

---

[514] Ich halte mich hier besonders an die Kritik von Gygi, Bundesverwaltungsrechtspflege, S. 168 f.

[515] Vgl. Ziff. 2.2.3.2.

[516] Vgl. etwa Art. 103 Bst. b OG sowie die Hinweise bei Plotke, 289 ff.; ders., Schulrecht, S. 486 und 488 f.; Urs Peter Cavelti, S. 94 ff. In diese Richtung gehen auch die Überlegungen von Gadola, Behördenbeschwerde, S. 1469 ff. Vgl. weiter etwa ZBl 1996 S. 360 ff.

[517] Vgl. etwa Gygi, Bundesverwaltungsrechtspflege, S. 162 (mit Hinweisen auf die Rechtsprechung).

[518] Art. 40 Abs. 2 Satz 1 BBG.

[519] Art. 37 Abs. 2 BBV (ebenso Art. 44 Abs. 3 KBG).

zur fachgemässen Ausbildung.[520] Bei nicht bestandenen Lehrabschlussprüfungen hat der Lehrbetrieb zudem ein Interesse an der Anfechtung des Ergebnisses, um allfälligen späteren (zivilrechtlichen) Haftungsansprüchen wegen mangelhafter Ausbildung[521] zu entgehen oder um Probleme im Zusammenhang mit der weiteren Beschäftigung der Lehrtochter oder des Lehrlings im Betrieb[522] zu verhindern.

Weiter ist zu überlegen, ob *Eltern*, die für ein in Ausbildung stehendes *mündiges Kind* weiterhin (zivilrechtliche) Unterhaltsleistungen zu erbringen haben, ebenfalls ein selbständiges Beschwerderecht zuzubilligen ist. Die Herleitung einer solchen Beschwerdebefugnis in Analogie zu den Ausführungen in BVR 1994 S. 273 ff. [523] ist zu verneinen, weil sich die erwähnte Rechtsprechung auf ein spezialrechtliches Anmelderecht für Sozialversicherungsleistungen zurückführen lässt und im geltenden Bildungsrecht keine ähnlichen Anknüpfungspunkte feststellbar sind. Dagegen erscheint eine besondere Beziehungsnähe durchaus denkbar, wenn die Eltern aufgrund einer bildungsrechtlichen Leistungsbeurteilung (z. B. durch die Wiederholung eines Schuljahres im Gymnasium) zusätzliche Unterhaltsleistungen erbringen müssen.[524] Zu verneinen wäre ein solches Beschwerderecht allenfalls in jenen Fällen, in denen das mündige Kind selber nicht Beschwerde führt und weitere Unterhaltsleistungen der Eltern nicht zumutbar[525] erscheinen.

Lehrkräften wird im Zusammenhang mit bildungsrechtlichen Leistungsbeurteilungen regelmässig die Beschwerdebefugnis zu Recht abgesprochen, denn sie sind von der umstrittenen Verfügung nicht wesentlich mehr als

---

520 Art. 344 OR und Art. 22 Abs. 1 Satz 1 BBG (zur Lehrabschlussprüfung vgl. auch Art. 38 BBG); vgl. Ziff. 4.4.2.1.

521 REHBINDER, Lehrvertrag, S. 22 f.

522 Art. 22 Abs. 6 BBG.

523 Vgl. dazu Ziff. 2.2.2.2 sowie BGE 98 V 56 ff.

524 Nach Art. 277 Abs. 2 ZGB (dazu BBl 1993 I 1183 f.; HEGNAUER, S. 137 f.; FORNI, S. 429 ff.) dauert die Unterhaltspflicht gegenüber dem mündigen Kind, das noch keine angemessene Ausbildung hat, bis die entsprechende Ausbildung *ordentlicherweise* abgeschlossen werden kann. Die Rechtsprechung lässt dabei gewisse Verzögerungen (z.B. wegen Misserfolgen an Prüfungen) durchaus zu (BGE 117 II 129 f., 114 II 207 ff., 107 II 470; aus der Literatur vgl. etwa HEGNAUER, S. 140; STETTLER, S. 306; FORNI, S. 439 f.).

525 Dies ist aber unter Umständen schwierig vorauszusehen; vgl. HEGNAUER, S. 138 und 140 sowie BGE 115 II 129.

irgendwelche andere Personen betroffen.[526] Der blosse Umstand, dass die verfügende Behörde von Anträgen der Lehrkräfte abweicht, vermag keine besondere persönliche Beziehungsnähe auszulösen.[527] Auch eine spezialrechtlich vorgesehene Beschwerdebefugnis der Lehrkräfte zur Wahrung des öffentlichen Interesses an der richtigen Rechtsanwendung ist meines Erachtens nicht angezeigt.[528] Den Lehrkräften stehen im vorliegenden Zusammenhang somit bloss aufsichts- und (eventuell) beamtenrechtliche Rechtsmittel und Rechtsbehelfe offen.

---

526 Vgl. Ziff. 2.2.3.3; ebenso ARTHUR MÜLLER, S. 216. Art. 65 Abs. 1 MSG und der mittlerweile aufgehobene Art. 50 Abs. 1 PSG sehen ein spezialrechtliches Beschwerderecht der Lehrkräfte gegen die Schulkommission vor (vgl. BALMER, S. 46 f.; BLUMENSTEIN, S. 123 f.), welches aber die verschiedenen Rechtsvorkehren des Verwaltungsprozess-, des Dienst- und des Aufsichtsrechts nicht klar voneinander unterscheidet.

527 A. M. PLOTKE, Probleme, S. 284.

528 A. M. PLOTKE, Probleme, S. 286 f.; vgl. demgegenüber GYGI, Bundesverwaltungsrechtspflege, S. 171 f.

3 ÜBERPRÜFUNGSBEFUGNIS

3.1 ÜBERPRÜFUNGSBEFUGNIS IM BUNDESVERWALTUNGSRECHT

Nach Art. 49 VwVG können mit Verwaltungsbeschwerde gerügt werden:

> *a. Verletzung von Bundesrecht einschliesslich Überschreitung oder Missbrauch des Ermessens;*
>
> *b. unrichtige oder unvollständige Feststellung des rechtserheblichen Sachverhaltes;*
>
> *c. Unangemessenheit; die Rüge der Unangemessenheit ist unzulässig, wenn eine kantonale Behörde als Beschwerdeinstanz verfügt hat.*

Für das Verwaltungsbeschwerdeverfahren ist somit grundsätzlich eine umfassende Überprüfung vorgesehen. Dagegen wird im Verfahren der Verwaltungsgerichtsbeschwerde die Angemessenheit nur ausnahmsweise überprüft;[1] zudem wird dort auch die Feststellung des Sachverhalts nicht uneingeschränkt überprüft[2].[3]

Aus der Sicht der Beschwerdeführenden geht es bei diesen Bestimmungen um die zulässigen „Beschwerdegründe"[4]; zugleich ist damit - aus der Sicht des Gemeinwesens - die Überprüfungsbefugnis der Beschwerdeinstanz umschrieben. Die Begriffe „Beschwerdegründe", „Überprüfungsbefugnis", „Kognition" und „Prüfungszuständigkeit" werden deshalb im vorliegenden Buch gleichbedeutend verwendet.[5]

Mit der unterschiedlichen Umschreibung der Überprüfungsbefugnis wird die „Zuweisung von Entscheidungsbefugnissen an die verschiedenen Organe der Verwaltungsrechtspflege"[6] bezweckt; es soll das jeweils „*geeignete* Organ"[7] über eine Streitfrage entscheiden. Die Überprüfungs-

---

1 Art. 104 OG (besonders Bst. c), vgl. immerhin Art. 132 Bst. a OG.

2 Art. 104 Bst. b, Art. 105 und Art. 132 Bst. b OG.

3 Vgl. den Überblick bei GEORG MÜLLER, Legitimation, S. 289 f. m. w. H.; weiter etwa SALADIN, Verwaltungsverfahrensrecht, S. 188 ff.; GYGI, Bundesverwaltungsrechtspflege, S. 265 ff.; MOOR, II, S. 428 ff.; KÖLZ/HÄNER, Rz. 267 ff.

4 So auch die Marginalie von Art. 49 VwVG.

5 A. M. KNAPP, Rz. 2026, nach dem „Überprüfungsbefugnis und Kognition ... klar auseinanderzuhalten" sind.

6 GEORG MÜLLER, Legitimation, S. 293.

7 GEORG MÜLLER, Legitimation, S. 294.

befugnis soll aber auch Rechtsschutzbedürfnisse berücksichtigen und „dort umfassend sein, wo zentrale Anliegen des Bürgers betroffen sind“[8].

3.2 ÜBERPRÜFUNGSBEFUGNIS IM KANTON BERN

In der bernischen Verwaltungsrechtspflege gelten die selben Grundsätze wie im Bundesrecht.

Für das Verwaltungsbeschwerdeverfahren ist grundsätzlich eine *umfassende* Überprüfungsbefugnis vorgesehen; nach Art. 66 Abs. 1 VRPG können gerügt werden:

> *a unrichtige oder unvollständige Feststellung des Sachverhalts,*
>
> *b andere Rechtsverletzungen einschliesslich Rechtsfehler bei der Ausübung des Ermessens,*
>
> *c Unangemessenheit, soweit die Gesetzgebung nicht etwas anderes vorsieht.*

Etwas anderes gilt einzig für Vollstreckungsverfügungen, bei denen nur die Rechtswidrigkeit oder Unangemessenheit des Vollzugs gerügt werden kann.[9]

Das Verwaltungsgericht überprüft dagegen Verfügungen und Entscheide grundsätzlich nur auf ihre *Rechtmässigkeit* hin; Art. 80 VRPG lautet:

> *Mit Verwaltungsgerichtsbeschwerde können gerügt werden*
>
> *a unrichtige oder unvollständige Feststellung des Sachverhalts,*
>
> *b andere Rechtsverletzungen einschliesslich Rechtsfehler bei der Ausübung des Ermessens und*
>
> *c Unangemessenheit von Verfügungen und Entscheiden*
> *1. aus dem Gebiet der Sozialversicherung,*
> *2. über öffentlichrechtliche Geldleistungen, ausser bei Abgabeveranlagungen nach Ermessen,*
> *3. wenn die Gesetzgebung diese Rüge vorsieht.*

Sowohl Art. 66 als auch Art. 80 VRPG wurden im Parlament diskussionslos in der Fassung von Regierung und vorberatender Kommission angenommen.[10]

---

8 GEORG MÜLLER, Legitimation, S. 294.

9 Art. 66 Abs. 2 VRPG.

10 Tagblatt des Grossen Rates des Kantons Bern 1989, S. 218, 223 und 569.

Im Gegensatz zu Art. 49 VwVG und Art. 104 OG bringen Art. 66 und Art. 80 VRPG jeweils unter Buchstabe b mit der Formulierung „andere Rechtsverletzungen“ deutlich zum Ausdruck, dass es auch bei den Streitigkeiten über die Sachverhaltsfeststellung um Rechtsfragen geht.[11]

Von Bedeutung ist schliesslich die Frage, was nach Art. 66 Bst. c VRPG und Art. 80 Bst. c Ziff. 3 VRPG unter dem Begriff *„Gesetzgebung“* zu verstehen ist.[12] Im Zusammenhang mit Art. 3 Abs. 1 VRPG (Festlegung der Zuständigkeit der Behörden durch die „Gesetzgebung“) hält der Vortrag fest, dass der Begriff „Gesetzgebung“ umfassend zu verstehen sei; es genügt somit, wenn ein *Gesetz im materiellen Sinn* eine entsprechende Grundlage enthält.[13] Im selben Sinn hat sich auch das Bundesgericht in einem das Fremdenpolizeirecht betreffenden Entscheid vom 12. November 1993 geäussert.[14] Meines Erachtens besteht grundsätzlich kein Anlass daran zu zweifeln, dass die Auslegung von Art. 66 Bst. c VRPG und Art. 80 Bst. c Ziff. 3 VRPG zum gleichen Ergebnis führt. Immerhin ist zu bedenken, dass durch die Beschränkung auf das Erfordernis eines materiellen Gesetzes (das heisst eines Rechtssatzes) von der im Verwaltungsrechtspflegegesetz (als formellem Gesetz) vorgesehenen Grundregel abgewichen werden kann. Es ist daher zu fordern, dass die Einschränkung der Überprüfungsbefugnis zumindest in einer Verordnung oder in einem vom Regierungsrat genehmigten Reglement vorgesehen wird.

3.3 ÜBERPRÜFUNGSBEFUGNIS BEI LEISTUNGSBEURTEILUNGEN

3.3.1 Sondernormen im Bildungsrecht

Die eben dargestellten Normen zur Überprüfungsbefugnis gelten grundsätzlich auch bei der Anfechtung von bildungsrechtlichen Leistungsbeurteilungen. Das allgemeine Verfahrensrecht statuiert, wie wir eben gesehen haben, für die nachträgliche Überprüfung solcher Beurteilungen nichts besonderes. *Ausgangspunkte* bleiben somit *Art. 49 VwVG, Art. 104 OG, Art. 66 und Art. 80 VRPG*.

---

[11] Vgl. GYGI, Bundesverwaltungsrechtspflege, S. 267.

[12] Vgl. Ziff. 3.3.1.

[13] Vortrag VRPG, S. 2.

[14] BVR 1994 S. 277 ff.

Die bildungsrechtlichen Spezialerlasse des *Bundes* enthalten keine Normen, die eine vom allgemeinen Verfahrensrecht abweichende Überprüfungsbefugnis ausdrücklich statuieren würden. Vielmehr verweisen die Erlasse des Bundes für das Beschwerdeverfahren regelmässig auf die allgemeinen Bestimmungen der Bundesrechtspflege.[15]

Im *bernischen* Recht wird für das Verfahren regelmässig auf die Bestimmungen des Gesetzes über die Verwaltungsrechtspflege verwiesen. Vermehrt finden sich jedoch auch Normen, die die Überprüfungsbefugnis spezialrechtlich einschränken; in der neueren Rechtsetzung besteht gar eine auffällige Tendenz in diese Richtung.[16] Die Rüge der Unangemessenheit wird etwa ausgeschlossen in:[17]

- Art. 19 Abs. 2 der Verordnung vom 19. Oktober 1994 über die Fürsprecherprüfung;[18]

- Art. 21 Abs. 2 Satz 1 der Verordnung vom 19. Oktober 1994 über die Notariatsprüfung;[19]

- Art. 56 Abs. 2 der Verordnung vom 22. November 1977 über die Ausbildung, Prüfung und Diplomierung von Kandidaten des Höheren Lehramtes;[20]

- Art. 21 Abs. 3 der Verordnung vom 18. September 1974 über die Ausbildung und Prüfung von Lehrern und Sachverständigen der Erziehungs- und Bildungswissenschaften;[21]

- Art. 20 Abs. 2 der Verordnung vom 17. August 1988 über die ordentlichen Maturitätsprüfungen an den Gymnasien des Kantons Bern;[22]

---

15 Vgl. immerhin den Hinweis in Fussnote 3/188, Seite 1.

16 Vgl. auch Ziff. 3.4.2.3.

17 Weitere Beispiele finden sich in diversen, nicht in der BSG publizierten Ausbildungsreglementen.

18 BSG 168.221.1.

19 BSG 169.221.

20 BSG 430.214.11.

21 BSG 430.218.61.

22 BSG 433.351.

- Art. 34 Abs. 3 und Art. 44 Abs. 4 des Gesetzes vom 9. November 1981 über die Berufsbildung;[23]
- Art. 46 Abs. 2 der Verordnung vom 27. März 1996 über die Berufsmaturität;[24]
- Art. 18 Abs. 2 der Verordnung vom 17. August 1988 über die ausserordentlichen Maturitätsprüfungen des Kantons Bern;[25]
- Art. 11 Abs. 2 der Verordnung vom 17. August 1988 über die kirchlich-theologischen Maturitätsprüfungen des Kantons Bern;[26]
- Art. 14 Abs. 2 der Verordnung vom 17. August 1988 über die Aufnahmeprüfungen der Universität Bern;[27]
- Art. 73 Abs. 4 des Gesetzes vom 5. September 1996 über die Universität;[28]
- Art. 67 Abs. 4 des Gesetzes vom 6. November 1996 über die Fachhochschulen.[29]

3.3.2 Lehre

Bevor die Praxis dargestellt wird,[30] soll ein Überblick über die in der Literatur vertretenen Meinungen zur Überprüfungsbefugnis bei bildungsrechtlichen Leistungsbeurteilungen gegeben werden:

- *Wolffers* hat bereits vor längerer Zeit darauf hingewiesen, dass die „Bewertung von Dissertationen, Kandidaten für eine Ehrenpromotion und Examensleistungen ... durch die betreffenden Hochschullehrer nach

---

23 BSG 435.11.

24 BAG 96-29 (BSG 435.511).

25 BSG 436.722.

26 BSG 436.723.

27 BSG 436.73.

28 Referendumsvorlage publiziert in: Amtsblatt des Kantons Bern Nr. 74 vom 5. Oktober 1996.

29 Referendumsvorlage publiziert in: Amtsblatt des Kantons Bern Nr. 92 vom 7. Dezember 1996.

30 Ziff. 3.3.3 und 3.3.4.

freiem, durch Weisungen nicht beschränkbarem Ermessen"[31] erfolge; Rechtsschutz bestehe nur gegen Rechtsverletzungen (in der Terminologie Wolffers' bei „Verletzung der einschlägigen Reglemente" oder bei „Ermessensüberschreitung"[32]).

- *Kölz* geht davon aus, dass die Beschwerdeinstanz verpflichtet ist, ihre Überprüfungsbefugnis auszuschöpfen. Er unterstützt aber gleichwohl die Praxis, wonach sich aus der „Natur der Sache"[33] Kognitionsbeschränkungen ergeben können, so etwa - soweit es nicht um Verfahrensfehler geht - bei Prüfungs- und Promotionsentscheidungen.[34]

- *Plotke* hat sich in seiner Dissertation ausführlich mit den Problemen befasst, die sich bei der Überprüfung von bildungsrechtlichen Leistungsbeurteilungen stellen.[35] Die nachträgliche Überprüfung des Verfahrens, in dem schulische Entscheide zustande kommen, sei unbestritten;[36] ein blosser Rechtsschutz in bezug auf Verfahrensfehler sei aber ungenügend.[37] Verschiedentlich begnügten sich Spezialgesetzgebung und Rechtsprechung mit einer Willkürprüfung.[38] Vereinzelt sei auch die umfassende Rechtskontrolle anzutreffen.[39] Das Ermessen werde regelmässig nur soweit überprüft, als es rechtsfehlerhaft ausgeübt worden sei.[40] Insgesamt ergebe sich für die Schweiz das Bild einer nicht einheitlichen Praxis;[41] viele Entscheide enthielten auch keine Hinweise zur jeweils angewandten Kognition.[42] Aufgrund einer Gewichtung der verschiedenen Argumente, die für eine beschränkte Kognition sprechen, kommt *Plotke* sodann zu den folgenden Ergebnissen: Ein besonderer Spielraum für die Schule sei zu verneinen, weil die Notengebung nicht

---

31 WOLFFERS, S. 131 f.

32 WOLFFERS, S. 132.

33 KÖLZ, VRG, § 20 Rz. 11.

34 KÖLZ, VRG, § 20 Rz. 11 und § 50 Rz. 155.

35 PLOTKE, Probleme, S. 293 ff.; vgl. auch DERS., Schulrecht, S. 495 f.

36 PLOTKE, Probleme, S. 301.

37 PLOTKE, Probleme, S. 305.

38 PLOTKE, Probleme, S. 309 f.

39 PLOTKE, Probleme, S. 315.

40 PLOTKE, Probleme, S. 323.

41 PLOTKE, Probleme, S. 293 und 341.

42 PLOTKE, Probleme, S. 342 f.

einen Hauptzweck der Schule ausmache;[43] da die rechtliche Festlegung von Leistungsbeurteilungen häufig nicht durch die Lehrkräfte selber erfolge, sei es auch mit der Höchstpersönlichkeit der Notengebung nicht sehr weit her.[44] Von einigem Gewicht sei dagegen das Argument der Unwiederbringlichkeit der Prüfungssituation;[45] zudem seien auch Messung und Bewertung von Leistungen unsicher.[46] Dagegen gehe es - gerade in einer Rechtsordnung mit nicht rein verwaltungsgerichtlichem Rechtsweg - nicht an, den Rechtsmittelbehörden „jede Sachkenntnis absprechen zu wollen"[47]; zudem sei zu beachten, dass die Gerichte auch in vielen anderen Lebensbereichen entscheiden müssten, in denen ihnen in gleicher Weise mangelnde Sachkenntnis vorgeworfen werden könnte.[48] Aus verfahrensrechtlicher Sicht sei schliesslich festzustellen, dass die Justizbehörden den Sachverhalt regelmässig von Amtes wegen abzuklären hätten[49] und - je nach Verfahren - nur bedingt an die Anträge der Parteien gebunden seien.[50] *Plotke* folgert aus seiner Analyse, dass grundsätzlich auch eine „generelle Beschränkung der Kognition auf Willkür"[51] nicht genüge. Soweit die Schulen mit den örtlichen und persönlichen Verhältnissen besser vertraut seien, bestehe ein Beurteilungsspielraum, in den nur bei Rechtswidrigkeit, Willkür oder Verfahrensfehlern eingegriffen werde; Fragen der Angemessenheit würden nicht überprüft.[52] Im Hinblick auf die zukünftige Gesetzgebung seien keine Sonderlösungen für den Bildungsbereich nötig, stelle sich doch die Ausgangslage im wesentlichen gleich dar wie in anderen Rechtsgebieten

---

43 PLOTKE, Probleme, S. 344.

44 PLOTKE, Probleme, S. 344.

45 PLOTKE, Probleme, S. 345 (vgl. auch 256 f.).

46 PLOTKE, Probleme, S. 345.

47 PLOTKE, Probleme, S. 346.

48 PLOTKE, Probleme, S. 346.

49 PLOTKE, Probleme, S. 347 f.; vgl. Art. 12 und Art. 49 Bst. b VwVG, Art. 105 OG, Art. 18 Abs. 1 VRPG.

50 PLOTKE, Probleme, S. 349 ff.; vgl. Art. 62 VwVG, Art. 114 OG, Art. 73 und Art. 84 Abs. 2 VRPG.

51 PLOTKE, Probleme, S. 355.

52 PLOTKE, Probleme, S. 356 f.

mit Beurteilungsspielräumen.[53] Zu vermeiden seien Bestimmungen, welche die Beschränkung der Kognition ausschliessen würden.[54]

- *Fulda* stellt fest, dass für die Eidgenössischen Technischen Hochschulen grundsätzlich Art. 49 VwVG anwendbar ist, den Beschwerdeinstanzen jedoch „die zu einer Überprüfung der Angemessenheit eines Prüfungsentscheides unerlässlichen Eigenschaften"[55] fehlen, so in der Regel etwa die nötigen Fachkenntnisse.[56] Der Autor unterstützt deshalb die praktizierte Beschränkung der Kognition auf die Überprüfung der Rechtmässigkeit, einschliesslich der Frage der Überschreitung oder des Missbrauchs des Ermessens, hält jedoch fest, dass mit dieser Praxis Art. 49 Bst. c VwVG nicht angewendet werde.[57] Er regt deshalb an, Art. 49 Bst. c VwVG zu revidieren und die Rüge der Unangemessenheit einzuschränken.[58]

- *Recordon* wendet sich gegen die Idee, Art. 49 Bst. c VwVG zu revidieren und will an der Überprüfung der (Un-) Angemessenheit im Verwaltungsbeschwerdeverfahren festhalten.[59] Wenn sich eine Behörde über Art. 49 Bst. c VwVG hinwegsetze, sei zu prüfen, ob sie nicht eine formelle Rechtsverweigerung begehe.[60]

3.3.3 Praxis im Bund und in einzelnen Kantonen

Ohne Anspruch auf Vollständigkeit erheben zu wollen, soll nun die Rechtsprechung zur Frage der Überprüfungsbefugnis dargestellt werden.[61] Neben der Praxis der Bundesbehörden werden auch einzelne kantonale Entscheide wiedergegeben.[62]

---

53 PLOTKE, Probleme, S. 362.

54 PLOTKE, Probleme, S. 363.

55 FULDA, S. 157.

56 FULDA, S. 158.

57 FULDA, S. 158.

58 FULDA, S. 161 f.

59 RECORDON, protection, S. 223 ff.

60 RECORDON, protection, S. 225.

61 Viele Hinweise zur älteren Praxis finden sich bei PLOTKE, Probleme, S. 293 ff.

62 Eine Übersicht zur Rechtsprechung im Kanton Bern gibt Ziff. 3.3.4.

AGVE 1970 S. 374 f.

In einem Wiedererwägungsverfahren um erneute Bewertung einer nichtbestandenen Bezirkslehrerinnenprüfung ging der aargauische Regierungsrat in seinem Entscheid vom 21. Mai 1970 von einer grundsätzlich umfassenden Kognition aus. Er lege sich aber

> *„... bei der Überprüfung der Notengebung in ständiger Praxis eine gewisse Zurückhaltung auf in der Einsicht, dass die Examinatoren und die in Schulangelegenheiten erfahrenen Mitglieder des Erziehungsrates mit den zu beurteilenden Personen und Leistungen besser vertraut sind. Er ändert daher die Promotionsentscheide der Schulbehörden, die ja nach der Natur der Sache nicht im einzelnen überprüfbare Ermessensentscheide darstellen, nicht ohne Not ab und übt insbesondere nur eine beschränkte Ermessenskontrolle im Sinne der Korrektur von Ermessensfehlern aus ..."*[63]

VPB 1973 Nr. 68

Am 5. September 1973 hiess der Bundesrat eine Beschwerde von V. gut, der die eidgenössische Maturitätsprüfung nicht bestanden hatte und nun die ungleiche Bewertung vergleichbarer Prüfungsarbeiten rügte.

Der Bundesrat äusserte sich in der publizierten Begründung des Entscheides nicht ausdrücklich zur Frage der Überprüfungsbefugnis, hielt jedoch fest, dass die „Bewertung von Prüfungsarbeiten eine Sache des Ermessens"[64] sei. Ein Ermessensmissbrauch liege sodann vor, „wenn eine Behörde im Bereich des ihr eingeräumten Ermessens willkürlich oder rechtsungleich handelt ..."[65] Implizit ging der Bundesrat somit von einer zumindest auf Rechtsfragen eingeschränkten Überprüfungsbefugnis aus.

BGE 99 Ia 586 ff.

Nach Auffassung des Bundesgerichts ist Art. 4 Abs. 1 BV nicht verletzt, wenn der mit einer Beschwerde gegen den Entscheid der Advokaturprüfungskommission befasste Genfer Staatsrat seine Überprüfung des Ermessens auf Willkür beschränkt.

---

63 AGVE 1970 S. 374 f.

64 VPB 1973 Nr. 68 S. 99.

65 VPB 1973 Nr. 68 S. 99.

> *„Il est au surplus généralement admis que les décisions des jurys d'examen, en raison de la technicité des problèmes posés, ne peuvent faire l'objet que d'un contrôle limité ...“*[66]

Deshalb habe der Bundesgesetzgeber auch entschieden, dass nach Art. 99 Abs. 1 Bst. f OG gegen Verfügungen über das Ergebnis von Berufs-, Fach- oder anderen Fähigkeitsprüfungen die Verwaltungsgerichtsbeschwerde nicht zulässig sei.[67]

SJZ 1977 S. 9 ff.

Der Regierungsrat des Kantons Zürich wies am 16. Juni 1976 einen Rekurs von X. ab, der die juristische Lizentiatsprüfung nicht bestanden hatte. Nach § 20 Abs. 1 VRG[68] komme der Rekursinstanz im verwaltungsinternen Rechtsmittelverfahren wohl volle Kognition zu, das heisst die Überprüfung habe nicht nur auf Rechtswidrigkeit und Willkür, sondern auch auf Angemessenheit hin zu erfolgen. Jedoch stiessen die Rechtsmittelbehörden bei der Überprüfung von Noten auf Schranken, die sich aus der Natur der Sache ergäben:

> *„Die Bewertung einer Prüfungsleistung hängt einerseits von der Anforderungshöhe jedes einzelnen Examinators, anderseits von den Leistungen der Gesamtheit der Kandidaten ab, also von einem Vergleich der einzelnen Prüfungsleistungen mit denjenigen aller andern Kandidaten. Die Oberinstanz kann nicht ohne weiteres selbst eine Neubeurteilung einer von der Prüfungskommission bewerteten Leistung vornehmen. Zudem kann sich bei mündlich abgelegten Examen eine nachträgliche Überprüfung lediglich auf die Aussagen der Beteiligten sowie auf die Notizen und Berichte der Examinatoren und Experten stützen.*
> *Aufgrund solcher Erwägungen hat sich der Regierungsrat gemäss konstanter Praxis bei Überprüfung der Notengebung in schulischen Angelegenheiten stets eine gewisse Zurückhaltung auferlegt und daher Promotionsentscheide der Schulbehörden, die der Natur der Sache nach nicht im einzelnen überprüfbare Ermessensentscheide darstellen, nicht ohne Not abgeändert.“*[69]

Zu diesem Entscheid drängt sich eine Bemerkung auf: Eher nebenbei spricht der Regierungsrat „von der Anforderungshöhe jedes einzelnen Examinators“[70]. In diesem Satz liegt viel (in der Praxis relevanter)

---

66 BGE 99 Ia 591 f.

67 BGE 99 Ia 592 (mit Hinweis auf die Botschaft des Bundesrates).

68 Vgl. dazu KÖLZ, VRG, § 20 Rz. 11.

69 SJZ 1977 S. 10.

70 SJZ 1977 S. 10.

„Zündstoff", denn es ist im Lichte der Rechtsgleichheit problematisch, wenn verschiedene Expertinnen und Experten im selben Fach unterschiedliche Anforderungen stellen.[71]

VPB 1977 Nr. 101

Das Eidgenössische Departement des Innern wies mit Entscheid vom 1. März 1977 die Beschwerde von F. ab, der die eidgenössische Maturitätsprüfung nicht bestanden hatte. Zur Überprüfungsbefugnis führte das Departement aus:

> *„Nach Artikel 49 VwVG ist eine volle Überprüfung möglich, einschliesslich der Angemessenheit. Gegenstand der Beschwerde kann sowohl die Notengebung als auch die Durchführung des Prüfungsverfahrens sein. Dabei auferlegt sich die Rekursinstanz gemäss konstanter Praxis eine gewisse Zurückhaltung hinsichtlich des den Experten zukommenden Ermessens, indem sie nicht ohne Not von einer Beurteilung durch die Experten in Fragen abweicht, die naturgemäss seitens der Verwaltungsjustizbehörden schwer überprüfbar sind ..."*[72]

VPB 1978 Nr. 65

In einem die eidgenössischen Medizinalprüfungen betreffenden Entscheid vom 21. Dezember 1977 bestätigte der Bundesrat seine Rechtsprechung:

> *„L'estimation de la valeur d'un examen de capacité relève d'un certain pouvoir d'appréciation. En pareil cas, et lorsque la décision de l'autorité de première instance repose sur l'avis d'experts, le Conseil fédéral, selon une pratique constante, observe une certaine retenue dans l'examen des griefs invoqués. Il ne s'écarte pas sans nécessité de l'opinion de l'autorité inférieure et n'annule la décision attaquée que si elle apparaît insoutenable, soit que les experts aient émis des exigences excessives ou manifestement sous-estimé la valeur de l'examen, soit qu'ils aient traité un candidat de façon inégale par rapport à d'autres candidats ou qu'ils aient violé les règles de la procédure d'examen ..."*[73]

---

71 Vgl. auch Ziff. 3.4.2.2 und 3.4.2.3.

72 VPB 1977 Nr. 101 S. 64.

73 VPB 1978 Nr. 65 S. 282, ebenso VPB 1978 Nr. 99 S. 448 f. (später bestätigt etwa in VPB 1981 Nr. 43 S. 229, VPB 1986 Nr. 54 S. 358, VPB 1992 Nr. 16 S. 129).

BGE 105 Ia 190 ff.

Mit Urteil vom 24. Juli 1979 wies das Bundesgericht eine staatsrechtliche Beschwerde von F. ab, der die Zwischenprüfung im Fach „Volkswirtschafts-Lehre I" an der Hochschule St. Gallen endgültig nicht bestanden hatte.

Das Bundesgericht führte aus, dass die Bewertung von Examensentscheiden im pflichtgemässen Ermessen der Prüfungsinstanz stehe; bei der Überprüfungsbefugnis gehe das Bundesgericht von den folgenden beiden Regeln aus:[74]

- Bei Willkürbeschwerden könne nur eingegriffen werden, wenn das Ermessen überschritten oder missbraucht worden sei.

- Bei der Überprüfung von Examensentscheiden sei wegen deren besonderer Natur noch grössere Zurückhaltung geboten:

> *„Die Besonderheit besteht vorab darin, dass eine sachgerechte Beurteilung oftmals die Kenntnis der Verhältnisse an der betreffenden Schule oder Universität sowie der Persönlichkeit der Kandidaten voraussetzt. Zudem werden Prüfungen in sehr verschiedenartigen Materien abgenommen, so dass als Examinatoren häufig Fachleute berufen werden, welche aufgrund ihrer Spezialkenntnisse und ihrer Erfahrung in einer bestimmten, zumeist nicht rechtlichen Materie zur Abnahme von Prüfungen besonders geeignet sind. Schliesslich erfordert eine wirksame Kontrolle einer Prüfungsleistung den Vergleich mit den Arbeiten der andern Kandidaten und eine Auseinandersetzung mit den übrigen Leistungen des Betroffenen. Die Abänderung einer Examensbewertung durch das Bundesgericht birgt daher die Gefahr neuer Ungerechtigkeiten und Ungleichheiten in sich. Diese Gefahr besteht insbesondere, wenn die Prüfung aufgrund des Entscheides wiederholt werden muss, denn Examen lassen sich nicht unter völlig gleichen Bedingungen nochmals durchführen ... Aus diesen oder ähnlichen Erwägungen verzichten die Kantone oftmals auf Rechtsmittel gegen Prüfungsentscheide oder lassen nur formelle Rügen zu ...Auch das OG schliesst in Art. 99 lit. f die Verwaltungsgerichtsbeschwerde gegen Verfügungen über das Ergebnis von eidgenössischen Berufs-, Fach- oder andern Fähigkeitsprüfungen aus ... Der Bundesrat tritt auf Beschwerden von ETH-Studenten gegen das Ergebnis der Diplomprüfung ebenfalls nicht ein ... Gegen letztinstanzliche Prüfungsentscheide kantonaler Behörden kann zwar gestützt auf Art. 4 BV staatsrechtliche Beschwerde geführt werden, doch kann es nicht Aufgabe des Bundesgerichts sein, gewissermassen die Prüfung selbst zu wiederholen. Das Bundesgericht prüft daher bei solchen Beschwerden in erster Linie, ob das gesetzlich vorge-*

---

[74] BGE 105 Ia 191; vgl. LEUTHOLD, S. 220 f. und KÄLIN, Verfahren, S. 204.

> *schriebene oder unmittelbar durch Art. 4 BV gewährleistete Prüfungsverfahren durchgeführt wurde und ob die kantonalen Rechtsmittelbehörden ihrer Kontrollpflicht in hinreichender Weise nachgekommen sind. Bezüglich der Bewertung von Examensleistungen prüft es lediglich, ob sich die entscheidenden Instanzen von sachfremden Erwägungen haben leiten lassen, so dass der Prüfungsentscheid unter rechtsstaatlichen Gesichtspunkten als nicht mehr vertretbar erscheint."*[75]

BGE 105 Ia 200 ff.

Das Bundesgericht wies am 19. Juli 1979 eine staatsrechtliche Beschwerde von X. ab, der zum dritten (und damit letzten) Mal eine Zwischenprüfung an der Universität Freiburg nicht bestanden hatte. Angefochten war ein Entscheid der Rekurskommission der Universität Freiburg.[76] Nach Auffassung des Bundesgerichts sei es nicht zu beanstanden, wenn die Rekurskommission die Angemessenheit des Prüfungsentscheids nicht überprüfen könne:

> *„N'étant pas des spécialistes, les membres de cette commission seraient incapables de se prononcer objectivement sur la valeur des prestations d'un étudiant dans n'importe quelle discipline de sciences exactes ou de sciences humaines."*[77]

Die Einschränkung der Überprüfungsbefugnis sei „non seulement inévitable, mais encore parfaitement compatible avec le texte légal ..."[78] Eine Verletzung des Willkürverbots müsse deshalb verneint werden.[79]

BGE 106 Ia 1 ff.

Am 18. Januar 1980 wies das Bundesgericht eine staatsrechtliche Beschwerde von Irene Waeber ab, die wegen ungenügender Leistungen nicht in die Maturitätsklasse des Literaturgymnasiums der Kantonsschule Reussbühl versetzt worden war. Das Bundesgericht schützte die durch

---

75 BGE 105 Ia 191 f. (in späteren Entscheiden hat das Bundesgericht festgehalten, dass diese Zurückhaltung auch dann gelte, „wenn es aufgrund seiner Fachkenntnisse zu einer weitergehenden Überprüfung in der Lage wäre" [BGE 118 Ia 495, 113 Ia 290, vgl. sogleich unten]).

76 Zu dieser Rekurskommission vgl. GUGGENHEIM, S. 284 ff.

77 BGE 105 Ia 203.

78 BGE 105 Ia 203.

79 Weiter verneinte das Bundesgericht, dass bei den mündlichen Prüfungen und bei den Beratungen der Examenskommission eine Protokollierungspflicht bestehe (BGE 105 Ia 204); vgl. Ziff. 3.4.2.4.2.

die kantonale Beschwerdeinstanz vorgenommene Einschränkung der Überprüfung von Bewertungen von Examensleistungen:

> *„Derartige Bewertungen sind kaum überprüfbar, weil der Rechtsmittelbehörde zumeist nicht alle massgebenden Faktoren der Bewertung bekannt sind. So ist es ihr in der Regel nicht möglich, sich über den im Unterricht vermittelten Stoff, die Gesamtheit der Leistungen des Beschwerdeführers in der Prüfung und die Leistungen der übrigen Kandidaten ein zuverlässiges Bild zu machen. Die Prüfungen haben darüber hinaus häufig Spezialgebiete zum Gegenstand, in denen die Rechtsmittelbehörde über keine eigenen Fachkenntnisse verfügt. Besondere Schwierigkeiten ergeben sich für die Nachprüfung überdies dann, wenn Notengebungen zu beurteilen sind, die sich nicht ausschliesslich auf schriftliche, sondern auch auf mündliche Prüfungen beziehen oder wenn bei der Bewertung zu berücksichtigen ist, wie sich ein Schüler während einer längeren Zeitspanne am Unterricht beteiligt hat. Der massgebende Sachverhalt kann in diesen Fällen durch Beweiserhebungen der Rechtsmittelbehörde nicht vollständig rekonstruiert werden. Eine freie Überprüfung der Notengebung ist daher schon aus diesem tatsächlichen Grund ausgeschlossen ... In der Schweiz herrscht daher ganz allgemein die Auffassung vor, dass die Bewertung von schulischen Leistungen von der Rechtsmittelbehörde nicht frei, sondern nur mit beschränkter Kognition zu überprüfen sei ...*
> *Wenn die Beschränkung der Kognition nicht auf einer gesetzlichen Vorschrift beruht, so ist sie ohne Verstoss gegen Art. 4 BV jedoch nur hinsichtlich der eigentlichen Bewertung der erbrachten Leistung zulässig. Soweit die Auslegung und Anwendung von Rechtsvorschriften streitig ist oder soweit Verfahrensmängel gerügt werden, hat die Rechtsmittelbehörde die erhobenen Einwendungen mit freier Kognition zu prüfen ...“*[80]

BJM 1982 S. 327 ff.

Frau G. M. absolvierte das juristische Lizentiatenexamen an der Universität Basel und bestand dieses wegen zwei ungenügenden Leistungen nicht. Einen gegen den Examensentscheid erhobenen Rekurs wies die Kuratel am 19. Mai 1982 ab. Sie ging dabei - in Anlehnung an die bundesgerichtliche Rechtsprechung - von einer beschränkten Überprüfungsbefugnis aus. Die Aufgabe der Kuratel beschränke sich auf die Prüfung,

> *„ob einerseits das Prüfungsverfahren an einem formellen Mangel leidet und ob andererseits sich der Examinator bei der Notengebung von sachfremden Erwägungen hat leiten lassen, d.h. ob die Bewertung der Examensleistung geradezu willkürlich erscheint.“*[81]

---

[80] BGE 106 Ia 2 f.

[81] BJM 1982 S. 330.

VPB 1982 Nr. 69

Am 26. Mai 1982 wies der Schweizerische Schulrat die Verwaltungsbeschwerde eines angehenden Architekten ab, der die Schlussdiplomprüfung nicht bestanden hatte. Zur Überprüfungsbefugnis wurde im Entscheid ausgeführt:

> *„Bei der Beurteilung von Prüfungsnoten auferlegt sich der Schulrat allergrösste Zurückhaltung. Denn es liegt in der Natur der Sache, dass er nicht wie ein Examinator entscheiden kann. Es fehlen ihm dazu auch die nötigen fachlichen Kenntnisse. Der Schulrat pflegt nach ständiger Rechtsprechung seine Kognition auf die Rechtmässigkeitsüberprüfung zu beschränken, ein Vorgehen, das auch durch das Bundesgericht als richtig und zweckmässig bezeichnet wird ..."*[82]

ABSH 1984 S. 93 ff.

Das Obergericht des Kantons Schaffhausen hiess mit Entscheid vom 6. Januar 1984 die Verwaltungsgerichtsbeschwerde der Schülerin X. gut, der wegen ungenügender Leistungen der weitere Besuch der Kantonsschule verweigert worden war. Ausgehend vom kantonalen Verfahrensrecht, welches die Überprüfungsbefugnis auf Sachverhalts- und Rechtsfragen beschränkt, hielt das Gericht fest:

> *„Soweit die Leistungsbewertung von Schülern als echte Ermessensfrage erscheint, ergibt sich diese Kognitionsbeschränkung wie erwähnt aus der ausdrücklichen Vorschrift von Art. 36 VRG, wonach wegen blosser Unangemessenheit eine Verwaltungsgerichtsbeschwerde nicht erhoben werden kann und hinsichtlich der Ermessensausübung nur die Ueberschreitung oder der Missbrauch des Ermessens gerügt werden kann. Aber auch soweit die Leistungsbewertung als Konkretisierung und Anwendung unbestimmter Rechtsbegriffe verstanden wird, ergibt sich keine uneingeschränkte Ueberprüfung durch das Obergericht, da der Verwaltung bei der Konkretisierung und Anwendung solcher Begriffe ein erheblicher Beurteilungsspielraum zugestanden wird, wenn diese zu dieser Tätigkeit besser als das Obergericht befähigt ist. Dies trifft aber auf dem Gebiete der Leistungsbewertung von Schülern in ganz besonderer Weise zu, da die Schulorgane und insbesondere die einzelnen Lehrer über besondere Sachkunde und Erfahrung verfügen und überdies die Schüler besser kennen, als dies dem Obergericht aufgrund der Akten und einer allfälligen mündlichen Verhandlung möglich ist. Hieraus ergibt sich, dass die Leistungsbewertung von Schülern durch das Obergericht auf Verwaltungsgerichtsbeschwerde hin nur darauf überprüft werden kann, ob bestehende Rechtsvorschriften (insbesondere Zeugnis- und Promoti-*

---

82 VPB 1982 Nr. 69 S. 444.

onsvorschriften) verletzt oder allgemein anerkannte Grundsätze der Ermessensausübung bzw. der Leistungsbewertung nicht eingehalten worden seien ... Was die hierbei an die Ermessensausübung bzw. Leistungsbewertung zu stellenden Anforderungen anbetrifft, ist immerhin noch festzuhalten, dass von den Lehrern bzw. Schulorganen gerade angesichts der allgemein anerkannten Kognitionsschranken aussenstehender Rechtsmittelinstanzen, aber auch wegen der grossen Bedeutung entsprechender Entscheide für den Werdegang der einzelnen Schüler verlangt werden muss, dass die Bewertung mit grösster Sorgfalt und im Bewusstsein der persönlichen Verantwortung vorzunehmen ist ..."[83]

ZBl 1985 S. 326 ff.

In einem Streit um einen Verfahrensfehler während der Abschlussprüfung an der Höheren Pädagogischen Lehranstalt Zofingen hielt der aargauische Regierungsrat in seinem Entscheid vom 9. Juli 1984 fest:

„Dem Regierungsrat steht im Beschwerdeverfahren an sich eine uneingeschränkte Überprüfungsbefugnis zu. Er auferlegt sich jedoch bei Beschwerden gegen Prüfungs- und Promotionsentscheide aus naheliegenden Gründen eine gewisse Zurückhaltung. Wohl hat der Geprüfte einen Anspruch darauf, dass seine Leistungen und seine Fähigkeiten sachgerecht und unparteiisch beurteilt werden. Die Verantwortung für eine korrekte Beurteilung liegt aber in erster Linie bei den Prüfungsorganen. Ihr Entscheid ist ein auf besonderer Fachkenntnis beruhendes pädagogisches Werturteil, das einer Kontrolle durch eine Beschwerdeinstanz nur beschränkt zugänglich ist. Der Regierungsrat greift auf Beschwerde hin nur ein, wenn bei der Prüfung Verfahrensfehler vorgekommen sind, die sich auf das Prüfungsergebnis auswirken können, oder wenn offensichtlich falsche Bewertungen vorgenommen worden sind oder sich die Prüfungsbehörde von Erwägungen hat leiten lassen, die keine oder doch keine massgebliche Rolle hätten spielen dürfen."[84]

VPB 1986 Nr. 45

Das Eidgenössische Departement des Innern vertrat in einem die eidgenössischen Maturitätsprüfungen betreffenden Entscheid vom 2. Oktober 1985 die gleiche Auffassung wie der Bundesrat und ging von einer eingeschränkten Überprüfungsbefugnis aus[85].

---

[83] ABSH 1984 S. 96 f.

[84] ZBl 1985 S. 327.

[85] VPB 1986 Nr. 45 S. 295 f.

BGE 113 Ia 286 ff.

Nachdem das schaffhausische Obergericht das Gesuch von lic. iur. X. definitiv abgewiesen hatte, gelangte dieser mit staatsrechtlicher Beschwerde an das Bundesgericht. Umstritten waren einerseits formelle Fragen (rechtliches Gehör, Zusammensetzung der Prüfungskommission), andererseits die zulässigen Anforderungen an eine Anwaltsprüfung und die Bewertung der Examensleistung.[86] Das Bundesgericht wies die Beschwerde ab, soweit es darauf eintrat. U. a. hielt es fest:

> *„Die Frage hingegen, ob der Beschwerdeführer mit seiner Lösung der Prüfungsfälle seine Befähigung zum Anwaltsberuf nachgewiesen hat, ist im Lichte der konkreten Aufgabenstellung und der dort gemachten Sachverhaltsangaben zu beurteilen. Dies ist Gegenstand der Bewertung der Examensleistung, die vom Bundesgericht auf Willkür hin überprüft wird (E. 6).“*[87]

ZBl 1989 S. 310 ff.

Das Bundesgericht wies mit Entscheid vom 16. Dezember 1988 mehrere staatsrechtliche Beschwerden einer Rechtsanwaltskandidatin ab (soweit es auf die Beschwerden überhaupt eintreten konnte) und bestätigte dabei die in BGE 105 Ia 190 ff. und 106 Ia 1 ff. ausführlich begründete Rechtsprechung.[88]

Angesichts der mangelnden Justiziabilität von Examensentscheiden warf das Bundesgericht „die Frage auf, ob durch erhöhte Anforderungen an die Entscheidstrukturen die Bewertung der Prüfungsleistungen objektiviert werden kann.“[89] Als Beispiele solcher Objektivierungen nannte das Bundesgericht besonders die Abnahme mündlicher Prüfungen durch eine Mehrzahl von Prüfenden sowie (mit gewissen Vorbehalten) die Erstellung eines Protokolls von mündlichen Prüfungen.[90]

---

86 Die Erwägung zur Examensleistung wurde aber nicht publiziert (vgl. BGE 113 Ia 291 E.6).

87 BGE 113 Ia 290; zur Kognition des Bundesgerichts bei Sachverhaltsfragen vgl. KÄLIN, Verfahren, S. 171 ff.

88 ZBl 1989 S. 313 und 315.

89 ZBl 1989 S. 313 f.; näher dazu Ziff. 3.4.2.4.

90 ZBl 1989 S. 314.

VPB 1990 Nr. 41

Der Schweizerische Schulrat wies am 29. November 1989 die Verwaltungsbeschwerde eines Architekten ab, der die Zulassungsprüfung zur Doktorpromotion nicht bestanden hatte.

Der Schulrat beschränkte seine an sich umfassende Kognition auf eine Rechtmässigkeitsüberprüfung und hielt dazu fest, dass er sich gemäss ständiger Rechtsprechung bei der Beurteilung von Prüfungen grösste Zurückhaltung auferlege, da es in der Natur der Sache liege, dass die Rechtsmittelbehörde nicht wie ein Examinator entscheiden könne[91]. Die umstrittene ungenügende Klausurarbeit des Beschwerdeführers im Fach Architektur könne jedoch „hinsichtlich ihres Gesamteindruckes auch durch den Laien beurteilt werden."[92]

BGE 118 Ia 488 ff.

Im Zusammenhang mit der Kostenliquidation in einem staatsrechtlichen Beschwerdeverfahren im Anschluss an eine (zunächst) nicht bestandene Anwaltsprüfung bestätigte das Bundesgericht die in den früheren Entscheiden entwickelte Rechtsprechung.[93] Mit Hinweis auf die oben aus BGE 113 Ia 290 zitierte Erwägung hielt das Bundesgericht fest:

> *„Diese Zurückhaltung auferlegt sich das Bundesgericht auch dann, wenn es aufgrund seiner Fachkenntnisse zu einer weitergehenden Überprüfung in der Lage wäre ..."*[94]

SOG 1993 Nr. 38

Das solothurnische Verwaltungsgericht wies am 26. Juli 1993 eine Beschwerde von P. gegen eine Verfügung der Juristischen Prüfungskommission ab und hielt dabei unter Bezugnahme auf die bundesgerichtliche Rechtsprechung fest, dass Examensentscheide nur beschränkt überprüfbar seien.

---

91 VPB 1990 Nr. 41 S. 261.

92 VPB 1990 Nr. 41 S. 261.

93 BGE 118 Ia 495, vgl. auch AJP 1993 S. 855 ff. (mit Bemerkungen von *Kley-Struller*); erneut bestätigt im unveröffentlichten BGE vom 11. April 1995 i. S. S.

94 BGE 118 Ia 495; bestätigt im unveröffentlichten BGE vom 27. Oktober 1994 i. S. G. sowie in BGE 121 I 230.

„Mangels hinlänglicher Vertrautheit mit den praktizierten Bewertungsmassstäben und deswegen, weil sich die Rechtsmittelinstanz viel weniger als die examinierende Behörde mit der Beurteilung von Prüfungsleistungen zu befassen hat, also nur über relativ geringe diesbezügliche Erfahrungen verfügt, kann im Rahmen der Überprüfung einer gegen die Bewertung von Examensleistungen gerichteten Beschwerde eben nur bei eklatant fehlerhafter, an Willkür grenzender Ermessensbetätigung eingegriffen werden ..."[95]

VPB 1995 Nr. 76

Mit Entscheid vom 25. Februar 1994 hat sich auch die Rekurskommission EVD der Rechtsprechung des Bundesrats und des Bundesgerichts angeschlossen.[96] Die Rügen von R., der die Spenglermeisterprüfung nicht bestanden hatte, wurden insofern mit voller Kognition überprüft, als die Auslegung und Anwendung von Rechtsvorschriften oder Verfahrensmängel streitig waren; dagegen erfolgte die Überprüfung der Bewertung der Examensleistungen nur eingeschränkt.[97]

3.3.4 Praxis im Kanton Bern

Die bernische Rechtsprechung wird hier anhand von meist nicht publizierten Entscheiden dargestellt. Die Einschränkung der Überprüfungsbefugnis bei Leistungsbeurteilungen[98] hat auch im Kanton Bern eine lange Tradition. So galt nach *Balmer* bei der Ausstellung von Primarschulzeugnissen bereits in den fünfziger Jahren dieses Jahrhunderts, „dass dem Ermessen der Schulkommission ein gewisser Spielraum zukommt, und dass nur bei willkürlicher Nichtpromotion der Inspektor den Entscheid der Schulkommission umstossen wird."[99]

- Abgewiesen hat der Regierungsrat die Beschwerde eines Maturanden, der die ausserordentliche Maturitätsprüfung nicht bestanden hatte:

„Im weitern muss festgehalten werden, dass es im Ermessen des Prüfenden liegt, zu entscheiden, wie er die Prüfung durchführen will, insbesondere welche Fragen er dem Kandidaten stellen will. Die Beurteilung der Antworten des Kandidaten ist - soweit nicht eine Ermessensüberschreitung oder ein Ermessensmissbrauch

---

95 SOG 1993 S. 153.

96 Bestätigt in VPB 1996 Nr. 41 S. 374 f.

97 VPB 1995 Nr. 76 S. 655 f.

98 Vgl. Ziff. 3.3.3.

99 BALMER, S. 43; vgl. auch AESCHLIMANN, Anfechtungsstreitverfahren, S. 94 f.

nachgewiesen ist - der Rechtskontrolle unzugänglich ... Ein Kandidat hat nur einen Anspruch auf sachgerechte Durchführung der Prüfung."[100]

- Im Abgangszeugnis eines Primarschülers wurden „Betragen", „Fleiss" und „Ordnung" je mit dem Prädikat „ziemlich gut" bezeichnet. Das Begehren, dieses Prädikat durch „gut" zu ersetzen, wurde von allen Instanzen abgewiesen. Zur Überprüfungsbefugnis hielt der Regierungsrat u. a. fest:

„Es stellt sich daher die Frage, ob der Lehrer bei der Notengebung rechtlich gebunden sei oder nach Ermessen zu entscheiden habe. Weder das eine noch das andere trifft zu. Das Verhältnis Lehrer-Schüler ist zu vielschichtig, als dass es in bezug auf die Notengebung in enge Rechtsnormen gezwängt werden könnte. Andererseits ist aber der Lehrer bei seiner Notengebung auch nicht völlig frei. Der Schüler hat einen Anspruch darauf, dass er sachgerecht beurteilt wird. Innerhalb einer sachgerechten Beurteilung können aber die Massstäbe der Leistungsbeurteilung mehr oder weniger streng sein. Die Bewertung von Schulleistungen ist eben kein arithmetischer Vorgang und zwar auch dort nicht, wo Noten nach einem sogenannten Punktesystem festgesetzt werden. Zudem hat wohl jede Notengebung auch eine erzieherische Komponente. Sie soll den Schüler zu einem bestimmten zukünftigen Verhalten veranlassen. Auch insofern entzieht sie sich einer Beurteilung auf der Basis des normativen Rechtes. Der Lehrer hat somit bei der Notengebung eine ähnliche Stellung wie etwa ein gerichtlich bestellter Sachverständiger, der ein Urteil über Sachen oder Personen abzugeben hat und zwar gestützt auf sein Fachwissen und nicht etwa auf Grund normativen Rechtes. Ihrer Natur nach kann ein derartiges Urteil nur daraufhin überprüft werden, ob es sachgerecht erfolgte oder nicht."[101]

- Im Zusammenhang mit der erfolglosen Beschwerde einer (ebenfalls erfolglosen) Maturandin konnte der Regierungsrat auf das damals geltende Maturitätsreglement verweisen, das nur die Beschwerde wegen „Verletzung des Verfahrensrecht oder Willkür" zulasse; die Überprüfungsbefugnis sei somit beschränkt.[102] Solche spezialrechtlichen Umschreibungen

---

[100] RRB Nr. 6245 vom 14. September 1966 i. S. B.E.S.

[101] RRB Nr. 3811 vom 13. Juni 1967 i. S. H.U.J.

[102] RRB Nr. 4526 vom 28. Juni 1968 i. S. S.S.; vgl. später etwa Entscheid der Erziehungsdirektion vom 20. Februar 1981 i. S. A.S. (betreffend die psychische Verfassung einer Maturandin). Nach den geltenden Maturitätsprüfungsverordnungen ist bloss die Rüge der Unangemessenheit nicht zulässig (vgl. Ziff. 3.3.1 und 4.2.4); in BVR 1996 S. 29 f. hat der Regierungsrat diese Rechtskontrolle letztlich erneut auf Verfahrensfehler und willkürliche Bewertung eingeschränkt.

der Kognition finden sich zunehmend auch in anderen Bildungsgängen.[103]

- Ein nichtpromovierter Gymnasiast erhob Beschwerde und rügte verschiedene Zeugnisnoten. Die Erziehungsdirektion hielt zur Überprüfungsbefugnis in ihrem Entscheid fest, dass Zeugnisnoten Gesamtbewertungen verschiedener Einzelleistungen darstellten. In beiden Fällen komme den Lehrkräften dabei ein „fachlich-wissenschaftlicher Bewertungsspielraum" zu; der Rechtsschutz habe dort einzusetzen, wo dieser Spielraum überschritten werde. Wohl komme der Erziehungsdirektion nach dem Verwaltungsrechtspflegegesetz volle Überprüfungskompetenz zu, wegen der „Art der Sache" sei „jedoch bei einer Zeugnisnote eine Neuüberprüfung der Gesamtsituation ... in der Regel nicht möglich."[104]

- Ein Student der Nationalökonomie verlangte (u. a.) die Erstellung von Oberexpertisen über verschiedene Klausurarbeiten. Der Regierungsrat beschränkte seine Überprüfungsbefugnis

  „auf die richtige Anwendung verfahrensrechtlicher Vorschriften und auf das Willkürverbot ... Nur im Falle unsachgemässer Beurteilung in diesem Sinne kann eine Verwaltungsjustizbehörde eine Leistungsbewertung kassieren und die Bewertung allenfalls durch einen anderen Fachmann vornehmen lassen."[105]

- Als willkürlich und zugleich verfahrensfehlerhaft erwies sich eine Verfügung über das Ergebnis einer Zulassungsprüfung für die Immatrikulation an der wirtschaftswissenschaftlichen Abteilung der rechts- und wirtschaftswissenschaftlichen Fakultät der Universität Bern. Die Erziehungsdirektion bemerkte zur Überprüfungsbefugnis in ihrem Entscheid:

  „Es muss wohl als zutreffend angesehen werden, dass eine Verwaltungsjustizbehörde nicht in der Lage sein kann, eine Examensleistung als solche auf ihre Bewertung durch Examinator und Experte zu überprüfen und allenfalls eine für die Arbeit erteilte Qualifikation abzuändern. Anderseits ist nicht zu bestreiten, dass Prüfungsreglemente dem Examinator eine sachgerechte Leistungsprü-

---

103 Vgl. die Hinweise in Ziff. 3.3.1. Aus der Rechtsprechung vgl. weiter etwa den Entscheid der Erziehungsdirektion vom 19. März 1993 i. S. R.B. (betreffend das Diplom der Höheren Kaufmännischen Gesamtschule).

104 Entscheid der Erziehungsdirektion vom 1. September 1970 i. S. G.B.

105 RRB Nr. 3821 vom 3. November 1971 i. S. F.z.L.; ebenso MBVR 1974 S. 374 (Ablehnung einer Dissertation). Ebenso entschied auch die Erziehungsdirektion in einem Streit um eine mündliche Prüfung der ersten Teilprüfung des juristischen Lizentiatsexamens (Entscheid der Erziehungsdirektion vom 14. Juni 1973 i. S. D.B.).

fung zur Pflicht machen und demnach eine sachgerechte Leistungsbewertung gewährleisten sollen. Daraus darf als anerkannt gelten, dass eine Leistungsbewertung dann durch eine Beschwerdeinstanz aufgehoben werden kann, wenn die Umstände klar erkennen lassen, dass der Anspruch auf sachgerechte Beurteilung missachtet worden ist. Die Kognitionsbefugnis der Verwaltungsjustizbehörde bleibt demnach beschränkt auf die richtige Anwendung verfahrensrechtlicher Vorschriften und auf das Willkürverbot."[106]

- Die Erziehungsdirektion hiess die Beschwerde eines nichtpromovierten Seminaristen wegen eines Rundungsfehlers gut und hielt zur Überprüfungsbefugnis fest:

  „La question des savoir si une note peut faire l'objet d'une vérification de droit n'a jamais été définitivement tranchée par la doctrine. Toutefois, la Direction de l'instruction publique a toujours été d'avis que l'appréciation de travaux peut être annulée lorsqu'elle se fonde sur des éléments étrangers à la chose ou encore si elle est entachée de vices de procédure."[107]

- Fast gleichzeitig und inhaltlich gleich lautend hielt die Erziehungsdirektion in einem Streit um eine nicht bestandene Hauptfachprüfung am Sekundarlehramt fest:

  „Ob und in welchem Umfang Bewertungen von Prüfungsleistungen einer Rechtskontrolle zugänglich sind, ist in der Literatur nicht unbestritten. Die Erziehungsdirektion hat indessen immer die Auffassung vertreten, dass eine Note dann aufgehoben werden muss, wenn Verfahrensvorschriften verletzt wurden oder wenn die Notengebung als willkürlich bezeichnet werden muss."[108]

- Im Zusammenhang mit der Beschwerde wegen einer fehlerhaften Eröffnung des Ergebnisses der ersten juristischen Teilprüfung hielt die Erziehungsdirektion fest, dass gerade wegen der eingeschränkten Überprüf-

---

[106] Entscheid der Erziehungsdirektion vom 13. Mai 1976 i. S. F.M.

[107] Entscheid der Erziehungsdirektion vom 27. August 1976 i. S. P.S.

[108] Entscheid der Erziehungsdirektion vom 28. September 1976 i. S. P.S.; später bestätigt etwa durch Entscheid der Erziehungsdirektion vom 10. September 1980 i. S. L.-M.S. (betreffend Doktoratsexamen); Entscheid der Erziehungsdirektion vom 12. Februar 1982 i. S. A.M. (betreffend Ablehnung eines Habilitationsgesuchs); Entscheid der Erziehungsdirektion vom 23. Mai 1990 i. S. A.C. (betreffend Ablehnung der Dissertation); Entscheid der Erziehungsdirektion vom 24. September 1990 i. S. S.S. (betreffend Nichtaufnahme ins Kindergartenseminar); Entscheid der Erziehungsdirektion vom 2. August 1994 i. S. J.A. (betreffend Nichtaufnahme ins Seminar für Haushaltungslehrerinnen und -lehrer).

barkeit von Prüfungsentscheiden der Einhaltung des vorgesehenen, korrekten Verfahrens um so grössere Bedeutung zukomme.[109]

- In einem Verwaltungsbeschwerdeverfahren um die Aufnahme einer Seminaristin an ein staatliches Seminar nach Ablauf des Probesemesters rekapitulierte der Regierungsrat - mit Hinweisen auf die Literatur und die Praxis des Bundesgerichts - seine bisherige Rechtsprechung und bestätigte diese (Beschränkung der Kognition „auf die richtige Anwendung von verfahrensrechtlichen Vorschriften und auf die Verletzung des Willkürverbotes"[110]).

- Ein Primarschüler, der die Aufnahmeprüfung in die Sekundarschule nicht bestanden hatte, führte erfolglos Beschwerde beim zuständigen Sekundarschulinspektorat und beim Regierungsrat; schliesslich wies das Bundesgericht auch eine staatsrechtliche Beschwerde ab:

> *„Hinsichtlich der Bewertung von Examensleistungen auferlegt sich das Bundesgericht besondere Zurückhaltung, da eine sachgerechte Beurteilung regelmässig die Kenntnis der Verhältnisse voraussetzt ... Die notwendige Sachnähe fehlt dem Bundesgericht auch in bezug auf die Person des Schülers, insbesondere mit Bezug auf dessen Verhalten im Klassenverband, dessen Beteiligung am Unterricht und Charakter. Soweit diese Faktoren für den Entscheid über den Schulübertritt oder die Promotion eine Rolle spielen (wie dies im Kanton Bern der Fall ist), kann das Bundesgericht die von den Vorinstanzen vorgenommene Würdigung dieser Umstände ebenfalls nur mit Zurückhaltung überprüfen. Das Bundesgericht greift somit erst ein, wenn der angefochtene Entscheid sachfremde Erwägungen enthält, so dass der Übertrittsentscheid unter rechtsstaatlichen Gesichtspunkten als nicht mehr vertretbar erscheint."*[111]

---

[109] Entscheid der Erziehungsdirektion vom 19. März 1979 i. S. M.K.; im Ergebnis ebenso Entscheid der Erziehungsdirektion vom 1. September 1981 i. S. R.Z. (betreffend Dauer einer schriftlichen Prüfung); Entscheid der Erziehungsdirektion vom 31. Januar 1984 i. S. W.F. (betreffend Hilfsmittel in einer Nebenfachprüfung); Entscheid der Erziehungsdirektion vom 11. Oktober 1985 i. S. M.M. (betreffend den [fehlerhaften] Sachverhalt einer schriftlichen Klausur an der juristischen Lizentiatsprüfung); Entscheid der Erziehungsdirektion vom 23. Mai 1990 i. S. A.C. (betreffend Ablehnung der Dissertation); Entscheid der Erziehungsdirektion vom 2. August 1994 i. S. J.A. (betreffend Nichtaufnahme ins Seminar für Haushaltungslehrerinnen und -lehrer).

[110] BVR 1980 S. 245 f.; im selben Sinn später etwa RRB Nr. 4363 vom 30. November 1983 i. S. P.S. (betreffend Nichterteilung des Primarlehrerpatents); RRB Nr. 3242 vom 6. August 1986 i. S. C.Z. (betreffend Nichtaufnahme ins Arbeitslehrerinnenseminar).

[111] Unveröffentlichter BGE vom 14. Oktober 1981 i. S. P. und E.A.; vgl. auch Ziff. 3.3.3.

- Eine Seminaristin erzielte im Rahmen der Patentprüfungen im Fach „Lehrpraxis" eine ungenügende Note und konnte deshalb nicht patentiert werden. Im folgenden Verwaltungsbeschwerdeverfahren wies die Erziehungsdirektion darauf hin, dass die Überprüfung der Notengebung bei mündlichen Prüfungen besonders schwierig sei, weil „der massgebende Sachverhalt durch Beweiserhebungen der Rechtsmittelbehörde nicht mehr vollständig rekonstruiert werden" könne.[112]

- Im Zusammenhang mit der nicht bestandenen gastgewerblichen Fähigkeitsprüfung von Frau L. konnte sich ausnahmsweise[113] auch das Verwaltungsgericht zur Überprüfungsbefugnis bei Leistungsbeurteilungen äussern.[114] Es verwies zunächst auf die ihm nach dem kantonalen Verfahrensrecht zustehende Rechtskontrolle, die jedoch wegen der Natur der Streitsache eingeschränkt sei. In enger Anlehnung an die bundesgerichtliche Rechtsprechung umschrieb das Verwaltungsgericht die Überprüfungsbefugnis wie folgt:

> *„Das Verwaltungsgericht überprüft Bewertungen von Examensleistungen darum nur mit grosser Zurückhaltung und schreitet erst ein, wenn sich die entscheidenden Instanzen von sachfremden Erwägungen haben leiten lassen und der Prüfungsentscheid mit keinen sachlichen Gründen mehr vertretbar, also willkürlich ist. Soweit dagegen die Auslegung und Anwendung von Rechtsvorschriften streitig ist oder soweit Verfahrensmängel gerügt werden, prüft es die erhobenen Einwendungen im Rahmen der ihm obliegenden gesetzlichen Kognition (Rechtskontrolle)."*[115]

- In neuerer Zeit enthalten die Entscheide der Erziehungsdirektion regelmässig die folgende Erwägung (in dieser oder in ähnlicher Form) zur Überprüfungsbefugnis:

> *„Die Erziehungsdirektion hat die angefochtene Verfügung grundsätzlich auf ihre Rechtmässigkeit und Angemessenheit hin zu überprüfen (Art. 66 VRPG). Soweit sie indes das Prüfungsergebnis anhand der Bewertung von Examensleistungen zu überprüfen hat, ist ihre Überprüfungsbefugnis nach ständiger Praxis eingeschränkt, zumal ihr als Rechtsmittelbehörde regelmässig nicht alle massgebenden Faktoren der Bewertung bekannt sind und daher kaum umfassend überprüfbar ist ... Aus diesen Gründen herrscht denn auch in der schweizerischen Rechtslehre und -praxis ganz allgemein die Auffassung vor, dass die Bewertung von schuli-*

---

112 Entscheid der Erziehungsdirektion vom 12. September 1984 i. S. M.T.

113 Vgl. Ziff. 3.4.2.4.7.

114 BVR 1988 S. 468 ff.

115 BVR 1988 S. 470 (vgl. auch 474).

schen Leistungen von der Rechtsmittelbehörde nicht frei, sondern nur mit beschränkter Kognition zu überprüfen sei ... Zu untersuchen ist etwa, ob sich die Prüfungsbehörde von sachfremden oder sonstwie offensichtlich unhaltbaren Erwägungen hat leiten lassen ... Eine freie Überprüfung hat aber insoweit zu erfolgen, als Auslegung und Anwendung von Rechtsvorschriften streitig sind oder Verfahrensmängel gerügt werden ..."[116]

3.3.5 Rechtsvergleichende Hinweise

Auch für den Bereich der Überprüfungsbefugnis drängt sich ein kurzer Rechtsvergleich mit Deutschland und Österreich auf,[117] sind doch besonders *Zusammenhänge* zwischen der schweizerischen und der deutschen Lehre und Rechtsprechung unverkennbar[118].[119] So zeigte sich etwa bei der Lektüre der bernischen Entscheide[120] ein interessanter, rechtsvergleichender Zusammenhang: Die ersten erwähnten Entscheide berufen sich regelmässig auf die deutsche Literatur und Rechtsprechung. Erst als im Laufe der siebziger Jahre dieses Jahrhunderts auch entsprechende schweizerische Quellen (endlich) verfügbar waren, wurde zunehmend auf die Praxis des Bundesgerichts und anderer Bundesbehörden verwiesen.

3.3.5.1 Deutschland

In Deutschland steht der Verwaltungsrechtsweg offen, soweit keine anders lautenden spezialrechtlichen Normen bestehen.[121] Verwaltungsakte werden - erneut unter Vorbehalt abweichenden Spezialrechts - zunächst in einem als Verwaltungsverfahren ausgestalteten Vorverfahren (sog. *Widerspruchsverfahren*[122]) überprüft. Dieser Kontrolle unterliegen die *Rechtmässigkeit* und die *Zweckmässigkeit* des Verwaltungsakts.[123]

---

116 Entscheid der Erziehungsdirektion vom 29. April 1996 i. S. B.B.

117 Zum Anfechtungsobjekt vgl. Ziff. 2.1.1.4.

118 Vgl. etwa die Hinweise bei Oeter, Schweiz, S. 130 ff.; Rhinow, Verwaltungsermessen, S. 58 ff.; Bertossa, S. 62 ff.

119 Zur gerichtlichen Überprüfung von bildungsrechtlichen Leistungsbeurteilungen in weiteren Rechtsordnungen vgl. die Beiträge in: Frowein, S. 29 ff. (Frankreich), 54 f. (Grossbritannien), 75 f. (Italien), 113 (Schweden) und 201 ff. (USA).

120 Ziff. 3.3.4.

121 § 40 Abs. 1 Satz 1 VwGO.

122 § 68 ff. VwGO.

123 § 68 Abs. 1 Satz 1 VwGO; vgl. Kopp, § 68 Rz. 9; Eyermann/Fröhler/Kormann, § 68 Rz. 17.

Für das *verwaltungsgerichtliche* Verfahren sind sodann besonders § 113 Abs. 1 Satz 1 VwGO und § 114 VwGO zu beachten:[124]

> *§ 113 [1] Soweit der Verwaltungsakt rechtswidrig und der Kläger dadurch in seinen Rechten verletzt ist, hebt das Gericht den Verwaltungsakt und den etwaigen Widerspruchsbescheid auf ...*
>
> *§ 114 Soweit die Verwaltungsbehörde ermächtigt ist, nach ihrem Ermessen zu handeln, prüft das Gericht auch, ob der Verwaltungsakt oder die Ablehnung oder Unterlassung des Verwaltungsaktes rechtswidrig ist, weil die gesetzlichen Grenzen des Ermessens überschritten sind oder von dem Ermessen in einer dem Zweck der Ermächtigung nicht entsprechenden Weise Gebrauch gemacht ist.*

Die Überprüfungsbefugnis der Verwaltungsgerichte ist somit auf die Kontrolle der *Rechtmässigkeit* (eingeschlossen die rechtsfehlerhafte Ermessensausübung) beschränkt; ausgeschlossen ist dagegen die Überprüfung der Angemessenheit von Entscheidungen: Über die Zweckmässigkeit des Verwaltungshandelns haben die Verwaltungsgerichte nicht zu befinden.[125]

Zu den heikelsten Problemen des deutschen Verwaltungsrechts gehört die *Unterscheidung von Ermessen und unbestimmten Rechtsbegriffen*.[126] Normen, deren Rechtsfolgeseite offen formuliert ist, räumen den rechtsanwendenden Behörden Ermessen ein, das - wie eben erwähnt - nur in engen Grenzen gerichtlich überprüfbar ist.[127] Ist nun eine Norm auf der Tatbestandsseite offen formuliert, enthält sie mit anderen Worten unbestimmte Rechtsbegriffe, muss durch Auslegung bestimmt werden, was richtig ist (stark verbreitet ist dabei die umstrittene Theorie der einzig richtigen Entscheidung[128]).[129] Die Auslegung unbestimmter Rechtsbegrif-

---

124 Vgl. in diesem Zusammenhang auch § 40 VwVfG: „Ist die Behörde ermächtigt, nach ihrem Ermessen zu handeln, hat sie ihr Ermessen entsprechend dem Zweck der Ermächtigung auszuüben und die gesetzlichen Grenzen des Ermessens einzuhalten."

125 Vgl. KOPP, § 113 Rz. 20 und § 114 Rz. 1; EYERMANN/FRÖHLER/KORMANN, § 113 Rz. 32 und § 114 Rz. 4 ff.

126 Dahinter steht die grundlegende Frage nach dem Ausmass der Gebundenheit der Verwaltung an das Recht, vgl. WOLFF/BACHOF/STOBER, I, S. 360; vgl. auch OETER, Kontrolldichte, S. 266 ff. (mit vielen rechtsvergleichenden Hinweisen) und MURSWIEK, S. 131 ff.

127 MAURER, S. 113 ff.; WOLFF/BACHOF/STOBER, I, S. 373 ff.; ERICHSEN, S. 184 ff.

128 Vgl. etwa die Hinweise bei EISVOGEL, S. 10 f. und NIEHUES, Rz. 401.

129 MAURER, S. 121 ff.; ERICHSEN, S. 190 ff.; MURSWIEK, S. 135 ff.

fe ist grundsätzlich gerichtlich voll überprüfbar.[130] Aufgrund verschiedener in der Lehre seit den fünfziger Jahren des 20. Jahrhunderts entwikkelter Theorien[131] billigt die Rechtsprechung jedoch in verschiedenen Bereichen[132] der Verwaltung einen Beurteilungsspielraum bei der Anwendung von unbestimmten Rechtsbegriffen zu.

Über Jahrzehnte[133] hinweg anerkannte das Bundesverwaltungsgericht, dass den Prüfenden für bildungsrechtliche Leistungsbeurteilungen ein Beurteilungsspielraum zukomme und die gerichtliche Kontrolle solcher Entscheidungen somit stark eingeschränkt sei:[134]

> *„Die Gerichte hatten nur zu kontrollieren,*
>
> - *ob das **Verfahren** ordnungsgemäss durchgeführt worden ist,*
> - *ob die Prüfer von **falschen Tatsachen** ausgegangen sind,*
> - *sie **allgemein anerkannte Bewertungsmassstäbe** nicht beachtet haben,*
> - *ob sie sich von **sachfremden Erwägungen** haben leiten lassen,*
> - *ob die Bewertung unter keinen erdenklichen wissenschaftlichen oder pädagogischen Gesichtspunkten gerechtfertigt sein kann und daher **willkürlich** ist."*[135]

---

130 MAURER, S. 126; WOLFF/BACHOF/STOBER, I, S. 363 und 366; MURSWIEK, S. 136 (alle mit Hinweisen auf die Rechtsprechung).

131 Vgl. etwa die Hinweise bei MAURER, S. 123 ff.; WOLFF/BACHOF/STOBER, I, S. 365 f.; HUMMEL, S. 15 ff. (von grundlegender Bedeutung in diesem Zusammenhang sind die Arbeiten von *Otto Bachof* und *Carl Hermann Ule*).

132 Vgl. etwa die Übersichten bei MAURER, S. 127 f.; WOLFF/BACHOF/STOBER, I, S. 368 ff.; ERICHSEN, S. 196 ff.

133 Vgl. zuerst BVerwGE 8 S. 272 ff. (Urteil vom 24. April 1959); zur Ausdehnung dieser Rechtsprechung auf medizinische Antwort-Wahl-Prüfungen (multiple-choice-Prüfungen) vgl. den Beschluss des Bundesverwaltungsgerichts in: DVBl 1981 S. 583 f.; vgl. auch den Überblick bei EISVOGEL, S. 8 f.

134 Gegen diese Rechtsprechung wurden in der Lehre verschiedentlich verfassungsrechtliche Bedenken erhoben, vgl. den Überblick bei EISVOGEL, S. 19 ff. Nach MARTENS, S. 417, ist diese Rechtsprechung im Zusammenhang mit dem Begriff des Verwaltungakts zu sehen, der als Begrenzungsmerkmal für eine eingeschränkte gerichtliche Kontrolle weitgehend ausscheide (vgl. auch Ziff. 2.1.1.4.1).

135 NIEHUES, Rz. 399; ebenso EISVOGEL, S. 15 und FLIEGAUF, Rz. 4 ff.; vgl. auch BVerfGE 84 S. 53 f.

Dieser Rechtsprechung hat das Bundesverfassungsgericht mit zwei Beschlüssen vom 17. April 1991[136] zu einem beachtlichen Teil den Boden entzogen.[137] Das Grundrecht auf freie Berufswahl und jenes auf effektiven Rechtsschutz stünden bei berufsbezogenen Prüfungen einer solch umfassenden Zurückhaltung entgegen;[138] das Bundesverfassungsgericht verpflichtete deshalb die Verwaltungsgerichte,

> *„... Prüfungen und Prüfungsentscheidungen deutlich stärker als bisher zu kontrollieren. Die bisherige Rechtsprechung hat es nur insoweit unbeanstandet gelassen, wie es um* ***prüfungsspezifische Wertungen*** *geht ... Hingegen seien fachliche* ***Meinungsverschiedenheiten*** *zwischen Prüfer und Prüfling der gerichtlichen Kontrolle nicht generell entzogen. Eine vertretbare mit gewichtigen Argumenten folgerichtig begründete Lösung dürfe nicht als falsch bewertet werden. Die Vertretbarkeit der Lösung wie auch die Frage, ob die Einschätzung des Prüfers dem Fachkundigen als unhaltbar erscheinen müsse, habe das* ***Gericht notfalls mit sachverständiger Hilfe zu ermitteln****. Soweit hinsichtlich der prüfungsspezifischen Wertungen ein Spielraum der Prüfer verbleibe, verlange der Grundrechtsschutz einen Ausgleich durch ein besonderes verwaltungsinternes Kontrollverfahren ...“*[139]

Fazit: Diese neue Rechtsprechung zeigt, wie eng Überprüfungsbefugnis und Grundrechtsschutz zusammenhängen. Das Bundesverfassungsgericht verhilft - vermittels einer Ausweitung der gerichtlichen Kontrolle - einem effektiven Grundrechtsschutz zum Durchbruch.[140] Dabei bleibt allerdings vorläufig noch offen, inwiefern die Unterscheidung von prüfungsspezifischen Wertungen mit Beurteilungsspielraum und fachwissenschaftlichen Beurteilungen ohne Beurteilungsspielraum praktikabel ist.[141] Immerhin steht fest, dass sich die neue Rechtsprechung bis hinab in die Ausgestal-

---

[136] BVerfGE 84 S. 34 ff. und S. 59 ff.

[137] Entsprechend haben die Beschlüsse vielerorts Verunsicherung und eine rege wissenschaftliche Diskussion ausgelöst, vgl. etwa den Überblick bei EISVOGEL, S. 1 f. und 80 ff.; vgl. weiter etwa KOENIG, S. 351 ff.; VON MUTIUS/SPERLICH, S. 45 ff.; SENDLER, S. 1090 f.; MARTENS, S. 416 ff.; FLIEGAUF, Rz. 10 ff.

[138] Vgl. Art. 12 Abs. 1 und Art. 19 Abs. 4 des Grundgesetzes vom 25. April 1949 für die Bundesrepublik Deutschland (von Bedeutung war zudem der Grundsatz der Chancengleichheit nach Art. 3 des Grundgesetzes).

[139] NIEHUES, Rz. 399 (vgl. BVerfGE 84 S. 34 ff. und 59 ff.).

[140] Vgl. dazu etwa die Überlegungen von MARTENS, S. 400 ff.

[141] Umfassend dazu EISVOGEL, S. 84 ff. (mit weiteren Hinweisen); weiter etwa NIEHUES, Rz. 408; ERICHSEN, S. 196; MARTENS, S. 421.

tung der Prüfungsverfahren auswirkt.[142] Ob und allenfalls wie weit die anregende Diskussion zwischen deutscher Lehre und Rechtsprechung auch in der Schweiz fruchtbar gemacht werden könnte, wird im folgenden noch zu prüfen sein.[143]

3.3.5.2 Österreich

Es wurde bereits angedeutet,[144] dass das österreichische Rechtsschutzsystem im Bereich des öffentlichen Rechts infolge der Anknüpfung an bestimmte Typen des Verwaltungsaktes wie den Bescheid oder den verfahrensfreien Verwaltungsakt deutlich *starrer* ist als das deutsche.[145]

Die *Unterscheidung von Ermessen und unbestimmten Rechtsbegriffen* setzte sich - parallel zur Entwicklung in Deutschland - nach dem zweiten Weltkrieg auch in Österreich durch.[146] In seiner Rechtsprechung geht der Verwaltungsgerichtshof „grundsätzlich davon aus, dass die Auslegung unbestimmter Rechtsbegriffe seiner uneingeschränkten Kontrolle unterliege ... Dies schliesst jedoch nicht aus, dass in Einzelfällen ein gewisser Beurteilungsspielraum bei der Anwendung anerkannt wird ..."[147] Ein solcher Beurteilungs- oder Prognosespielraum wurde - im Rahmen spezialrechtlich vorgesehener Verfahren[148] - auch schon für Schullaufbahnentscheide anerkannt.[149]

In der Regel hat die Einstufung der Prüfungsentscheidungen als *Gutachten*[150] aber zur Folge, dass diese nicht gerichtlich anfechtbar sind und

---

142 Ausführlich dazu Eisvogel, S. 156 ff. und 163 ff. (vgl. auch die Zusammenfassung ab S. 319 ff.). Zur neuen, d. h. den Anforderungen des Bundesverfassungsgerichts angepassten Rechtsprechung des Bundesverwaltungsgerichts vgl. Fliegauf, Rz. 14 ff. und Sendler, S. 1095 ff.

143 Vgl. Ziff. 3.4.

144 Vgl. Ziff. 2.1.1.4.2.

145 Adamovich/Funk, S. 256; Oberndorfer, S. 39 ff.

146 Polakiewicz, S. 91 (mit Hinweisen auf die Rechtsprechung) und 103. Wielinger/Gruber, S. 83 ff.

147 Polakiewicz, S. 92.

148 Vgl. etwa das Schulunterrichtsgesetz von 1974 (dazu Hengstschläger, S. 1102 ff.; Rill, S. 126 f.; Adamovich/Funk, S. 260 und 288; Antoniolli/Koja, S. 482; Funk, S. 175 und 196 f.).

149 Polakiewicz, S. 92 (mit Hinweis auf die Praxis des Verwaltungsgerichtshofs).

150 Dazu Ziff. 2.1.1.4.2.

auch nicht rechtskräftig werden können.[151] Um den Mangel an Rechtskraftfähigkeit zu entschärfen und so drohende Rechtsunsicherheiten zu vermeiden, hat der Verwaltungsgerichtshof in seiner Rechtsprechung eine teilweise „Quasi-Rechtskraft von Prüfungsentscheidungen"[152] entwickelt. Aufgrund einer Fehlergewichtung haben nur „besonders schwere organisatorische oder verfahrensmässige Mängel"[153] nach Auffassung des Verwaltungsgerichtshofs die Nichtigkeit einer Prüfungsentscheidung zur Folge.[154] Da Leistungsbeurteilungen Werturteile darstellten, sei eine verwaltungsgerichtliche Überprüfung nur beschränkt möglich.[155]

Fazit: Die besondere Rechtslage in Österreich und die überaus deutliche Zurückhaltung bei der nachträglichen Überprüfung bildungsrechtlicher Leistungsbeurteilungen sind für die Weiterentwicklung der schweizerischen Praxis nicht weiter ergiebig.

3.4 ÜBERPRÜFUNGSBEFUGNIS BEI LEISTUNGSBEURTEILUNGEN - FAZIT

Die dargestellte Lehre und Rechtsprechung mögen in mancher Hinsicht zu Fragen Anlass geben. Klar dürfte zumindest sein, dass die Praxis regelmässig, aber oft im Widerspruch zum geltenden Verfahrensrecht, angefochtene bildungsrechtliche Leistungsbeurteilungen bloss einer beschränkten justizmässigen Überprüfung unterzieht.[156] Die folgenden Ausführungen sollen dazu beitragen, diese Rechtsprechung ihrerseits zu überprüfen. Nach eher grundsätzlichen Hinweisen zum Problemkreis der Unterscheidung von Ermessen und unbestimmten Rechtsbegriffen[157] folgen einige Überlegungen zu möglichen Kriterien für die Überprüfung von Leistungsbeurteilungen[158] sowie Schlussbemerkungen.[159]

---

151 ADAMOVICH/FUNK, S. 288; ANTONIOLLI/KOJA, S. 481.

152 ADAMOVICH/FUNK, S. 288; vgl. auch FUNK, S. 197.

153 POLAKIEWICZ, S. 101.

154 ADAMOVICH/FUNK, S. 289 (mit Hinweisen auf die Rechtsprechung); ANTONIOLLI/KOJA, S. 481 f.

155 ADAMOVICH/FUNK, S. 289 (mit Hinweisen auf die Rechtsprechung); vgl. auch die Kritik bei RILL, S. 128 f.

156 Vgl. besonders die Ziff. 3.3.3 und 3.3.4.

157 Ziff. 3.4.1.

158 Ziff. 3.4.2.

159 Ziff. 3.4.3.

3.4.1 Ermessen oder unbestimmte Rechtsbegriffe

Vorab sei gleich darauf hingewiesen, dass die (schon oft und kontrovers diskutierte) Unterscheidung zwischen *unbestimmten Rechtsbegriffen* und *Ermessen* - sowohl generell als auch in bezug auf die Überprüfung von Leistungsbeurteilungen - nicht leicht fällt.[160]

So haben etwa *Imboden/Rhinow* schon vor einiger Zeit zu Recht darauf hingewiesen, dass bei der Überprüfung von Examensleistungen der verfügenden Behörde mitunter Ermessen eingeräumt werde, obschon eigentlich der unbestimmte Rechtsbegriff „Eignung" auszulegen sei.[161]

Indessen kann im vorliegenden Zusammenhang nicht entscheidend sein, ob die Verwaltungsjustizbehörden die Einschränkung ihrer Überprüfungsbefugnis mit der Einräumung von Ermessen oder mit der Annahme eines Beurteilungsspielraums bei der Auslegung von unbestimmten Rechtsbegriffen begründen.[162] Denn in beiden Fällen ist damit noch nichts darüber ausgesagt, ob die effektiv vorgenommene Überprüfung den rechtlichen Anforderungen genügt, das heisst keine Rechtsverweigerung vorliegt. Entsprechend geht die neuere Lehre dahin, dass die Unterscheidung von Ermessen und unbestimmten Rechtsbegriffen letztlich nicht von grundlegender Bedeutung ist.[163] Weiter hat sich gezeigt, dass sich der Umfang der gerichtlichen Überprüfung offener Normen nicht nach dem Normbegriff (Ermessen oder unbestimmter Rechtsbegriff) bestimmen sollte, sondern nach der Funktion der Norm.[164]

---

160 Vgl. etwa RHINOW, Ermessen, S. 41 ff. und 83 ff.; DERS., Verwaltungsermessen, S. 51 ff.; BERTOSSA, S. 17 ff.; zur Situation in Deutschland vgl. Ziff. 3.3.5.1 sowie BERTOSSA, S. 72 ff.

161 IMBODEN/RHINOW, S. 406 und 410 f. sowie RHINOW/KRÄHENMANN, S. 208 (je mit Hinweisen auf die Praxis); AESCHLIMANN, Anfechtungsstreitverfahren, S. 94; vgl. auch Ziff. 3.3.3.

162 In dieser Beziehung ist die sich auf bildungsrechtliche Leistungsbeurteilungen beziehende Lehre oft wenig präzis (vgl. Ziff. 3.3.2).

163 SALADIN, Verwaltungsverfahrensrecht, S. 192, erachtet die Unterscheidung „verfahrens-teleologisch" - nicht aber „materiell-dogmatisch" - als sinnvoll (vgl. auch DERS., Verwaltungsprozessrecht, S. 344 f.). Vgl. weiter etwa BERTOSSA, S. 60 f. und 90 f.; RHINOW/KRÄHENMANN, S. 208 (vgl. auch IMBODEN/RHINOW, S. 407); BIAGGINI, S. 240 ff.

164 Vgl. etwa den knappen Überblick bei SCHOCH, S. 43 f. und 125 f. (mit weiteren Hinweisen, v. a. auf die grundlegenden Arbeiten von *Rhinow*).

3.4.2 Kriterien für die Überprüfung von Leistungsbeurteilungen

3.4.2.1 AUSGANGSLAGE

Der Rechtsprechung ist grundsätzlich darin zuzustimmen, dass die Messung und Bewertung von Leistungen mit Unsicherheiten behaftet ist.[165] Ebenso trifft zu, dass - bereits aus praktischen Gründen - (besonders mündliche) Leistungen nachträglich oft kaum überprüfbar sind.[166] Auch wenn gewisse Grenzen der Überprüfbarkeit anzuerkennen sind, muss die herrschende Rechtsprechung doch kritisch hinterfragt werden. Schliesslich ist zu beachten, dass die Formulierung von Kriterien die Überprüfung von bildungsrechtlichen Leistungsbeurteilungen erleichtern und für alle Beteiligten besser verständlich machen kann.

3.4.2.2 FESTSTELLUNGEN ZUR HEUTIGEN RECHTSPRECHUNG

Die publizierte Rechtsprechung der verschiedensten Verwaltungsjustizbehörden orientiert sich heute eindeutig an jener des Bundesgerichts.[167] Insofern hat die Praxis in den letzten fünfzehn bis zwanzig Jahren an Einheitlichkeit gewonnen. Vermehrt wurden Entscheide publiziert, die sich mit der Frage der Überprüfungsbefugnis befassen.[168] Diese Tendenz stellt für sich genommen keinen Mangel dar.

Die Ausrichtung an der Rechtsprechung des Bundesgerichts hat allerdings zur Folge, dass dessen besonders enge Überprüfungsbefugnis im staatsrechtlichen Beschwerdeverfahren[169] (Willkür, gewisse Verfahrensfehler) weitgehend und oft wohl unbesehen auf eidgenössische und kantonale Verwaltungsbeschwerde- oder Verwaltungsgerichtsbeschwerdeverfahren übertragen wird. In der Lehre wurde in bezug auf die bundesgerichtliche Rechtsprechung auch schon die Frage aufgeworfen, ob die Zurückhaltung des Gerichts bei der Überprüfung von Examensentscheiden nicht eine „geänderte Konkretisierung des Geltungsbereichs des Willkürverbots" darstelle.[170] Die *Gleichsetzung* der Überprüfungsbefugnis in

---

165 Vgl. dazu PLOTKE, Probleme, S. 345 sowie Ziff. 1.3.

166 Vgl. dazu PLOTKE, Probleme, S. 256 f. und 345; besonders instruktiv sind etwa die Erwägungen in BGE 106 Ia 2 f. (vgl. Ziff. 3.3.3).

167 Vgl. die Darstellung der Praxis in den Ziff. 3.3.3 und 3.3.4.

168 Zur älteren Praxis vgl. besonders PLOTKE, Probleme, S. 293 und 342 f.

169 Vgl. die Hinweise in Ziff. 3.3.3.

170 LEUTHOLD, S. 221.

Verwaltungsjustizverfahren mit jener im auf bestimmte Verfassungsverletzungen beschränkten staatsrechtlichen Beschwerdeverfahren fällt deshalb um so mehr ins Gewicht und hat zur Folge, dass eine sämtliche Rechtsfehler umfassende Überprüfung nicht immer gewährleistet ist. Denn die Behörden verzichten nicht bloss auf die Überprüfung der Angemessenheit einer Leistungsbeurteilung, sondern oft sogar auf eine durchgehende Rechtskontrolle. Bereits ab Beginn der justizmässigen Überprüfung ist somit regelmässig - das heisst, wenn nicht gleichzeitig die Verletzung eines spezifischen Grundrechts gerügt wird[171] - höchstens die „Ahndung" von Verletzungen von Art. 4 Abs. 1 BV gewährleistet. Während die eigene Zurückhaltung des Bundesgerichts im Hinblick auf seine Funktion als Verfassungsgericht noch angehen mag, wäre meines Erachtens doch zu wünschen, dass das Bundesgericht gegenüber den unteren Justizbehörden auf eine differenziertere Überprüfung hinwirken würde.

Abzulehnen ist zudem die Auffassung des Bundesgerichts, Leistungsbeurteilungen seien kaum überprüfbar, „weil der Rechtsmittelbehörde zumeist nicht alle *massgebenden Faktoren der Bewertung* bekannt sind."[172] Gerade im Rahmen einer blossen Rechtskontrolle ist doch zu fordern, dass für alle Beteiligten offengelegt wird, welche Gesichtspunkte bei der Festsetzung einer Leistungsbeurteilung relevant waren! Eine beschränkte nachträgliche Kontrolle setzt das Wissen voraus, ob z. B. neben der schriftlichen auch die mündliche Leistung berücksichtigt wird oder ob neben dem Inhalt einer schriftlichen Arbeit auch formelle Aspekte bewertet werden. Sind der Rechtsmittelbehörde die einzelnen Faktoren einer Leistungsbeurteilung nicht bekannt, verdient der Rechtsschutz seinen Namen nicht, weil dann selbst eine Überprüfung auf schwerwiegende Verfahrensfehler und auf Verletzungen des Rechtsgleichheitsgebotes nicht mehr gewährleistet ist.[173] Vielmehr hat die nachträgliche Kontrolle in doppelter Hinsicht zu erfolgen: Zunächst ist zu prüfen, ob die Bewertungsfaktoren ihrerseits rechtmässig sind; danach ist zu untersuchen, ob sie rechtmässig angewendet worden sind. Mit der Forderung nach Kundgabe der massgebenden Faktoren einer Bewertung ist allerdings noch nichts über den effektiven Umfang der justizmässigen Überprüfung gesagt.[174]

---

[171] LEUTHOLD, S. 220.

[172] BGE 106 Ia 2 f. (Hervorhebung durch den Verfasser).

[173] In diese Richtung geht letztlich etwa BGE 118 Ib 167 (betreffend ungenügende Leistungen eines Bundesbeamten).

[174] Zur Verbesserung der Überprüfbarkeit vgl. Ziff. 3.4.2.4.

3.4.2.3 GEBOT DER TRANSPARENZ

Die eben gestellte Forderung kann einem als *Gebot der Transparenz* bezeichneten Grundsatz zugeordnet werden.[175] Dieses Gebot muss nicht nur für das Handeln der Verwaltungsbehörden, sondern auch für jenes der Verwaltungsjustizbehörden gelten. Angesichts der Schwierigkeiten bei der Festlegung und der nachträglichen Überprüfung von bildungsrechtlichen Leistungsbeurteilungen ist es wichtig, den Auszubildenden einleuchtende und nachvollziehbare Verfahren zur Verfügung zu stellen.

Als rechtlicher Anknüpfungspunkt für das Gebot der Transparenz dient der im Rahmen von Art. 4 Abs. 1 BV geschützte Anspruch auf rechtliches Gehör. Dieser wird heute als umfassendes Partizipationsrecht verstanden, das den Menschen als Subjekt staatlicher Entscheidung wahrnimmt[176] und entsprechend darauf ausgerichtet ist, die Chance der Akzeptanz eines Entscheides zu erhöhen.[177] Innerhalb des Anspruchs auf rechtliches Gehör konkretisiert sich das Gebot der Transparenz besonders im Anspruch auf Begründung einer Entscheidung.[178] Denn durch eine Begründung wird - neben der Legitimität der Entscheidung und der Akzeptanz bei den Betroffenen - auch die Transparenz des Entscheidungsprozesses erhöht.[179]

Die Rechtsprechung ist nicht immer konsequent und geht bei der Überprüfung unterschiedlich weit.[180] So hat beispielsweise der Schweizerische Schulrat - wider seine ständige Praxis - auch schon die Angemessenheit einer Leistungsbeurteilung geprüft.[181] Ebenso schwankt die Intensität der Überprüfung in der kantonalen Praxis.[182] Eine gewisse Milderung der

---

175 Nach KÄGI-DIENER, S. 594 enthält ein funktionierendes Verwaltungsverfahren unter anderem auch „die Chance, dem Entscheidungsvorgang Transparenz zu verleihen und ihn zeitlich zu beherrschen." Zur Bedeutung der Chancengleichheit in bildungsrechtlichen Verfahren vgl. weiter WEBER-DÜRLER, S. 217 und 221.

176 COTTIER, S. 2.

177 JÖRG PAUL MÜLLER, Grundrechte, S. 268 (mit weiteren Hinweisen auf Lehre und Rechtsprechung).

178 Vgl. dazu Ziff. 3.4.2.4.3.

179 GEORG MÜLLER, Art. 4, Rz. 113.

180 Vgl. Ziff. 3.3.3. Am konsequentesten - aber zugleich überaus zurückhaltend - ist wohl noch das Bundesgericht, das trotz entsprechender Fachkenntnisse selbst juristische Examen nicht überprüft, vgl. Fussnote 3/75, Seite 1.

181 VPB 1990 Nr. 41 S. 261.

182 Vgl. Ziff. 3.3.4; vgl. etwa Entscheid der Erziehungsdirektion vom 18. November 1994 i. S. L.F.

herrschenden Zurückhaltung bei der nachträglichen Überprüfung ergibt sich allenfalls aus dem Umstand, dass die Rechtsprechung den Begriff des „Verfahrensfehlers" nicht einheitlich verwendet.[183] In diesen Bereichen hat die Rechtsprechung noch eine grosse Arbeit zu leisten, damit die (Nicht-) Überprüfung im Gesamten transparenter wird.[184]

Gleichzeitig ist aber darauf hinzuweisen, dass diesem Unterfangen Grenzen gesetzt sein dürften, zumindest solange nicht auch das positive Recht der Praxis mehr Anleitung bietet. In diesem Zusammenhang stellt sich - *rechtsvergleichend* - die Frage, wie man ausserhalb des Bildungsrechts ähnliche Probleme mit der Überprüfungsbefugnis löst. Als Beispiel sei hier etwa der Bereich der (kulturellen) *Subventionen* erwähnt: Obschon die Rekurskommission „Pro Helvetia" die angefochtenen Subventionsentscheide der „Pro Helvetia" ohne Einschränkung überprüfen sollte, beschränkt sie ihre Kognition auf Tat- und Rechtsfragen.[185] *Kessler* zeigt - vor allem mit Hinweis auf eine entsprechende Praxis des Bundesrates im Bereich der *Filmförderung*[186] - zwar ein gewisses Verständnis für diese Zurückhaltung[187], schlägt aber als korrekten Ausweg vor, das entsprechende Spezialgesetz mit einer Beschränkung der Überprüfungsbefugnis auszustatten.[188]

Nachdem feststeht, dass die eingeschränkte Überprüfung von Leistungsbeurteilungen sowohl unter dem Titel „Ermessen" als auch unter dem Titel „unbestimmter Rechtsbegriff" erfolgen kann,[189] stellt sich die Frage, ob die - gerade im Kanton Bern in neuerer Zeit eher verstärkt anzutreffende - Tendenz,[190] die Überprüfung der Angemessenheit *spezialrechtlich*

---

[183] Vgl. dagegen die umfassende Darstellung etwa bei NIEHUES, Rz. 75 ff. (vgl. auch FLIEGAUF, Rz. 75 ff.).

[184] Vgl. dazu besonders die Hinweise in Ziff. 3.4.2.4.

[185] KESSLER, S. 366 ff.

[186] KESSLER, S. 369 m. w. H.

[187] KESSLER, S. 368 (vgl. aber auch die Kritik auf S. 370).

[188] KESSLER, S. 370 f., als Beispiel dient ihm Art. 13 Abs. 3 des Bundesgesetzes vom 7. Oktober 1983 über die Forschung (SR 420.1); näher zur *Forschungsförderung* MATILE, S. 426 f. (= ZBJV 1995 S. 233 f.); aus der Praxis vgl. etwa VPB 1995 Nr. 4 sowie VPB 1996 Nr. 78. Als weiteres Beispiel einer spezialrechtlich eingeschränkten Überprüfungsbefugnis auf Bundesebene sei Art. 31 des Bundesgesetzes vom 16. Dezember 1994 über das öffentliche Beschaffungswesen (SR 172.056.1) erwähnt.

[189] Vgl. Ziff. 3.4.1.

[190] Ziff. 3.3.1.

auszuschliessen, überhaupt einen Sinn hat. Wohl ist in diesen Fällen zu beachten, dass neben dem Ausschluss der Überprüfbarkeit der Angemessenheit unter Umständen auch noch Beurteilungsspielräume bei der Auslegung unbestimmter Rechtsbegriffe zu respektieren sind. Daneben enthalten diese spezialrechtlichen Normen aber zudem einen nicht zu unterschätzenden positiven Aspekt, in dem sie die Verwaltungsjustizbehörden immerhin zu einer umfassenden Rechtskontrolle verpflichten. Die spezialrechtlichen Einschränkungen der Überprüfungsbefugnis dienen so dem Gebot der Transparenz und tragen auch den Anforderungen der Rechtssicherheit und der Rechtsklarheit besser Rechnung.

3.4.2.4 Kompensation durch Verfahren

Die praktischen Schwierigkeiten bei der nachträglichen Überprüfung von Leistungsbeurteilungen führen zur Frage, inwiefern ein genügender Rechtsschutz trotzdem erreicht werden kann. Hilfreich ist dabei die Möglichkeit, die erwähnten Defizite durch Verfahrensregelungen zu kompensieren (sog. *Rechtsschutz durch Verfahren*[191]). In diesem Sinne betont auch die neuere schweizerische Lehre „die Beziehung zwischen der Verfahrensausgestaltung und der Chance sachlicher Richtigkeit“[192] und die damit verbundene legitimierende Funktion des Verwaltungsverfahrens. Für einen bedenkenswerten Schritt in diese Richtung halte ich deshalb die Überlegung des Bundesgerichts, aufgrund der mangelnden „Justitiabilität von Examensentscheiden ..., durch erhöhte Anforderungen an die *Entscheidstrukturen* die Bewertung der Prüfungsleistungen“[193] zu objektivieren. Dabei fallen etwa die folgenden Massnahmen in Betracht:[194]

---

[191] Vgl. NIEHUES, Rz. 75 (mit Hinweis auf die ständige deutsche Rechtsprechung); für die Schweiz vgl. den Überblick bei KÄLIN, Verfassungsgerichtsbarkeit, S. 59 ff.

[192] KÄGI-DIENER, S. 406 (vgl. auch S. 588 ff. und 591 ff.); weiter etwa KLEY-STRULLER, Rechtsschutz, S. 287, der in diesem Zusammenhang von der *„Verfahrensgerechtigkeit des Prüfungsvorgangs“* spricht; KÄLIN, Verfassungsgerichtsbarkeit, S. 59 ff.; JÖRG PAUL MÜLLER, Entscheidstrukturen, S. 169 ff.; DERS., Gerechtigkeit, S. 180 f. (vgl. weiter die Hinweise in Fussnote 2/322, Seite 1).

[193] So ZBl 1989 S. 313 f. (Hervorhebung durch den Verfasser).

[194] Ziff. 3.4.2.4.1 - Ziff. 3.4.2.4.7.

3.4.2.4.1 Mehrzahl von Prüfenden

Wird eine Prüfung durch mehrere Personen abgenommen, erlaubt dies nach Auffassung des Bundesgerichts „eine erhebliche Objektivierung der Bewertung."[195]

Diese Haltung ist zweifellos zu begrüssen.[196] Gleichzeitig ist darauf hinzuweisen, dass - anders als aufgrund des eben zitierten Entscheides vermutet werden könnte - für schriftliche Prüfungen nichts anderes zu fordern ist; denn die Bewertung schriftlicher Prüfungen wird durch eine mehrfache Korrektur ebenfalls objektiviert.[197]

3.4.2.4.2 *Protokollierungspflicht*

Das Bundesgericht stellt die Protokollierung der Fragen und Antworten eines Prüfungsgesprächs wohl zur Diskussion, hat aber bisher aus Art. 4 Abs. 1 BV noch „nie einen Anspruch auf Protokollierung einer mündlichen Prüfung abgeleitet"[198]. Das Gericht glaubt, dass Protokolle oft nicht viel dazu beitragen können, „dass der Examinator seinen Entscheid so objektiv wie möglich fällt."[199]

Tatsächlich kann ein Protokoll den prüfenden Personen den Entscheid über die Leistungsbeurteilung nicht abnehmen. Ein Protokoll wird jedoch allemal helfen, Leistungsbeurteilungen (sofort und - z. B. in einem Beschwerdeverfahren - auch später) zu begründen und für alle Beteiligten nachvollziehbar zu machen.[200] Es stellt gerade im Streitfall ein wesentliches Beweismittel dar und trägt zu einer effektiven Verwirklichung des

---

[195] ZBl 1989 S. 314. AESCHLIMANN, Anfechtungsstreitverfahren, S. 94 (dort Fussnote 283) betrachtet die Anwesenheit eines Experten oder einer Expertin als eine „Art unmittelbare Kontrolle der Leistungsbewertung".

[196] Vgl. auch KLEY-STRULLER, Rechtsschutz, S. 287 (dort Fussnote 310).

[197] In diesem Sinne sind etwa nach Ziff. 3.1 und 3.2 der Weisungen des kantonalen Amtes für Berufsbildung vom Januar 1992 für Chef- und Fachexperten an gewerblich-industriellen Lehrabschlussprüfungen nicht nur die mündlichen, sondern auch die schriftlichen Prüfungen von zwei Expertinnen oder Experten abzunehmen.

[198] ZBl 1989 S. 314 (mit Hinweis auf BGE 105 Ia 204); vgl. auch KLEY-STRULLER, Rechtsschutz, S. 287.

[199] ZBl 1989 S. 314.

[200] Vgl. etwa VPB 1996 Nr. 45 S. 407. In SJZ 1977 S. 10 f. billigt der Regierungsrat des Kantons Zürich diesen Effekt bereits „während oder unmittelbar nach der Prüfung" erstellten „Notizen und Aufzeichnungen von Examinatoren und Experten" zu.

Akteneinsichtsrechts und des Anspruchs auf Begründung bei.[201] Schliesslich sei darauf hingewiesen, dass ein Protokoll nicht nur bei mündlichen Prüfungen, sondern etwa auch bei praktischen Prüfungen von Nutzen sein kann.[202]

3.4.2.4.3 *Begründungspflicht, Anspruch auf Begründung*

Es leuchtet ohne weiteres ein, dass die Nachvollziehbarkeit eines Entscheides von der Begründung abhängt, welche zudem eine massgebende Voraussetzung für eine zielgerichtete Anfechtung darstellt:[203]

> *„Zudem kann durch die Verpflichtung zur Offenlegung der Entscheidgründe verhindert werden, dass sich die Behörde von unsachlichen Motiven leiten lässt. Die Begründungspflicht erscheint so nicht nur als ein bedeutsames Element transparenter Entscheidfindung, sondern dient zugleich auch der wirksamen Selbstkontrolle der Behörde ... "*[204]

Entsprechend schreiben neuere Verwaltungsverfahrensrechtsordnungen für Verfügungen regelmässig eine Begründungspflicht vor.[205] Aus Art. 4 Abs. 1 BV ergibt sich zudem ein Recht auf Begründung als subsidiäre *Mindestgarantie*.[206] Hinsichtlich der *Begründungsdichte* hat das Bundesgericht dagegen die Festlegung eines Minimalstandards abgelehnt; massgebend seien in dieser Beziehung vielmehr die Umstände des Einzelfalles:

---

[201] Aus der Rechtsprechung des Bundesrates vgl. VPB 1986 Nr. 54 S. 358 f.; aus der Literatur vgl. etwa COTTIER, S. 123 und DUBACH, S. 92 ff. (je mit weiteren Hinweisen); skeptischer ist BERTOSSA, S. 86 (in bezug auf die Protokollierung von Gesprächen).

[202] Vgl. etwa Ziff. 2.3, 3.1, und 5.3 der Weisungen des kantonalen Amtes für Berufsbildung vom Januar 1992 für Chef- und Fachexperten an gewerblich-industriellen Lehrabschlussprüfungen.

[203] Vgl. etwa bereits BGE 96 I 723; im Zusammenhang mit bildungsrechtlichen Leistungsbeurteilungen vgl. BGE 118 Ia 492, VPB 1986 Nr. 54 S. 359, VPB 1987 Nr. 32 S. 194 f.; VPB 1993 Nr. 5 S. 53; je einen Überblick über Lehre und Rechtsprechung zum Anspruch auf Begründung geben COTTIER, S. 126 ff. und (umfassend) VILLIGER, Begründung, S. 137 ff.

[204] BGE 112 Ia 109; vgl. auch Ziff. 3.4.2.3.

[205] Vgl. etwa Art. 35 Abs. 1 und 3 VwVG (zu beachten ist, dass diese Bestimmung nach Art. 2 Abs. 2 VwVG ausdrücklich auch auf das Verfahren der Abnahme von Berufs-, Fach- und anderen Fähigkeitsprüfungen Anwendung findet) sowie Art. 52 Abs. 1 Bst. b und Abs. 2 VRPG; vgl. SALADIN, Verwaltungsverfahrensrecht, S. 145 f.; VILLIGER, Begründung, S. 139 ff.; KÖLZ/HÄNER, Rz. 156.

[206] Vgl. RHINOW/KRÄHENMANN, S. 285 (mit vielen Hinweisen auf die Rechtsprechung); SALADIN, Verwaltungsverfahrensrecht, S. 127; VILLIGER, Begründung, S. 142; KÖLZ/HÄNER, Rz. 52 und 156.

> *„Weiter ist die verfassungsmässige Begründungsdichte abhängig von der Entscheidungsfreiheit der Behörde und der Eingriffsintensität des Entscheides. Je grösser der Spielraum, welcher der Behörde infolge Ermessen und unbestimmter Rechtsbegriffe eingeräumt ist ..., und je stärker ein Entscheid in die individuellen Rechte eingreift ..., desto höhere Anforderungen sind an die Begründung eines Entscheides zu stellen."*[207]

Im Zusammenhang mit den hier interessierenden bildungsrechtlichen Leistungsbeurteilungen bejaht das Bundesgericht zumindest einen Anspruch auf summarische Begründung einer negativen Prüfungsentscheidung.[208] Das Gericht erachtet zudem als „fraglich", ob es zulässig ist, den Auszubildenden nur dann eine Begründung zu liefern, wenn sie erklären, die Leistungsbeurteilung anfechten zu wollen.[209] In der Praxis ist die blosse Bekanntgabe von Gesamt- und Fachnoten weit verbreitet,[210] was bisher vom Bundesgericht nicht beanstandet worden ist.[211] Diese Rechtsprechung steht in einem gewissen Widerspruch zur eben erwähnten Praxis, wonach an die Begründungsdichte mit steigender Eingriffsintensität und zunehmender Entscheidungsfreiheit höhere Anforderungen gestellt werden. Die Behörden sollten diese Praxis konsequent auch auf Leistungsbeurteilungen anwenden.[212]

Im Zusammenhang mit der Anfechtung einer nicht bestandenen Anwaltsprüfung im Kanton Neuenburg hat das Bundesgericht festgehalten:

> *„La motivation d'une décision est suffisante lorsque l'intéressé est mis en mesure d'en apprécier la portée et de la déférer à une instance supérieure en pleine connaissance de cause. Lorsque la décision porte sur le résultat d'un examen et que l'appréciation des experts est contestée, l'autorité satisfait aux exigences de l'art. 4 Cst. si elle indique au candidat, de façon même succincte, les défauts qui entachent ses réponses et la solution que était attendue de lui et qui eût été tenue pour correcte. Par ailleurs, si le droit cantonal n'en dispose pas autrement, la Constitution n'exige*

---

[207] BGE 112 Ia 110; vgl. dazu COTTIER, S. 126 f. und VILLIGER, Begründung, S. 151 ff.

[208] ZBl 1989 S. 314 f. (vgl. auch S. 312).

[209] BGE 118 Ia 495.

[210] Vgl. etwa ZBl 1988 S. 231 f.

[211] Vgl. die (meines Erachtens zu) verhaltene Kritik des Gerichts an der Praxis, gescheiterten Studierenden die Noten *nicht* bekanntzugeben, in BGE 105 Ia 204.

[212] In diese Richtung scheint ein unveröffentlichter BGE vom 13. Dezember 1985 zu gehen, auf den VILLIGER, Begründung, S. 154 (dort Fussnote 101) hinweist; vgl. auch GEORG MÜLLER, Art. 4, Rz. 114.

> *pas que la motivation soit fournie par écrit; selon les circonstances, elle peut être orale ..."*[213]

Vor diesem Hintergrund und aus praktischer Sicht ist deshalb festzuhalten, dass viele bildungsrechtliche Leistungsbeurteilungen unter Umständen verfügt werden, die einem *„Massenverfahren"* zumindest ähnlich sind. In diesen Fällen kann kaum mehr als eine summarische Begründung (z. B. durch Nennung der erzielten Fachnoten und der massgebenden Rechtsgrundlagen) verlangt werden. Im Sinne des Gebots der Transparenz[214] haben die zuständigen Behörden aber dafür zu sorgen, dass die Betroffenen während der anschliessenden Rechtsmittelfrist ihr Akteneinsichtsrecht[215] und ihren Anspruch auf Begründung wahrnehmen können und dass spätestens im Falle einer Anfechtung eine umfassende schriftliche Begründung zuhanden der Rechtsmittelinstanz erstellt werden kann[216].[217]

3.4.2.4.4 Nachträgliche Fachgutachten

Das deutsche Bundesverfassungsgericht favorisiert in seiner neuen Rechtsprechung den Beizug von Sachverständigen, wenn fachliche Meinungsverschiedenheiten zwischen den Prüfenden und den Geprüften bestünden; denn eine vertretbare und folgerichtig begründete Lösung dürfe nicht als falsch bewertet werden.[218]

---

213 Unveröffentlichter BGE vom 30. April 1996 i. S.P., S. 11.

214 Ziff. 3.4.2.3.

215 Vgl. auch Ziff. 3.4.2.4.2.

216 Vgl. etwa ZBl 1988 S. 232; VPB 1993 Nr. 5 S. 54; BGE 121 I 227 ff. (besonders 229); unveröffentlichter BGE vom 30. April 1996 i. S. P., S. 11; PLOTKE, Schulrecht, S. 476; VILLIGER, Begründung, S. 150; zur Situation in Deutschland vgl. etwa NIEHUES, Rz. 280 f. Das Nachschieben einer Begründung wird in der Lehre mehrheitlich und mit beachtenswerten Gründen kritisiert, vgl. die Hinweise bei VILLIGER, Begründung, S. 144 (weiter auch S. 149 f., 164 und 168 f.).

217 Bei Leistungsbeurteilungen, die in einem Fach aufgrund einer *längeren Beurteilungsperiode* (z. B. ein Schuljahr oder ein Semester) ergehen (sog. Fachnoten, vgl. Ziff. 2.1.3.3), ist es - zumindest soweit die Beurteilung schriftlicher Leistungen betreffend - selbstverständlich, dass sie mit Einzelnoten (vgl. Ziff. 2.1.3.4) begründet werden können. Für die Beurteilung mündlicher Leistungen darf grundsätzlich nichts anderes gelten: Sie müssen ebenfalls aufgrund von Einzelnoten oder wenigstens aufgrund von parallel zum Unterricht erstellten Notizen begründet werden können.

218 Vgl. die Hinweise unter Ziff. 3.3.5.1.

In der Schweiz wird - soweit ersichtlich - im Bildungsbereich die Möglichkeit nachträglicher Fachgutachten bisher kaum genutzt.[219] Dies mag mit der grundsätzlichen Unsicherheit bei der Messung und Bewertung von Leistungen zusammenhängen.[220] Es dürfen jedoch zwei Probleme nicht durcheinander gebracht werden: Die beschränkte Überprüfung einer Leistungsbeurteilung darf nicht mit der Schwierigkeit begründet werden, die erbrachte Leistung bei einer eventuellen Gutheissung der Beschwerde allenfalls neu bewerten und so eine neue Note setzen zu müssen. Das gilt um so mehr, als in der Praxis die meisten gutheissenden Entscheide kassatorischer Natur sind, also den angefochtenen Entscheid aufheben und die Akten zur Neubeurteilung an die Vorinstanz zurückweisen, was regelmässig die Wiederholung der umstrittenen Leistungsbeurteilung zur Folge hat.

Ergeben sich in einem Beschwerdeverfahren nun fachliche Meinungsverschiedenheiten, wird die zuständige Justizbehörde in der Regel diese Frage nicht überprüfen können, obschon sie weder direkt mit der Messung und Bewertung der erbrachten Leistung noch mit einer allfälligen neuen Bewertung zusammenhängt. Tatsächlich könnten nachträgliche Fachgutachten besonders bei Prüfungen, deren Ablauf und deren Ergebnis im wesentlichen „greifbar" oder (zumindest) nachvollziehbar sind (so regelmässig etwa schriftliche und unter Umständen auch praktische Prüfungen), vermehrt eingesetzt werden, wenn gerügt wird, eine Antwort sei zu Unrecht als falsch bewertet worden. Dagegen werden nachträgliche Fachgutachten bei mündlichen Prüfungen wegen der Unwiederbringlichkeit der Prüfungssituation meistens[221] nicht weiterhelfen.[222]

---

[219] Etwa im Zusammenhang mit der Bewertung und Anerkennung eines ausländischen Studienausweises wurde eine „Expertise" eingeholt (VPB 1980 Nr. 43 S. 191). Aus dem unveröffentlichten BGE vom 16. Januar 1996 i. S. X. ergibt sich, dass die Regierung des Kantons Jura im Zusammenhang mit der Überprüfung einer angefochtenen Notariatsprüfung durch einen ausserkantonalen Experten ein Gutachten erstellen liess. Aus der unveröffentlichten kantonalen Rechtsprechung vgl. etwa den Entscheid der Erziehungsdirektion vom 8. Juli 1993 i. S. K.H. (psychologisches Gutachten zur Beurteilung der voraussichtlichen Berufseignung einer angehenden Kindergärtnerin). In anderen Bereichen des Verwaltungsrechts ist das Abstellen auf das Erfahrungswissen von Sachverständigen stärker verbreitet (vgl. die Hinweise bei BERTOSSA, S. 88 f. sowie die Überlegungen von KÄGI-DIENER, S. 346 f.).

[220] Dazu PLOTKE, Probleme, S. 345 f. sowie Ziff. 1.3.

[221] Immerhin mag auch hier ein gut ausgebautes Prüfungsverfahren (im Sinne der vorangehenden Ziffern) kompensierend wirken.

[222] FLIEGAUF, Rz. 54; vgl. auch PLOTKE, Probleme, S. 256 f.

Soweit nachträgliche Fachgutachten vorliegen, unterliegen sie regelmässig dem Grundsatz der freien Beweiswürdigung.[223] Die Justizbehörde hat dieses Beweismittel - wie alle anderen auch - sorgfältig zu prüfen, die angefochtene und die gutachterliche Beurteilung zu vergleichen und schliesslich zu entscheiden, welche Betrachtungsweise dem zu beurteilenden Sachverhalt tatsächlich entspricht. Etwas anderes gilt nur, wenn spezialrechtliche Beweiswürdigungsregeln anzuwenden sind.[224]

3.4.2.4.5 Verwaltungsinternes Kontrollverfahren?

Als weiteres ausgleichendes Instrument betrachtet das deutsche Bundesverfassungsgericht ein besonderes verwaltungsinternes Kontrollverfahren, in dem die prüfungsspezifischen Wertungen - die auch nach der neuen Rechtsprechung der Überprüfung durch die Verwaltungsgerichte entzogen sind - „überdacht" werden.[225]

Auf das schweizerische Verwaltungsverfahrensrecht übertragen, wäre unter einem solchen Verfahren am ehesten die Einsprache[226] zu verstehen, die nach dem Erlass einer Verfügung bei der verfügenden Behörde einzureichen ist. Das eidgenössische und das bernische Verfahrensrecht kennen allerdings kein allgemeines Einspracheverfahren und beschränken sich auf die spezialrechtlich vorgesehene Einsprache.[227] Zur Überprüfung von bildungsrechtlichen Leistungsbeurteilungen auf Einsprache hin bestehen - soweit ersichtlich - keine publizierten Normen.[228]

---

223 Für das Bundesrecht vgl. Art. 19 VwVG in Verbindung mit Art. 40 des Bundesgesetzes vom 4. Dezember 1947 über den Bundeszivilprozess (SR 273), Art. 95 Abs. 2 OG, Art. 113 in Verbindung mit Art. 95 Abs. 2 OG; vgl. etwa GYGI, Bundesverwaltungsrechtspflege, S. 278 f.; KÖLZ/HÄNER, Rz. 63.

224 So sind etwa nach Art. 24 Abs. 1 der Verordnung vom 28. März 1973 über die besonderen Klassen und den Spezialunterricht der Volksschule (BSG 432.271.1) in Zuweisungsverfahren die Anträge der Untersuchungsinstanz (Erziehungsberatungsstelle, jugendpsychiatrischer Dienst, Schularzt oder Schulärztin) für die Schulkommissionen grundsätzlich verbindlich.

225 Vgl. die Hinweise unter Ziff. 3.3.5.1.

226 Vgl. dazu SALADIN, Verwaltungsverfahrensrecht, S. 165; GYGI, Bundesverwaltungsrechtspflege, S. 33; KÖLZ/HÄNER, Rz. 204.

227 Art. 46 Bst. b und Art. 74 Bst. b VwVG, Art. 102 Bst. d und Art. 129 Abs. 3 OG, Art. 53 ff. VRPG.

228 Verbreitet sind Einspracheverfahren etwa im Steuerrecht und im Sozialversicherungsrecht.

Es wäre deshalb denkbar, für die zukünftige Rechtsetzung zu fordern, Leistungsbeurteilungen zunächst einem Einspracheverfahren zu unterwerfen. Dieser Schluss überzeugt aber nicht:

- Würde die Einsprache einfach dem bisherigen Verwaltungsbeschwerdeverfahren beigefügt, würde regelmässig ein zu langer Rechtsweg vor drei Instanzen resultieren, was weder effizient noch im Interesse der Rechtsuchenden wäre.[229] Das Einspracheverfahren müsste somit auf Kosten einer Beschwerdeinstanz eingeführt werden.

- Eine Überprüfung der angefochtenen Verfügung kann die Vorinstanz auch noch im Rahmen des Beschwerdeverfahrens vornehmen, indem sie - statt sich im Schriftenwechsel ausführlich zu äussern - eine neue Verfügung erlässt.[230] Diese Regelung hat faktisch einen ähnlichen Effekt wie das Einspracheverfahren.[231] Wohl ist die Vorinstanz rechtlich nicht verpflichtet, neu zu verfügen. Wegen der Hängigkeit der Beschwerde und wegen der in der Beschwerde erhobenen Rügen steht sie jedoch unter einem gewissen faktischen Druck, die angefochtene Verfügung noch einmal in jeglicher Hinsicht auf mögliche Mängel hin zu überprüfen.

Für ein Rechtsschutzsystem, das nicht völlig vor Verwaltungsgerichten abläuft, ist ein zusätzliches verwaltungsinternes Kontrollverfahren nach deutschem Muster somit nicht angezeigt. Das Verwaltungsbeschwerdeverfahren ist in dieser Beziehung - um in der Terminologie des deutschen Bundesverfassungsgerichts zu sprechen - sowohl „rechtzeitig" wie „wirkungsvoll".[232]

3.4.2.4.6 Mediation im Bildungsrecht

Über den Einsatz vermittelnder und schlichtender Instanzen im Verwaltungsrecht beginnt man in der Schweiz erst allmählich nachzudenken.[233]

---

[229] Vgl. etwa PLOTKE, Schulrecht, S. 480, der sich für bloss eine Rechtsmittelinstanz ausspricht; vgl. auch FLEINER-GERSTER, S. 671.

[230] Art. 58 VwVG (vgl. auch Art. 77 VwVG); Art. 71 VRPG (vgl. auch Art. 83 VRPG).

[231] SALADIN, Verwaltungsverfahrensrecht, S. 205; KÖLZ/HÄNER, Rz. 285; vgl. auch GYGI, Bundesverwaltungsrechtspflege, S. 189 f. (alle mit Hinweisen auf die Praxis).

[232] BVerfGE 84 S. 48.

[233] Vgl. besonders KLEY-STRULLER, Rechtsschutz, S. 314 ff. (mit Hinweisen auf die ausländische Literatur).

Von solchen Mediationsverfahren ist die gütliche Verständigung vor Instanzen der Verwaltungsrechtspflege zu unterscheiden, die von der angerufenen Justizbehörde und nicht von einer neutralen Schlichtungsbehörde ausgeht.[234]

Es sind verschiedene Verfahrensmodelle für die Mediation möglich:

- Die Parteien können die Schlichtungsbehörde bereits im Laufe des Verwaltungsverfahrens - noch *bevor* verfügt wird - beiziehen. Die Schlichtungsbehörde führt die Parteien dann bis zum Entscheid, der jedoch nicht von ihr selber ausgeht.[235]

- Die Bürgerinnen und Bürger können *nach* dem Erlass einer Verfügung (oder allenfalls auch gegen anderes staatliches Handeln) eine Schlichtungsbehörde anrufen. Das Verfahrensrecht könnte dabei sowohl ein obligatorisches (ein durchgeführtes Mediationsverfahren ist dann Sachurteilsvoraussetzung für das folgende Verwaltungsbeschwerdeverfahren) als auch ein fakultatives Modell (die Anrufung der Schlichtungsbehörde steht im Belieben der Rechtsuchenden) vorsehen.

- Der Beizug der Schlichtungsbehörde erfolgt im Rahmen eines Verwaltungsbeschwerde- oder Verwaltungsgerichtsbeschwerdeverfahrens auf Anordnung der Beschwerdeinstanz, allenfalls auf Antrag einer Partei.[236]

Im Hinblick auf die zukünftige Gesetzgebung ist im Bereich des Bildungsrechts durchaus denkbar, in einer der genannten Formen eine Schlichtungsbehörde, zum Beispiel eine Mediatorin oder einen Mediator, einzuführen. Ziel der Vermittlungsbemühungen soll zunächst nicht die Verhinderung von Rechtsmittelverfahren sein, sondern die Stärkung der Legitimität des umstrittenen staatlichen Handelns[237] sowie die Verbesserung und Ergänzung des bestehenden Verwaltungsrechtsschutzes.[238] Um dieses Ziel zu erreichen, muss die Konfliktvermittlung in einem raschen Verfahren erfolgen, das regelmässig auf einer mündlichen Anhörung[239] der Parteien beruhen wird. Der Schlichtungsbehörde obliegt es, zwischen den

---

234 KLEY-STRULLER, Rechtsschutz, S. 316; ULRICH CAVELTI, S. 175 ff.

235 In diesem Sinne wohl KLEY-STRULLER, Rechtsschutz, S. 315.

236 Vgl. KLEY-STRULLER, Rechtsschutz, S. 316 f.

237 KLEY-STRULLER, Rechtsschutz, S. 314.

238 KLEY-STRULLER, Rechtsschutz, S. 317 f.

239 KLEY-STRULLER, Rechtsschutz, S. 314.

Standpunkten der Parteien - natürlich immer im Rahmen des geltenden Rechts - zu vermitteln.

Als Mediatorinnen und Mediatoren könnten im Bereich der Volksschule[240] die Schulinspektorinnen und -inspektoren[241] eingesetzt werden. Das geltende Recht sieht vor, dass Verfügungen der Schulkommission beim Schulinspektorat anzufechten sind.[242] Die Beschwerdeentscheide des Schulinspektorats können regelmässig an den Regierungsrat weitergezogen werden.[243] Die Schulinspektorinnen und -inspektoren haben eine pädagogische Ausbildung; es fällt ihnen deshalb nicht immer leicht, ohne juristischen Sachverstand als Justizbehörde tätig zu sein. Würde nun als erste Beschwerdeinstanz generell die Erziehungsdirektion eingesetzt und zugleich die Möglichkeit der Mediation[244] durch die Schulinspektorinnen und -inspektoren vorgesehen, ergäbe sich eine Lösung, die die Interessen der Rechtsuchenden, der Schulinspektorinnen und -inspektoren sowie einer zuverlässigen Rechtsverwirklichung gleichermassen berücksichtigte.

3.4.2.4.7 Zulässigkeit der Verwaltungsgerichtsbeschwerde

Im Zusammenhang mit der Befugnis zur Überprüfung bildungsrechtlicher Leistungsbeurteilungen seien abschliessend auch einige Bemerkungen zum zulässigen *Rechtsweg* angebracht. Es wurde bereits darauf hingewiesen, dass bildungsrechtliche[245] Leistungsbeurteilungen regelmässig nicht mit Verwaltungsgerichtsbeschwerde angefochten werden können.[246]

Es ist allenfalls historisch erklärbar, meines Erachtens aber nicht überzeugend, wenn aus den Schwierigkeiten bei der Überprüfung von Leistungsbeurteilungen der Ausschluss der Verwaltungsgerichtsbarkeit oder gar

---

240 Vgl. Ziff. 4.1.

241 Vgl. Art. 52 VSG.

242 Art. 72 Abs. 1 VSG.

243 Art. 72 Abs. 3 VSG.

244 Welches Verfahrensmodell sich in diesem Beispiel am besten eignen würde, soll hier offen bleiben. Eine Wahl müsste auf der Grundlage näherer Abklärungen erfolgen.

245 Das Gleiche gilt etwa auch für Ergebnisse von Leistungsprüfungen bei Tieren (BGE 107 Ib 279 ff., vgl. auch 108 Ib 163 f.).

246 Vgl. besonders Ziff. 2.1.2.1.4.

des Verwaltungsrechtsschutzes überhaupt hergeleitet wird.[247] Die Frage nach dem zulässigen Rechtsweg und jene nach der Kognition sind grundsätzlich zu unterscheiden.[248] Ein gewisser Zusammenhang besteht einzig insofern, als die auf Rechtsfragen beschränkte Überprüfungsbefugnis für Verwaltungsgerichte typisch ist und Angemessenheitsentscheidungen regelmässig nicht der gerichtlichen Kontrolle unterliegen.[249]

Immer wieder wird für den Ausschluss der Verwaltungsgerichtsbeschwerde auch geltend gemacht, den verfügenden Behörden stehe „ein sehr breiter Beurteilungsspielraum zu“[250]; deshalb rechtfertige es sich, die bildungsrechtlichen Leistungsbeurteilungen vom verwaltungsgerichtlichen Rechtsschutz auszunehmen.[251] Dieser (Aus-) Schluss ist aber nicht zwingend, denn es würde - wie in vielen anderen Bereichen des Verwaltungsrechts - genügen, den verfügenden Behörden das notwendige Ermessen oder den notwendigen Beurteilungsspielraum einzuräumen und sich auf die Überprüfung der verbleibenden Rechtsfragen zu beschränken.[252]

Es sei hier noch auf einen (offenbar) speziellen bildungsrechtlichen Bereich verwiesen: Die Zulassung zu Prüfungen unterliegt - anders eben als das Ergebnis einer Prüfung - je nach Verfahrensordnung der Verwaltungsgerichtsbeschwerde.[253] Dies obschon die zu beurteilenden Rechtsfragen

---

247 Vgl. etwa BGE 99 Ia 591 f. und 105 Ia 192 (vgl. Ziff. 3.3.3); aus der publizierten kantonalen Rechtsprechung vgl. etwa AGVE 1988 S. 154 ff.; in der Lehre vgl. zuletzt etwa KLEY-STRULLER, Rechtsschutz, S. 286 ff. und 342 f.

248 KLEY-STRULLER, Rechtsschutz, S. 263 weist darauf hin, dass mit dem Zugang zum Verwaltungsgericht die Frage nach den Beschwerdegründen noch nicht entschieden ist.

249 Vgl. etwa Art. 104 OG (besonders Bst. c) und Art. 80 VRPG (besonders Bst. c); näher dazu Ziff. 3.1 und 3.2.

250 So etwa BBl 1965 II 1314.

251 Vgl. etwa Art. 99 Abs. 1 Bst. f OG und Art. 77 Abs. 1 Bst. m VRPG; KLEY-STRULLER, Rechtsschutz, S. 287.

252 In diesem Sinne erachtet auch SALADIN, Verwaltungsverfahrensrecht, S. 40, den Zugang zum Verwaltungsgericht als sinnvoll. Zu ähnlichen Ergebnissen kommt im Zusammenhang mit Art. 6 Abs. 1 EMRK letztlich auch HERZOG, S. 263 f.

253 So etwa Art. 78 Bst. d Ziff. 1 VRPG. Demgegenüber schliesst Art. 100 Abs. 1 Bst. v OG (Verfügungen über die Zulassung zu Prüfungen und zu Kursen und über das Ergebnis von Prüfungen auf dem Gebiete der Berufsbildung) die Verwaltungsgerichtsbeschwerde an das Bundesgericht aus; daraus darf aber nicht abgeleitet werden, dass der Bundesgesetzgeber diese Fälle grundsätzlich als gerichtlich nicht überprüfbar erachtet (vgl. im Zusammenhang mit Art. 99 Abs. 1 Bst. f OG BBl 1965 II 1314 und BGE 105 Ib 401), steht in den genannten Fällen doch immerhin der Rechtsweg an die Rekurskommission EVD und damit an ein (Spezial-) Verwal-

ähnlich sind: Einerseits sind die Voraussetzungen der Prüfungszulassung nicht regelmässig eingehender normiert als die Kriterien für die Leistungsbeurteilungen;[254] andererseits stellen sich auch bei der Überprüfung von Zulassungsentscheiden Rechtsfragen, in denen das Verwaltungsgericht der Vorinstanz einen Beurteilungsspielraum einräumen wird (z. B. bei der Frage der Gleichwertigkeit verschiedener Vorbildungen oder bei der Gewährung von Ausnahmen).[255]

Wird bei der Überprüfung von bildungsrechtlichen Leistungsbeurteilungen die Einschränkung auf Rechtsfragen als genügend angesehen, um den Besonderheiten der Leistungsbewertung und der Leistungsmessung Rechnung zu tragen, sollte grundsätzlich auch der Rechtsweg an die Verwaltungsgerichte offen stehen.[256] Zu einer so verstandenen Überprüfung sind diese Gerichte ja geradezu prädestiniert; sie würden die genügende Kontrolle von Leistungsbeurteilungen ohne weiteres erbringen können. Im übrigen sei darauf hingewiesen, dass sich in Bereichen, in denen gegen Leistungsbeurteilungen der Weg an ein (allenfalls Spezial-) Verwaltungsgericht offen steht,[257] keine zusätzlichen Probleme bei der Überprüfung ergeben haben.

---

tungsgericht offen (Art. 68 Bst. c BBG; ungenau KLEY-STRULLER, Rechtsschutz, S. 288).

254 A. M. KLEY-STRULLER, S. 288.

255 In diesem Sinne etwa VPB 1995 Nr. 75 S. 650 f. (betreffend den unbestimmten Rechtsbegriff „gleichwertiger Ausweis" nach Art. 53 Abs. 1 BBG); ebenso letztlich auch BGE 105 Ib 74 und VPB 1980 Nr. 43. Ein weiteres Beispiel, in dem die Verwaltungsgerichtsbeschwerde offen steht (so der unveröffentlichte Entscheid des Verwaltungsgerichts des Kantons Bern vom 22. Oktober 1993 i. S. M.H.), ergibt sich aus Art. 43 Abs. 2 BBG, wonach einem Lehrling ausnahmsweise das Fähigkeitszeugnis auch ohne Prüfung erteilt werden kann, sofern er unter anderem „sich über seine Fähigkeiten ausgewiesen hat"; auch bei der Überprüfung dieser Frage wird regelmässig ein Beurteilungsspielraum einzuräumen sein.

256 AESCHLIMANN, Anfechtungsstreitverfahren, S. 96, fordert für die „Anfechtung von Prüfungsergebnissen generell je eine verwaltungsinterne und verwaltungsexterne Instanz".

257 Auf Bundesebene sei etwa an die Zuständigkeit der Rekurskommission EVD im Bereich der Berufsbildung (Art. 68 Bst. c BBG) erinnert (dieser richterlichen Behörde kommt eine umfassende Überprüfungsbefugnis zu, wenn die kantonale Vorinstanz nicht als Beschwerdeinstanz entschieden hat [Art. 71a Abs. 2 in Verbindung mit Art. 49 VwVG]; zur Praxis vgl. Ziff. 3.3.3). Auf kantonaler Ebene sind u. U. etwa Streitigkeiten um die Erteilung von Fähigkeitsausweisen beim Verwaltungsgericht anfechtbar (so in verschiedenen Kantonen z. B. das Ergebnis von Anwaltsprüfungen), für den Kanton Bern vgl. etwa BVR 1988 S. 468 ff. betreffend die Erteilung des gastgewerblichen Fähigkeitsausweises nach damaligem Recht (bereits erwähnt in Ziff. 3.3.4).

Wird nun der Zugang zum Verwaltungsgericht kombiniert mit den erwähnten anderen kompensatorischen Verfahrensanforderungen[258], ergibt sich für die Auszubildenden ein transparenter und wirkungsvoller Rechtsschutz.

Bereits an anderer Stelle wurde erwähnt, dass die Unterscheidung von Rechts- und Ermessensfragen (von unbestimmten Rechtsbegriffen und Ermessen) letztlich untauglich ist.[259] Sie ist dies ebenso als Kriterium für die Festlegung des Rechtswegs.[260] Die hier vertretene Ansicht führt - dies sei im Hinblick auf die zukünftige Gesetzgebung nicht verheimlicht -, konsequent gehandhabt dazu, dass die ellenlangen Ausnahmekataloge vieler Verwaltungsprozessgesetze[261] weitgehend abzuschaffen wären.[262] Typischerweise könnte dann das anfechtbare Verwaltungshandeln zunächst einer ersten verwaltungsinternen oder verwaltungsunabhängigen Beschwerdeinstanz und danach dem Verwaltungsgericht vorgelegt werden. Entfallen würden so letztlich auch die Justizfunktionen von Bundesrat und Regierungsrat.[263]

3.4.3 Schlussbemerkung und Hinweise für die zukünftige Rechtsetzung

Die zukünftige Rechtsetzung und Rechtsprechung sind in mehrfacher Hinsicht herausgefordert. Sie haben - dies als grundsätzliche Aufgabe - besonders darauf hinzuwirken, dass bildungsrechtliche Leistungsbeurteilungen insgesamt *transparenter* werden.[264]

---

258 KLEY-STRULLER, Rechtsschutz, S. 303 f., glaubt, dass spezifische Verfahrensrechte den fehlenden Gerichtszugang zu kompensieren vermögen, fordert aber trotzdem den Zugang zum Verwaltungsgericht, soweit die Einhaltung des Verfahrensrechts in Frage steht.

259 Ziff. 3.4.1.

260 KOLLER, S. 370, weist auf die unscharfe Trennung und die gesetzgeberische Inkonsequenz hin; vgl. auch SALADIN, Verwaltungsverfahrensrecht, S. 195.

261 Vgl. etwa Art. 99 und 100 OG, Art. 77 und 78 VRPG.

262 KOLLER, S. 385, fordert zumindest eine ernsthafte Überprüfung von Art. 99 - 101 OG. KLEY-STRULLER, Rechtsschutz, S. 262, setzt sich - unter Hinweis auf viele andere Stimmen in der Lehre - für eine (umfassende) Generalklausel in der Verwaltungsgerichtsbarkeit ein.

263 Vgl. heute Art. 72 ff. VwVG und Art. 64 VRPG; zur Problematik vgl. etwa KOLLER, S. 392 ff.; KÖLZ/HÄNER, Rz. 327; AESCHLIMANN, Anfechtungsstreitverfahren, S. 114 ff.; vgl. auch bereits GIACOMETTI, S. 462 ff. und 469 ff.

264 Vgl. Ziff. 3.4.2.3.

Im Bereich der bildungsrechtlichen *Rechtsprechung* fallen besonders die folgenden Massnahmen in Betracht:

- die Ausschöpfung der auf Rechtsfragen beschränkten Überprüfungsbefugnis;[265]

- eine massvolle Erhöhung der Anforderungen an die (allenfalls nachträgliche) Begründung von bildungsrechtlichen Leistungsbeurteilungen;[266]

- die vermehrte Anordnung von nachträglichen Fachgutachten als Beweismassnahme.[267]

Im Bereich der bildungsrechtlichen *Rechtsetzung* fallen besonders die folgenden Massnahmen in Betracht:

- die Überprüfungsbefugnis auf Rechtsfehler beschränken;[268]

- für schriftliche und mündliche Prüfungen das Erfordernis von mindestens zwei prüfenden Personen vorschreiben;[269]

- für mündliche und - soweit sachgerecht auch für andere - Prüfungen die Pflicht zur Erstellung eines Protokolls vorschreiben;[270]

- die Einführung von Schlichtungsbehörden für bildungsrechtliche Streitigkeiten prüfen;[271]

- den Rechtsweg an das Verwaltungsgericht für bildungsrechtliche Streitigkeiten öffnen.[272]

Die erwähnten Massnahmen sind wohl in ihrer Mehrzahl grundsätzlich dem Verfahrensrecht zuzuordnen, wirken aber letztlich auch auf die inhaltliche Überprüfung zurück und führen so zu einer den berechtigten Interessen der Rechtsuchenden besser Rechnung tragenden Kognition bei.

---

[265] Vgl. Ziff. 3.4.2.2.

[266] Vgl. Ziff. 3.4.2.4.3.

[267] Vgl. Ziff. 3.4.2.4.4.

[268] Vgl. Ziff. 3.3.1 und 3.4.2.3.

[269] Vgl. Ziff. 3.4.2.4.1.

[270] Vgl. Ziff. 3.4.2.4.2.

[271] Vgl. Ziff. 3.4.2.4.6.

[272] Vgl. Ziff. 3.4.2.4.7.

4 LEISTUNGSBEURTEILUNGEN IM BERNISCHEN BILDUNGSRECHT

Der letzte Abschnitt dieses Buches befasst sich - natürlich vor dem Hintergrund der bisherigen Aussagen - mit dem materiellen und prodezuralen bernischen Bildungsrecht. Dabei darf aber nicht vergessen werden, dass die vorliegende Darstellung unvollständig ist: Zum einen können die verschiedenen Bildungsbereiche nicht umfassend in ihren Einzelheiten dargestellt werden, zum andern werden einzelne Teilbereiche gar nicht behandelt (so etwa die Erwachsenenbildung, die Diplommittelschulen, die zehnten Schuljahre). Es sollen primär Hinweise zu Bereichen gegeben werden, die für die aktuelle kantonale Rechtsprechung von einiger Bedeutung sind.

Neben eher grundsätzlichen Bemerkungen soll für alle dargestellten Bildungsbereiche oder Ausbildungsstufen jeweils die Bedeutung von Leistungsbeurteilungen in den verschiedenen (Aus-) Bildungsphasen untersucht werden. Darzustellen sind somit Leistungsbeurteilungen bei der Zulassung (Aufnahme), während der Ausbildung und beim Abschluss.

Bei der Lektüre dieses Abschnitts ist zu beachten, dass alle dargestellten Bereiche Veränderungen durch die Rechtsetzung ausgesetzt sind und deshalb schon bald nicht mehr den aktuellsten Stand wiedergeben werden. Das bernische Bildungsrecht befindet sich bereits seit einiger Zeit in einer Phase des tiefgreifenden Umbruchs: Auf der Grundlage des Grossratsbeschlusses vom 9. September 1985 betreffend die Grundsätze zur Gesamtrevision der Bildungsgesetzgebung[1] sowie des Grossratsbeschlusses vom 14. August 1990 über die Grundsätze zur Gesamtkonzeption der Lehrerbildung[2] wurden - oder werden noch - alle wichtigen bildungsrechtlichen Erlasse einer Totalrevision unterzogen.[3]

4.1 VOLKSSCHULE

4.1.1 Allgemeines

Für den Bereich der Volksschule geht das vorliegende Buch vom neuen *Volksschulgesetz* vom 19. März 1992[4] aus, das im wesentlichen auf den

1 BSG 430.103.11.

2 BSG 430.103.12.

3 Vgl. im einzelnen die folgenden Ziffern.

4 VSG; BSG 432.210. Vgl. auch den Vortrag des Regierungsrates an den Grossen Rat zur Änderung des Volksschulgesetzes vom 18. September 1996.

1. August 1994 in Kraft getreten ist[5] und die entsprechenden Bestimmungen des Gesetzes vom 2. Dezember 1951 über die Primarschule und des Gesetzes vom 3. März 1957 über die Mittelschulen ersetzt hat.[6]

Die *Volksschule* umfasst die obligatorische Schulzeit von neun Jahren; zudem gilt das Volksschulgesetz auch für die Weiterbildungsklassen.[7] Die ersten sechs Schuljahre der Volksschule bilden die *Primarstufe*, die folgenden drei die *Sekundarstufe I*.[8] Die Sekundarstufe I gliedert sich in die Realschule und die Sekundarschule bzw. in Real- und Sekundarklassen oder in deren Verbindungen, wobei Sekundarklassen organisatorisch auch einem Gymnasium angegliedert sein können.[9]

Zur *Rechtspflege* sieht das Volksschulgesetz vor, dass die Verfügungen der kommunalen Schulkommission[10] beim regionalen Schulinspektorat[11] mit Verwaltungsbeschwerde angefochten werden können.[12] Dagegen sind Verfügungen der Schulinspektorate und der Amtsstellen der Erziehungsdirektion bei der Erziehungsdirektion anzufechten.[13] Beschwerdeentscheide des Schulinspektorats, Verfügungen und nicht endgültige Beschwerdeentscheide der Erziehungsdirektion können nach den Bestimmungen des Verwaltungsrechtspflegegesetzes beim Regierungsrat oder - ausnahmsweise - beim Verwaltungsgericht angefochten werden.[14]

Ein besonderer Rechtsweg besteht einzig für Streitigkeiten über den *Schulungsort*,[15] hier entscheidet die Erziehungsdirektion als erste und einzige kantonale Beschwerdein-

---

5 RRB Nr. 1940 vom 19. Mai 1993, Ziff. 1 Bst. b.

6 RRB Nr. 1940 vom 19. Mai 1993, Ziff. 2 und 3.

7 Art. 1 VSG; für die Weiterbildungsklassen vgl. Art. 21 VSG.

8 Art. 3 Abs. 1 VSG.

9 Art. 3 Abs. 2 und 3 VSG.

10 Vgl. Art. 50 f. VSG, Art. 21 der Volksschulverordnung vom 4. August 1993 (VSV; BSG 432.211.1).

11 Vgl. Art. 52 VSG sowie die Verordnung vom 29. November 1995 über das Schulinspektorat (BAG 96-3, BSG 430.141.1).

12 Art. 72 Abs. 1 VSG.

13 Art. 72 Abs. 2 VSG.

14 Art. 72 Abs. 3 und 4 VSG; Art. 78 Bst. d VRPG.

15 Vgl. Art. 7 VSG.

stanz[16] über kommunale Verfügungen,[17] über Fälle, in denen sich die Gemeinden über den Schulkostenbeitrag nicht einig sind[18] sowie über Beschwerden gegen Verfügungen der zuständigen Stelle der Erziehungsdirektion über die Zuweisung von Sekundarschülerinnen und -schülern oder über die Einführung von Sekundarschulunterricht.[19]

4.1.2 Primarstufe

4.1.2.1 SCHULPFLICHT

Art. 27 Abs. 2 BV räumt jedem Kind einen *Anspruch* auf unentgeltlichen, genügenden Primarunterricht an einer öffentlichen Schule[20] ein.[21] Gewissermassen als Äquivalent zu diesem Anspruch erklärt die Verfassung den Unterricht zugleich als „obligatorisch"; die Schulpflicht kann deshalb als *Grundpflicht* bezeichnet werden.[22] Art. 27 Abs. 2 BV wird nunmehr durch Art. 13 UNO-Pakt I[23] und durch Art. 28 der Kinderrechtskonvention[24] ergänzt.

Nach bernischem Verfassungsrecht hat jedes Kind Anspruch auf eine seinen Fähigkeiten entsprechende, unentgeltliche Schulbildung.[25] Dieses Sozialrecht geht insofern über Art. 27 Abs. 2 BV hinaus, als in seinen Schutzbereich nicht nur die Primar- und Realschule, sondern die gesamte

---

16 Art. 7 Abs. 4 VSG. Der Frage, ob diese Konzeption den Schutz vor Willkür in allen Fällen tatsächlich gewährleistet, wird hier nicht nachgegangen (vgl. immerhin Ziff. 2.1.2.5).

17 Vgl. Art. 7 Abs. 2 Satz 1 VSG; vgl. in diesem Zusammenhang auch BGE 122 I 236 ff.

18 Vgl. Art. 7 Abs. 2 Satz 2 VSG.

19 Vgl. Art. 7 Abs. 3 VSG.

20 Zudem sollen die öffentlichen Schulen „von den Angehörigen aller Bekenntnisse ohne Beeinträchtigung ihrer Glaubens- und Gewissensfreiheit besucht werden können" (Art. 27 Abs. 3 BV); vgl. dazu BORGHI, Art. 27, Rz. 64 ff.

21 Näher dazu BORGHI, Art. 27, Rz. 29 ff.; der Bundesrat betrachtet Art. 27 Abs. 2 BV als „verfassungsmässiges individuelles Sozialrecht auf Bildung" (VPB 1976 Nr. 37 S. 44).

22 BORGHI, Art. 27, Rz. 45 ff. (besonders 46); KLEY-STRULLER, Grundpflichten, S. 291 ff.; PLOTKE, Schulrecht, S. 143 ff.

23 Dazu auch Ziff. 2.1.2.3.2; vgl. besonders Art. 13 Abs. 2 Bst. a UNO-Pakt I, wonach „der Grundschulunterricht für jedermann Pflicht und allen unentgeltlich zugänglich sein muss".

24 Dazu auch Ziff. 2.1.2.4; vgl. besonders Art. 28 Abs. 1 Bst. a der Kinderrechtskonvention, wonach die Vertragsstaaten, „den Besuch der Grundschule für alle zur Pflicht und unentgeltlich machen".

25 Art. 29 Abs. 2 KV.

Volksschule fällt.[26] Erwähnenswert ist zudem, dass auf Verfassungsstufe wohl das Recht auf Schulbildung nicht aber die Schulpflicht verankert ist.[27]

Der Zulassung zur Primarstufe der Volksschule geht keine Leistungsbeurteilung voraus. Vielmehr wird jedes Kind *schulpflichtig*, das vor dem 1. Mai das sechste Altersjahr zurückgelegt hat.[28]

Um auf die *besondere Situation* einzelner Schülerinnen und Schüler eingehen zu können, bestehen zusätzlich Regelungen über den früheren Schuleintritt[29], die Rückstellung[30], die Zuweisung in eine besondere Klasse[31] und die „andere Schulung"[32]. Die entsprechenden Anordnungen der jeweils zuständigen Behörde (Schulkommission oder Schulinspektorat) stellen Verfügungen dar.

4.1.2.2 Beurteilung der Schülerinnen und Schüler (1. - 5. Schuljahr)

Zur Beurteilung der Schülerinnen und Schüler bestimmt auf Gesetzesstufe einzig Art. 25 Abs. 1 VSG, dass periodisch Berichte oder Zeugnisse auszustellen sind, ab dem dritten Schuljahr auch mit Noten. Die *Berichte und Zeugnisse* dienen der Schülerbeurteilung und sind Grundlagen für die weitere Schulung.[33]

Art. 25 Abs. 2 VSG delegiert den Erlass näherer Bestimmungen an die Erziehungsdirektion. Gestützt auf diese Norm hat die Erziehungsdirektion die *Weisungen vom 18. September 1995 über die Beurteilung und die Schullaufbahnentscheide an der Primarstufe der Volksschule*[34] erlassen. Die Beurteilungsweisungen gehen von den folgenden Grundsätzen aus:

---

[26] Bolz, in: Kälin/Bolz, S. 318; Saladin/Aubert, in: Kälin/Bolz, S. 97 f.

[27] Bolz, in: Kälin/Bolz, S. 359.

[28] Art. 22 Abs. 1 Satz 1 VSG.

[29] Art. 22 Abs. 1 Satz 2 VSG.

[30] Art. 22 Abs. 2 VSG.

[31] Art. 22 Abs. 2 VSG.

[32] So die Marginalie zu Art. 18 VSG (vgl. auch Art. 19 f. VSG).

[33] Art. 25 Abs. 1 VSG (am Ende).

[34] BWP.

Als „Bestandteile" der Beurteilung bezeichnet Art. 4 Abs. 1 BWP[35]

- das Gespräch mit den Eltern,[36]
- den Lernbericht,[37]
- die Selbstbeurteilung[38] und
- das Zeugnis.[39]

Im *ersten und zweiten Schuljahr* stützt sich die Beurteilung auf das Elterngespräch und den Lernbericht; im Zeugnis werden keine Noten eingetragen.[40] Das Gespräch findet gegen Ende des ersten Semesters des Schuljahres statt.[41] Der Lernbericht wird im letzten Monat des Schuljahres abgegeben;[42] er gibt Auskunft über das Arbeits-, Lern- und Sozialverhalten und enthält Angaben über die Sachkompetenz in den einzelnen Fächern.[43]

Im *dritten bis fünften Schuljahr* wird zudem auch auf die Noten und die Selbstbeurteilung abgestellt.[44] Der Lernbericht wird im Januar, d. h. gegen Ende des ersten Semesters des Schuljahres, zusammen mit der Selbstbeurteilung abgegeben.[45] Den Eltern ist in jedem Schuljahr, ebenfalls gegen Ende des ersten Semesters,[46] ausdrücklich ein Gespräch anzubieten.[47] Am Ende des Schuljahres wird dann ein Zeugnis mit Noten

---

35 Diese Bestandteile ersetzen das bisherige Notenzeugnis und den Schulbericht.

36 Dazu Art. 5 - 8 BWP.

37 Dazu Art. 9 - 13 BWP.

38 Dazu Art. 10 - 12 und Art. 13 Abs. 3 BWP.

39 Dazu Art. 14 - 19 BWP.

40 Art. 4 Abs. 2 und Art. 14 Abs. 1 BWP; vgl. auch Art. 25 Abs. 1 VSG.

41 Art. 7 BWP; kommt kein Gespräch zustande, ist ein zusätzlicher Lernbericht abzugeben (Art. 5 Abs. 2 BWP).

42 Art. 9 Abs. 2 BWP.

43 Art. 9 Abs. 1 BWP.

44 Art. 4 Abs. 2, Art. 10, Art. 14 Abs. 1 BWP; vgl. auch Art. 25 Abs. 1 VSG.

45 Art. 9 Abs. 2 und Art. 10 Satz 2 BWP.

46 Das Gespräch wird nach der Abgabe von Lernbericht und Selbstbeurteilung stattfinden, bilden diese u. a. doch Grundlage für das Gespräch (Art. 8 BWP).

47 Art. 6 und 7 BWP.

abgegeben.[48] Die Noten dienen der Beurteilung der Sachkompetenz in einem bestimmten Fach[49] und kennzeichnen, inwieweit während des zweiten Semesters des Schuljahres[50] die Grundanforderungen erfüllt worden sind.[51] Es können ganze und halbe Noten im Bereich von 6 bis 1 erteilt werden.[52] Noten unter 4 sind ungenügend, das heisst die vom Lehrplan[53] gestellten Grundanforderungen werden nicht (voll) erfüllt.[54]

Aufgrund der Beurteilung wird in der Regel am Ende des Schuljahres von der Schulkommission der *Schullaufbahnentscheid* getroffen.[55] Ihr stehen dabei vier Möglichkeiten offen:[56]

- Übertritt ins nächste Schuljahr,
- Zuweisung in eine Kleinklasse,
- Überspringen eines Schuljahres,
- Wiederholung eines Schuljahres.

Die *Schulkommission* trifft die Schullaufbahnentscheide auf Antrag der Lehrerkonferenz.[57] Vor der Beschlussfassung sind die den Eltern gewährten Informations- und Anhörungsrechte zu beachten.[58] Der getroffene Entscheid ist sodann im Zeugnis einzutragen.[59] Der Übertritt ins nächste Schuljahr erfolgt grundsätzlich, wenn die Beurteilung der Sachkompetenz für die obligatorischen Fächer mehrheitlich positiv ausfällt (d. h. minde-

---

48 Art. 14 Abs. 3 BWP.

49 Art. 14 Abs. 1 Lemma 7 und Art. 15 Abs. 1 Satz 1 BWP.

50 Die Beurteilung für das erste Semester des Schuljahres erfolgt ja durch den Lernbericht.

51 Art. 15 Abs. 2 BWP.

52 Art. 15 Abs. 1 BWP.

53 Lehrplan vom 8. Mai 1995 für die Volksschule des Kantons Bern, herausgegeben von der Erziehungsdirektion des Kantons Bern (Vertrieb durch den Berner Lehrmittel- und Medienverlag).

54 Art. 15 Abs. 3 BWP; vgl. auch Ziff. 1.

55 Art. 21 Satz 1, Art. 22 Abs. 1 Satz 1 BWP.

56 Art. 20 BWP.

57 Art. 22 Abs. 1 Satz 1 BWP; vgl. auch Art. 14 Abs. 3 Bst. b und Art. 21 Bst. n VSV.

58 Art. 31 Abs. 4 Satz 3 VSG und Art. 22 Abs. 1 Satz 2 BWP.

59 Art. 14 Abs. 1 Lemma 6 BWP.

stens die Grundanforderungen erfüllt werden).[60] Da der Schullaufbahnentscheid aufgrund einer *umfassenden Gesamtbeurteilung*[61] der Schülerin oder des Schülers gefasst werden soll, kann aber selbst bei einer negativen Beurteilung der Sachkompetenz[62] der Übertritt ins nächste Schuljahr beschlossen werden.[63]

Bei den eben dargestellten Entscheiden über die weitere Schullaufbahn handelt es sich zweifellos um *Verfügungen*.[64] Entsprechend ist der Schullaufbahnentscheid (normalerweise den Eltern) schriftlich und mit Rechtsmittelbelehrung zu eröffnen.[65] In diesem Zusammenhang stellt sich allenfalls die Frage, ob es genügt, den ja im Zeugnis eingetragenen Schullaufbahnentscheid, durch die blosse Abgabe oder Zustellung des Zeugnisses zu eröffnen. Art. 22 Abs. 2 BWP ist so auszulegen, dass er dem Verwaltungsrechtspflegegesetz entspricht[66]: Besonders aus systematischen Gründen ergibt sich, dass die Beurteilungsweisungen mit der Formulierung in Art. 22 Abs. 2 von einer Eröffnung durch ein separates Schreiben (z. B. durch einen eingeschriebenen Brief) ausgehen und nicht durch den Lernbericht oder das Zeugnis. Zum einen enthält der Lernbericht keinen Schullaufbahnentscheid.[67] Zum andern erwiese sich die Bestimmung bei einer Eröffnung der Schullaufbahnentscheide mit dem Zeugnis als überflüssig, denn dass das Zeugnis die Schullaufbahnentscheide und eine Rechtsmittelbelehrung enthält, ergibt sich bereits aus einer anderen Norm der Weisungen.[68] Die Schulkommission hat somit Schullaufbahnentscheide in einem separaten Schreiben zu eröffnen, das den Anforderungen an eine Verfügung genügt. Aus Gründen der Effizienz und der Verfahrensökonomie genügt meines Erachtens jedoch bereits die

---

60 Art. 24 Abs. 1 und 2 BWP.

61 Art. 23 Satz 1 BWP; massgebend für die Gesamtbeurteilung sind die Sachkompetenz, das Arbeits-, Lern- und Sozialverhalten (Art. 23 Satz 2 BWP). Im übrigen ergibt sich bereits aus Art. 4 Abs. 1 BWP, dass eine gesamtheitliche Beurteilung der Schülerinnen und Schüler angestrebt wird.

62 Dies im Sinne von Art. 24 Abs. 2 BWP.

63 Art. 24 Abs. 3 BWP.

64 Vgl. Ziff. 2.1.3.2.

65 Art. 22 Abs. 2 BWP.

66 Art. 72 Abs. 4 VSG sieht keine Abweichungen von VRPG vor; es gelten deshalb die allgemeinen Bestimmungen des Verwaltungsrechtspflegegesetzes (vgl. besonders Art. 44 und Art. 52 VRPG).

67 Art. 9 Abs. 1 BWP.

68 Art. 14 Abs. 1 Lemma 6 und 11 BWP.

Eröffnung durch das Zeugnis, wenn der Entscheid zu Gunsten des Kindes ausfällt (so regelmässig der Übertritt ins nächste Schuljahr) und keine Hinweise für eine drohende Anfechtung bestehen.

Das *„offizielle Zeugnis"*[69] stellt ein amtliches Dokument, nicht aber eigentlich eine Verfügung dar. Hingegen ist zu fragen, ob nicht verschiedene, im Zeugnis enthaltene Angaben[70] als anfechtbare Verfügungen zu betrachten sind.[71] Es wurde bereits erwähnt, dass die Schullaufbahnentscheide Verfügungen darstellen. Komplexer verhält es sich mit den Beurteilungen der Sachkompetenz in den obligatorischen Fächern[72]: Volksschulgesetz und -verordnung weisen pädagogische Massnahmen und Beurteilungen zunächst den Lehrkräften zu,[73] rechtlich relevante Entscheidungen dagegen der Schulkommission.[74] Entsprechend können die Verfügungen der Schulkommission mit Verwaltungsbeschwerde beim Schulinspektorat angefochten werden.[75] Andere Massnahmen und Beurteilungen können mit aufsichtsrechtlicher Anzeige beanstandet werden.[76] Diese Konzeption überzeugt - übertragen auf bildungsrechtliche Leistungsbeurteilungen - für die ersten fünf Schuljahre der Primarstufe, denn die Wirkungen der hier zur Diskussion stehenden Leistungsbeurteilungen gehen regelmässig nicht über den Schullaufbahnentscheid hinaus. Vom vorne[77] aufgestellten Grundsatz der Anfechtbarkeit einzelner Leistungsbeurteilungen (hier im Sinne von „Fachnoten") kann eine Ausnahme gemacht werden. Es genügt hier der rudimentäre Schutz vor willkürlichem staatlichem Handeln.[78] Anders verhält es sich jedoch im sechsten Schuljahr: Fliessen

---

69 So Art. 14 Abs. 1 BWP.

70 Vgl. Art. 14 Abs. 1 BWP.

71 Darauf deutet auch Art. 14 Abs. 1 Lemma 11 BWP hin, wonach das Zeugnis eine *Rechtsmittelbelehrung* enthält.

72 Vgl. Art. 10 Abs. 1 VSG, Art. 2 VSV, Art. 15 Abs. 4 BWP.

73 Vgl. Art. 28 Abs. 2 (disziplinarische Anordnungen), Art. 34 Abs. 1 und 2 (Lehrerauftrag), Art. 44 Abs. 2 VSG (Lehrerkonferenz), Art. 14 VSV (Aufgabenbereich der Lehrerkonferenz).

74 Art. 22 (Schulpflicht), Art. 24 Abs. 2 (zusätzliches Schuljahr), Art. 28 Abs. 3 (Erteilung eines Verweises), Art. 50 Abs. 1 VSG (Schulkommission), Art. 21 VSV (Aufgabenbereich der Schulkommission).

75 Art. 72 Abs. 1 VSG (vgl. auch Art. 27 Abs. 1 VSV), Art. 60 Abs. 1 VRPG.

76 Art. 101 VRPG (vgl. auch Art. 28 VSV).

77 Vgl. Ziff. 2.1.3.3.

78 Vgl. Ziff. 2.1.3.6.

in den Übertrittsbericht doch auch die Beurteilung der Sachkompetenz in den Fächern Deutsch, Französisch und Mathematik ein.[79]

Im selben Licht ist auch die Bedeutung des *Lernberichts* zu sehen: Erfolgt die Beurteilung in Form eines Lernberichts (so in der Regel am Ende des ersten Semesters des Schuljahres), stellt dieser keine Verfügung dar.[80] Immerhin werden die Lernberichte indirekt anfechtbar, wenn u. a. gestützt auf sie Verfügungen erlassen werden.

4.1.2.3 Übertritt in die Sekundarstufe I

Nach der *sechsten Klasse* der Primarstufe erfolgt der Übertritt in die Sekundarstufe I.[81] Die Beurteilung für das sechste Schuljahr richtet sich im wesentlichen nach den Beurteilungsweisungen der Primarstufe.[82]

Am *Übertrittsverfahren* beteiligen sich alle Schülerinnen und Schüler der sechsten Primarklasse, deren Eltern nicht schriftlich den Verzicht auf die Teilnahme am Verfahren mitgeteilt haben.[83] Zudem ist der Übertritt ins erste Sekundarschuljahr auch vom ersten Realschuljahr aus möglich.[84] Nach Art. 26 Abs. 1 VSG gelten beim Übertritt die folgenden Voraussetzungen:[85]

- für den Eintritt in eine *Realklasse* das absolvierte Pensum der Primarstufe,
- für den Eintritt in eine *Sekundarklasse* das erfolgreiche Ergebnis aus dem Übertrittsverfahren,

---

79 Näher dazu und zum sechsten Schuljahr überhaupt Ziff. 4.1.2.3.

80 Auch die „Schulberichte" nach früherem Primarschulrecht galten nach der Praxis nicht als Verfügungen.

81 Art. 3 Abs. 1 und Art. 26 Abs. 1 VSG; Art. 1 Abs. 1 Bst. a und Art. 2 Abs. 1 der Weisungen der Erziehungsdirektion vom 13. Dezember 1993 für das Übertrittsverfahren in die Sekundarstufe I (ÜWS). Diese Weisungen werden auf den Übertritt in das Schuljahr 1998/1999 hin durch die Weisungen der Erziehungsdirektion vom 1. Februar 1997 betreffend das Übertrittsverfahren in die Sekundarstufe I abgelöst (publiziert in: ASB Nr. 3/97 vom 14. März 1997, S. 20 ff.)

82 Art. 4 Abs. 2 und Art. 25 BWP.

83 Art. 3 Abs. 1 ÜWS.

84 Art. 1 Abs. 1 Bst. b und Abs. 2, Art. 3 Abs. 2, Art. 8 ÜWS.

85 Art. 26 Abs. 1 Bst. a - c VSG (gleichlautend Art. 2 Abs. 1 ÜWS).

- für den Eintritt in *Zusammenarbeitsformen* gemäss Art. 46 Abs. 3 VSG die Zuweisung aufgrund der Ergebnisse des Übertrittsverfahrens.

In eine Sekundarklasse werden Schülerinnen und Schüler aufgenommen, bei denen sich begründet annehmen lässt, dass sie den erhöhten Anforderungen des Unterrichts genügen werden.[86] Für den ganzen Kanton gilt ein - durch die Erziehungsdirektion - einheitlich[87] gestaltetes Übertrittsverfahren.[88]

Für das Übertrittsverfahren sind die folgenden Grundlagen massgebend:[89]

- zwei Serien Vergleichsarbeiten je in den Fächern Deutsch, Französisch, Mathematik;[90]

- der Übertrittsbericht (Beurteilung des Arbeits- und Lernverhaltens sowie der Sachkompetenz in den Fächern Deutsch, Französisch, Mathematik);[91]

- die Übertrittsempfehlung der Lehrerkonferenz der Primarschule oder der Realschule;[92]

- die Gespräche mit den Schülerinnen und Schülern und den Eltern;[93]

---

86 Art. 26 Abs. 2 VSG (gleichlautend Art. 2 Abs. 2 ÜWS).

87 Immerhin ist Sonderfällen in geeigneter Weise Rechnung zu tragen (Art. 29 ÜWS).

88 Art. 26 Abs. 3 VSG. Durch dieses Verfahren sollen im kantonalen Durchschnitt nicht mehr als die Hälfte eines Schülerinnen- und Schülerjahrgangs dem Sekundarschulunterricht zugewiesen werden (Art. 30 Abs. 1 ÜWS); massgebend bleibt jedoch die Beurteilung der einzelnen Schülerinnen und Schüler, die Bestimmung stellt bloss eine Richtlinie dar, die der Einheitlichkeit des kantonalen Verfahrens dienen soll (vgl. auch Art. 30 Abs. 2 ÜWS).

89 Art. 4 ÜWS; für den zeitlichen Ablauf vgl. Art. 6 ÜWS.

90 Art. 8 - 18 ÜWS; die Bewertung richtet sich nach Art. 16 - 18 ÜWS (vgl. v. a. die Empfehlungsstufen gemäss Art. 18 sowie Anhang I Ziff. 1 und Anhang III Ziff. 1 ÜWS).

91 Art. 19 - 21 ÜWS; vgl. auch Anhang I Ziff. 2, Anhang II Ziff. 5 und 6 sowie Anhang III Ziff. 2 und 3 ÜWS.

92 Art. 22 und 25 ÜWS; vgl. auch Anhang I Ziff. 3 sowie Anhang III Ziff. 4 ÜWS.

93 Art. 22 - 25 ÜWS; bemerkenswert ist besonders Art. 23 Abs. 2 ÜWS, wonach im Gespräch mit den Eltern nach Möglichkeit eine Übereinstimmung hinsichtlich der weiteren Schullaufbahn des Kindes angestrebt werden soll.

- der Übertrittsantrag der aufnehmenden Schule.[94]

Die *Schulkommission* der aufnehmenden Schule hat sodann (jeweils bis spätestens Ende April) den Übertrittsentscheid zu treffen.[95] Dieser stellt nach Art. 27 Abs. 5 ÜWS eine Verfügung im Sinne des Verwaltungsrechtspflegegesetzes dar, die beim zuständigen Schulinspektorat angefochten werden kann.[96] Dabei ist zu beachten, dass bei Schulen mit Niveauunterricht[97] der Übertrittsentscheid aus der Zuweisung je in den Fächern Deutsch, Französisch und Mathematik besteht[98] und die einzelne Niveauzuweisung ebenfalls anfechtbar ist. Nicht selbständig anfechtbar sind dagegen die einzelnen Elemente des Übertrittsverfahrens, entsprechende Rügen können erst im Beschwerdeverfahren gegen den Übertrittsentscheid erhoben werden.[99]

4.1.3 Realschule und Sekundarschule

Für die weitere Schullaufbahn richtet sich die Beurteilung nach den *Weisungen der Erziehungsdirektion vom 31. Juli 1995 über die Beurteilung und die Schullaufbahnentscheide an der Sekundarstufe I der Volksschule*.[100] Diese Weisungen stützen sich auf Art. 25 VSG und stimmen in mancher Beziehung mit den Beurteilungsweisungen für die Primarstufe überein.[101]

---

94 Art. 26 ÜWS; vgl. auch Anhang I Ziff. 3 sowie Anhang III Ziff. 4 ÜWS (nach Art. 26 Abs. 3 ÜWS soll bei Differenzen zwischen Übertrittsempfehlung und Übertrittsantrag ebenfalls ein gemeinsamer Antrag angestrebt werden).

95 Art. 27 ÜWS.

96 Art. 31 ÜWS; vgl. Art. 72 Abs. 1 VSG. Gegen den Beschwerdeentscheid des Schulinspektorats steht die Verwaltungsbeschwerde an den Regierungsrat offen (Art. 72 Abs. 3 VSG, Art. 78 Bst. d VRPG).

97 Dabei handelt es sich um eine auf der Sekundarstufe I vorgesehene Unterrichtsform, die die unterschiedliche Begabung und Leistungsfähigkeit der Schülerinnen und Schüler berücksichtigen soll (Art. 11 Bst. a VSG).

98 Art. 27 Abs. 3 ÜWS.

99 Vgl. auch die Ziff. 2.1.3.3 und 2.1.3.5.

100 BWS (vgl. auch Art. 27 Abs. 6 ÜWS); zum Übergangsrecht und zum Inkrafttreten vgl. Art. 34 und 35 BWS. Für den französischsprachigen Kantonsteil vgl. die Directives du 31 juillet 1995 concernant l'évaluation et les décisions relatives à la suite du parcours scolaire au cycle secondaire I dans la partie francophone du canton (FOS N° 9/95 du 31 août 1995, S. 12 ff.).

101 Vgl. Ziff. 4.1.2.2; im vorliegenden Abschnitt soll deshalb weitgehend auf Wiederholungen verzichtet werden.

Die *Beurteilung* dient zur Information der Schülerinnen, Schüler und Eltern; sie bildet auch Grundlage für die weitere Schulung.[102] Sie orientiert sich am Lehrplan[103] und umfasst die Sachkompetenz sowie das Arbeits-, Lern- und Sozialverhalten.[104] Als „Bestandteile" der Beurteilung bezeichnet Art. 4 Abs. 1 BWS

- das Gespräch mit den Eltern,[105]
- den Lernbericht,[106]
- die Selbstbeurteilung[107] und
- das Zeugnis.[108]

Vom *siebten bis zum neunten Schuljahr* beruht die Beurteilung für das erste Semester des Schuljahres auf dem Lernbericht, der Selbstbeurteilung und dem Gespräch mit den Eltern;[109] für das zweite Semester bildet das Zeugnis die Grundlage.[110]

Aufgrund der Beurteilung wird - anders als auf der Primarstufe[111] - am Ende *jedes* Semesters von der Schulkommission ein Schullaufbahnentscheid getroffen.[112] Auf der Sekundarstufe I sind nicht weniger als neun verschiedene Schullaufbahnentscheide möglich.[113] Für die Gesamtbeurteilung einer Schülerin oder eines Schülers massgebend sind die Sachkompetenz in den Fächern Deutsch, Französisch und Mathematik, die Sach-

---

102 Art. 1 BWS.

103 Lehrplan vom 8. Mai 1995 für die Volksschule des Kantons Bern, herausgegeben von der Erziehungsdirektion des Kantons Bern (Vertrieb durch den Berner Lehrmittel- und Medienverlag).

104 Art. 2 BWS.

105 Dazu Art. 5 - 8 BWS.

106 Dazu Art. 9 - 13 BWS.

107 Dazu Art. 10 - 12 und Art. 13 Abs. 3 BWS.

108 Dazu Art. 14 - 19 BWS.

109 Im achten und neunten Schuljahr ist den Eltern die Gelegenheit zu einem Gespräch lediglich ausdrücklich anzubieten (Art. 6 BWS).

110 Vgl. den Überblick in Art. 4 Abs. 2 BWS.

111 Ziff. 4.1.2.2.

112 Art. 21 Abs. 1 BWS (vgl. auch Art. 22 BWS).

113 Art. 20 BWS.

kompetenz in den anderen Fächern sowie das Arbeits-, Lern- und Sozialverhalten.[114]

Die *halbjährlichen Schullaufbahnentscheide* stellen zweifellos Verfügungen dar.[115] Zudem müssen auf der Sekundarstufe I auch die Beurteilungen einzelner Bereiche[116] als anfechtbare Verfügungen gelten, sind sie doch von hoher faktischer und rechtlicher Relevanz,[117] deren volle Tragweite unter Umständen erst in einem späteren Semester umfassend offenbar wird.[118] Dies zeigt besonders die mehrfach anzutreffende Anknüpfung des Schullaufbahnentscheides an die Beurteilung einzelner Bereiche während zwei Semestern[119] oder die Möglichkeit, vom „ordentlichen" Verfahren[120] abweichende Schullaufbahnentscheide zu treffen.[121]

4.2 SEKUNDARSTUFE II

4.2.1 Allgemeines

Das geltende Recht bezeichnet die *Gymnasien* als Mittelschulen; dementsprechend ist auch das *Mittelschulgesetz* anwendbar.[122] Mit dem Inkrafttreten des Volksschulgesetzes wurden die Sekundarstufen I und II - von den Erlassen her gesehen - voneinander entflochten. Das Mittelschulgesetz gilt jetzt nur noch für die Gymnasien.[123] Es wird allerdings nun durch das *neue Gesetz vom 12. September 1995 über die Maturitätsschulen* ersetzt.[124]

---

[114] Art. 23 BWS; für einzelne Fragen vgl. Art. 24 - 28 BWS.

[115] Vgl. besonders Art. 22 BWS; vgl. auch Ziff. 4.1.2.2.

[116] So die Sachkompetenz einzelner Fächer und die Beurteilung des Arbeits-, Lern- und Sozialverhaltens.

[117] Vgl. besonders Art. 24 - 26 BWS.

[118] Vgl. dazu Ziff. 2.1.3.3.

[119] Art. 24 Abs. 1, 2 und 4, Art. 29 Abs. 2 BWS.

[120] Art. 24 und 25 BWS.

[121] Art. 26 BWS.

[122] Art. 1 Abs. 1 MSG.

[123] Vgl. RRB Nr. 1940 vom 19. Mai 1993, Ziff. 3.

[124] Art. 39 Ziff. 1 MaSG; das Maturitätsschulgesetz tritt im wesentlichen auf den 1. August 1997 in Kraft (vgl. RRB Nr. 1574 vom 19. Juni 1996 sowie RRB Nr. 2875 vom 27. November 1996).

Bei den bisherigen Gymnasien handelt es sich um Schulen, die von Gemeinden oder Gemeindeverbänden getragen werden.[125] Das Maturitätsschulgesetz führt nun zu einer *Kantonalisierung* der öffentlichen Maturitätsschulen.[126]

Die Ausbildung am Gymnasium hat allgemeinbildenden Charakter und führt die Schülerinnen und Schüler zur *Maturität*.[127] Weil der Regierungsrat und die Erziehungsdirektion noch nicht sämtliche Ausführungsbestimmungen zum Maturitätsschulgesetz verabschiedet haben,[128] beruht die nachstehende Darstellung noch auf dem bisherigen Recht.

Gegen Verfügungen der kommunalen Gymnasiumskommissionen (Schulkommissionen)[129] und der kantonalen Maturitätskommission[130] steht der *Verwaltungsbeschwerdeweg* an die Erziehungsdirektion und danach an den Regierungsrat offen.[131]

4.2.2 Aufnahme

Nach Art. 9 Abs. 1 MSG werden Sekundarschülerinnen und -schüler, welche sich über ausreichende Begabung und eine im wesentlichen genügende Vorbereitung ausweisen, in die entsprechenden Stufen des Gymnasiums aufgenommen. Die Erziehungsdirektion hat die Aufnahme in

---

125 Art. 2 Abs. 1 MSG.

126 Art. 3 MaSG sowie der am 1. Juli 1996 in Kraft getretene Art. 37 MaSG (RRB Nr. 1574 vom 19. Juni 1996); vgl. den Vortrag MaSG, S. 3 und 7 f. sowie den Grossratsbeschluss vom 13. März 1996 betreffend Verhandlungsgrundsätze für die Übernahme von Liegenschaften, Infrastrukturen und Personal im Zusammenhang mit der Kantonalisierung der öffentlichen Maturitätsschulen (BAG 96-51, BSG 433.111.3).

127 Vgl. Art. 7 Abs. 3 und Art. 14 MSG (Art. 2 Abs. 2 und Art. 5 Abs. 1 Satz 1 MaSG); vgl. Ziff. 4.2.4.

128 Vgl. den Überblick in Art. 34 und 35 MaSG sowie immerhin die Maturitätsschulverordnung (MaSV) vom 27. November 1996 (BAG 97-19; BSG 433.111). Im Hinblick auf den Übertritt in das Schuljahr 1997/1998 gilt eine Übergangsregelung (Verfügung der Erziehungsdirektion vom 2. September 1996 über die Schullaufbahnentscheide im Zusammenhang mit dem gymnasialen Unterricht im 9. Schuljahr für das Schuljahr 1997/98, publiziert in: ASB Nr. 9/96 vom 13. September 1996 S. 9 ff.).

129 Art. 65 MSG.

130 Näher dazu Ziff. 4.2.4.

131 Vgl. auch Art. 62 Abs. 1 Bst. a und c, Art. 64 Bst. a, Art. 78 Bst. d VRPG.

Weisungen[132] geregelt.[133] Die Aufnahmeordnungen der einzelnen Gymnasien haben sich an diese Weisungen zu halten.[134]

Als ordentliche Aufnahmen gelten Aufnahmen in die Sexta, aus der achten Klasse in die *Quarta* und aus der neunten Klasse in die *Tertia* jeweils auf Beginn des Schuljahres.[135] Die Aufnahme erfolgt aufgrund des Berichtes bzw. der Empfehlung der vorbereitenden Lehrerschaft und allenfalls einer Aufnahme- oder Orientierungsprüfung.[136]

Die *Empfehlung* soll die voraussichtliche Eignung für das Gymnasium beurteilen und stützt sich auf die bisherigen Leistungen der Schülerin oder des Schülers, dabei sind aber auch Intelligenz, Arbeitsweise und Bildungswilligkeit zu berücksichtigen.[137] Die Empfehlung ist den Eltern vor der Weiterleitung der Anmeldung durch die vorbereitende Schule bekanntzugeben.[138]

Eine prüfungsfreie Aufnahme ist nur aus öffentlichen Schulen und mit der obersten Empfehlungsstufe möglich.[139] In allen anderen Fällen ist eine *Prüfung* zu absolvieren, die mindestens die Fächer Muttersprache, 2. Landessprache und Mathematik umfasst.[140] Das Prüfungsergebnis ist mit den Schlussnoten und einer Rechtsmittelbelehrung der gesetzlichen Vertretung der Kandidatinnen und Kandidaten sowie der vorbereitenden Schule mitzuteilen.[141] Die Aufnahme erfolgt provisorisch für ein Semester; allenfalls kann die Schulkommission die Probezeit im Einzelfall verlängern.[142]

---

132 Weisungen der Erziehungsdirektion vom 4. November 1988 über die Aufnahme von Schülerinnen und Schülern in die Gymnasien im Kanton Bern und den Übertritt aus anderen Schulen (sog. *Aufnahmeweisungen*; vgl. auch die Änderungen vom 15. November 1990).

133 Art. 10 Abs. 1 MSG.

134 Art. 10 Abs. 2 MSG, Ziff. 27 der Aufnahmeweisungen.

135 Ziff. 1 Satz 1 der Aufnahmeweisungen; zu den ausserordentlichen Aufnahmen vgl. Ziff. 12 - 15 der Aufnahmeweisungen.

136 Ziff. 2 Satz 1 der Aufnahmeweisungen.

137 Ziff. 3 Sätze 1 und 2 der Aufnahmeweisungen.

138 Ziff. 3 Satz 3 der Aufnahmeweisungen.

139 Ziff. 6 der Aufnahmeweisungen.

140 Ziff. 7 der Aufnahmeweisungen.

141 Ziff. 8 der Aufnahmeweisungen.

142 Ziff. 11 der Aufnahmeweisungen.

Der Entscheid der Gymnasiumskommission über Aufnahme oder Nichtaufnahme ins Gymnasium stellt eine anfechtbare *Verfügung* dar.[143] Hingegen kann die Empfehlung der vorbereitenden Schule regelmässig nicht separat angefochten werden, sondern erst zusammen mit dem Prüfungsergebnis.[144]

4.2.3 Leistungsbeurteilung während der Ausbildung

Auch zur Leistungsbeurteilung während der gymnasialen Ausbildung bestehen - gestützt auf Art. 10 Abs. 1 MSG - *Weisungen*[145] der Erziehungsdirektion. Die Promotionsordnungen der einzelnen Gymnasien haben sich an diese Weisungen zu halten.[146]

Am Ende jedes Schulsemesters wird ein *Zeugnis* ausgestellt,[147] das die Leistungen mit ganzen und halben Noten von 6 bis 1 bewertet.[148] Die Noten haben die gesamte (mündliche und schriftliche) Leistung der Schülerinnen und Schüler während der ganzen Zeugnisperiode zu berücksichtigen.[149] Ein Zeugnis ist ungenügend, wenn[150]

- die Promotionsfächer[151] drei oder mehr ungenügende Noten aufweisen oder
- die Promotionsfächer bei zwei ungenügenden Noten nicht mindestens einen Durchschnitt von 4,2 ergeben oder
- der Durchschnitt der Promotionsfächer unter 4,0 liegt.

---

143 Vgl. Ziff. 2.1.3.2 und 2.1.3.3.

144 Näher dazu Ziff. 2.1.3.5.

145 Weisungen der Erziehungsdirektion vom 15. Juni 1978 für die Zeugnis- und Promotionsordnungen an deutschsprachigen gymnasialen Klassen ausserhalb der Schulpflicht (sog. *Promotionsweisungen*).

146 Art. 10 Abs. 2 MSG, Ziff. 4.1 der Promotionsweisungen.

147 Ziff. 1.1 Satz 1 der Promotionsweisungen.

148 Noten unter 4 sind ungenügend, Ziff. 1.2 der Promotionsweisungen.

149 Ziff. 1.3 der Promotionsweisungen.

150 Ziff. 1.6 der Promotionsweisungen.

151 Vgl. zu diesem Begriff Ziff. 1.5 der Promotionsweisungen (vgl. auch sogleich Ziff. 4.2.4).

Ein ungenügendes Zeugnis führt noch zur Promotion, hat aber den Vermerk „nächste Promotion gefährdet“ zu enthalten.[152] Schülerinnen und Schüler mit *zwei* aufeinanderfolgenden ungenügenden Zeugnissen werden nicht promoviert.[153]

Der *Promotionsentscheid* wird - auf Antrag der Lehrerkonferenz - von der Schulkommission getroffen.[154] Die Gymnasien haben in ihren Zeugnis- und Promotionsordnungen[155] auf die Beschwerdemöglichkeiten und auf die Beschwerdefristen hinzuweisen.[156] Die jeweils massgebende Zeugnis- und Promotionsordnung ist am Schluss des Zeugnisheftes abgedruckt. Der Promotionsentscheid stellt eine anfechtbare Verfügung dar. Zusätzlich sind auch die einzelnen Zeugnisnoten anfechtbar.[157]

Die Bedeutung der Anfechtung von Einzelnoten zeigt sich besonders ausgeprägt bei den sogenannten *„Erfahrungsnoten“*, die zusammen mit den Prüfungsnoten später die Maturitätsnoten ergeben.[158] In diesem Sinn lautet auch die ständige Praxis der Erziehungsdirektion:[159] Zeugnisnoten, die als Erfahrungsnoten später auch ins Maturitätszeugnis einfliessen, müssen bereits nach ihrer Eröffnung angefochten werden. Werden diese Noten erst aufgrund des Maturitätsentscheids gerügt, wird die Beschwerdefrist regelmässig bereits abgelaufen sein. Zudem ist auch die verfügende Behörde unterschiedlich, Erfahrungsnoten gehen von der Gymnasiumskommission, Maturitätsnoten von der Maturitätskommission aus. Immerhin bleibt im Streit um das Maturitätszeugnis selbstverständlich die Rüge möglich, die Maturitätskommission habe eine Maturitätsnote rechtsfehler-

---

152 Ziff. 2.1.1 Abs. 3 Satz 1 der Promotionsweisungen.

153 Ziff. 2.1.1 Abs. 2 der Promotionsweisungen; zur Repetition und zum Austritt vgl. Ziff. 2.2 der Promotionsweisungen.

154 Ziff. 2.1.1 Abs. 1 der Promotionsweisungen, Art. 33 Abs. 1 Bst. h und Art. 39 Abs. 4 Lemma 2 der Mittelschulverordnung vom 19. Dezember 1984 (BSG 433.111).

155 Vgl. Art. 10 Abs. 2 MSG.

156 Ziff. 3.1 der Promotionsweisungen; vgl. auch Art. 52 Abs. 1 Bst. d VRPG.

157 Vgl. Ziff. 2.1.3.3.

158 Vgl. sogleich Ziff. 4.2.4.

159 Vgl. zuletzt etwa den Entscheid der Erziehungsdirektion vom 18. November 1994 i. S. L.F. (jetzt bestätigt durch den Regierungsrat in BVR 1996 S. 28 ff.); vgl. auch Ziff. 2.1.1.3.3.

haft festgelegt (z. B. durch Nichtberücksichtigung einer Erfahrungsnote oder durch Einbezug einer falschen Erfahrungsnote).[160]

4.2.4 Abschluss

Im Rahmen *bundesrechtlicher*[161] und *interkantonaler*[162] Bestimmungen wird der Abschluss des Gymnasiums durch die *Maturitätsprüfungsverordnung*[163] geregelt. Die folgende Darstellung richtet sich nach den bisher geltenden Regelungen dieser Verordnung.

Die kantonalen Maturitätsprüfungen werden unter der Leitung der *kantonalen Maturitätsprüfungskommission* durchgeführt.[164]

Aufgrund mündlicher und schriftlicher Prüfungen[165] sowie aufgrund der Leistungen in den Maturitätsfächern, die nicht geprüft werden,[166] wird

---

160 Vgl. besonders BVR 1996 S. 32.

161 Am 1. August 1995 hat die Verordnung vom 15. Februar 1995 über die Anerkennung von gymnasialen Maturitätsausweisen (Maturitäts-Anerkennungsverordnung, MAV; SR 413.11) die Verordnung vom 22. Mai 1968 über die Anerkennung von Maturitätsausweisen abgelöst (zu deren Verfassungsmässigkeit vgl. BORGHI, Art. 27, Rz. 22). Es gilt eine achtjährige Übergangsphase zur Einführung des neuen Rechts (Art. 25 MAV).

162 Reglement der Schweizerischen Konferenz der kantonalen Erziehungsdirektoren vom 16. Januar 1995 über die Anerkennung von gymnasialen Maturitätsausweisen (Maturitäts-Anerkennungsreglement, MAR; BSG 439.181.1). Das MAR und die neue MAV lauten inhaltlich gleich und decken je den Zuständigkeitsbereich der Kantone und des Bundes ab. Vgl. auch die Verwaltungsvereinbarung zwischen dem Schweizerischen Bundesrat und der Schweizerischen Konferenz der kantonalen Erziehungsdirektoren über die Anerkennung von gymnasialen Maturitätsausweisen (vom 16. Januar und 15. Februar 1995; BBl 1995 II 318 ff.). Es gilt eine achtjährige Übergangsphase zur Einführung des neuen Rechts (Art. 25 MAR).

163 Verordnung vom 17. August 1988 über die ordentlichen Maturitätsprüfungen an den Gymnasien des Kantons Bern (MPV; BSG 433.351; auf den 1. August 1997 wird diese Verordnung durch die Maturitätsschulverordnung abgelöst [Art. 50 Ziff. 2 MaSV; vgl. auch Art. 29 ff. MaSV]) sowie die Weisungen vom 19. Mai 1989 der Maturitätskommission des Kantons Bern für die Durchführung der ordentlichen Maturitätsprüfungen (sog. *Maturitätsweisungen*); vgl. weiter auch die Verordnung vom 17. August 1988 über die ausserordentlichen Maturitätsprüfungen des Kantons Bern (BSG 436.722) und die Verordnung vom 17. August 1988 über die kirchlich-theologischen Maturitätsprüfungen des Kantons Bern (BSG 436.723).

164 Art. 14 Abs. 1 MSG, Art. 2 Abs. 1 MPV.

165 Art. 9 Abs. 2 - 4 MPV; zur Zulassung zur Prüfung vgl. Art. 5 MPV.

166 Art. 9 Abs. 5 MPV.

ermittelt, ob die Kandidatinnen und Kandidaten die Hochschulreife erlangt haben.[167]

Die Maturitätsnoten sind in ganzen oder halben Zahlen auszudrücken; 6 ist die höchste, 1 die niedrigste Note; Noten unter 4 bezeichnen ungenügende Leistungen.[168] Die Erfahrungsnote eines Faches ist das arithmetische Mittel der Zeugnisnoten der beiden letzten Semester, in denen dieses Fach unterrichtet wurde.[169] Die Prüfungsnote ist die Gesamtbewertung der Leistung an der Prüfung in jedem Prüfungsfach; die Prüfungsnote kann nur ganz- oder halbzahlig ausgedrückt werden.[170] Die Maturitätsnote wird in den Prüfungsfächern durch Mitteln von Erfahrungsnoten und Prüfungsnote und anschliessendes Runden auf die nächstliegende ganze oder halbe Zahl bestimmt; ergibt sich beim Mitteln eine viertelzahlige Note, so wird aufgerundet.[171] Die Maturitätsnote ist in den Fächern, in denen nicht geprüft wird, durch Runden der Erfahrungsnote auf die nächstliegende ganze oder halbe Zahl zu bestimmen; viertelzahlige Noten werden nach der Seite der letzten Zeugnisnote gerundet.[172]

Sodann wird die (Gesamt-) Punktzahl durch Zusammenzählen der Noten aller Maturitätsfächer ermittelt; je nach Maturitätstypus[173] werden dabei bestimmte Noten doppelt gezählt.[174] Die Prüfung ist *bestanden* - und folglich wird das Maturitätszeugnis ausgestellt[175] -, wenn[176]

- mindestens die Punktzahl 60 erreicht ist und

---

167 Art. 8 Abs. 1 MPV.

168 Art. 15 Abs. 1 MPV.

169 Art. 15 Abs. 2 MPV.

170 Art. 15 Abs. 3 MPV.

171 Art. 15 Abs. 4 MPV.

172 Art. 15 Abs. 5 MPV.

173 Mit der Maturitätsreform werden die verschiedenen Maturitätstypen abgeschafft; die Schülerinnen und Schüler haben in Zukunft sieben obligatorische Grundlagenfächern zu belegen und aus zwei Fächerkatalogen je ein Schwerpunkt- und ein Ergänzungsfach auszuwählen (Art. 9 MAV, Art. 9 MAR).

174 Art. 17 Abs. 1 MPV; in allen Typen zählen vier der elf Maturitätsfächer doppelt.

175 Art. 19 Abs. 1 MPV.

176 Art. 17 Abs. 2 MPV.

- in den Maturitätsfächern (ausser Zeichnen und Musik) keine Note unter 2, höchstens drei Noten unter 4 und die Summe aller Notenabweichungen von 4 nach unten höchstens 2,5 Punkte beträgt.

Im Fall eines Misserfolgs bestätigt das Rektorat eine allfällige mündliche Mitteilung[177] ohne Verzug schriftlich und macht auf das Beschwerderecht aufmerksam.[178] Gegen *Verfügungen* der Maturitätskommission und deren Präsidentin oder Präsidenten kann bei der Erziehungsdirektion Beschwerde geführt werden.[179] Dabei ist die Rüge der Unangemessenheit nicht zulässig.[180]

4.3 AUSBILDUNG DER LEHRERINNEN UND LEHRER

4.3.1 Allgemeines

Auch dieser Teilbereich des Bildungsrechts befindet sich im Umbruch.[181] Die rechtlichen Grundlagen der Lehrerinnen- und Lehrerbildung sind totalrevidiert worden: Das bisherige Gesetz vom 17. April 1966 über die Ausbildung der Lehrer und Lehrerinnen[182] wird bis in einigen Jahren vollständig durch das *neue Gesetz vom 9. Mai 1995 über die Lehrerinnen- und Lehrerbildung* ersetzt.[183] Mit dem neuen Gesetz wird die traditionelle seminaristische Lehrerinnen- und Lehrerbildung[184] aufgegeben. Dies zu Gunsten einer nachmaturitären oder an eine Berufsausbildung anschliessenden Ausbildung.[185] Die künftige Lehrerinnen- und Lehrerbildung wird

---

177 Ziff. 6.3 Abs. 2 der Maturitätsweisungen.

178 Art. 18 Abs. 2 MPV, Ziff. 8 Satz 1 der Maturitätsweisungen; zur Möglichkeit der Wiederholung der Prüfung vgl. Art. 7 MPV.

179 Art. 20 Abs. 1 MPV; zur Anfechtung einzelner Maturitätsnoten vgl. Ziff. 2.1.3.3.

180 Art. 20 Abs. 2 MPV; vgl. Ziff. 3.3.1.

181 Vgl. dazu den Grossratsbeschluss vom 14. August 1990 über die Grundsätze zur Gesamtkonzeption der Lehrerbildung (BSG 430.103.12).

182 GALL; BSG 430.210.1.

183 LLBG; BAG 96-5, BSG 430.210.1. Auf den 1. März 1996 sind die Art. 34, 35, 87 und 90 LLBG in Kraft getreten; ein Termin für das Inkrafttreten der übrigen Bestimmungen ist noch nicht festgelegt worden (vgl. RRB Nr. 3643 vom 20. Dezember 1995).

184 Dieser Teil der bisherigen Lehrerinnen- und Lehrerbildung schliesst an die obligatorische Schulpflicht an und ist deshalb grundsätzlich der Sekundarstufe II zuzuordnen (vgl. Ziff. 4.2).

185 Art. 5 Abs. 2 LLBG; vgl. Vortrag LLBG, S. 3 und 13 f.

grundsätzlich an zentralen und regionalen Instituten erfolgen, die *der Universität angegliedert* sind.[186]

Das *geltende Recht* unterscheidet in erster Linie die Ausbildung der Primarlehrer und -lehrerinnen[187] und jene der Mittelschullehrer und -lehrerinnen[188]. Die Ausbildung der Mittelschullehrer und -lehrerinnen, die an den Sekundarschulen oder an den Gymnasien unterrichten, erfolgt an der Universität[189] und wird hier deshalb nicht näher behandelt.[190] Die Lehrkräfte für die Primarschule werden, wie erwähnt, noch an Seminaren ausgebildet.[191] Im folgenden wird die Leistungsbeurteilung an den *Seminaren* dargestellt.[192]

Für Verfügungen aus dem Bereich der Lehrerinnen- und Lehrerbildung sehen die diversen anwendbaren Verordnungen den Verwaltungsbeschwerdeweg an die Erziehungsdirektion und den Regierungsrat vor.[193]

4.3.2 Aufnahme

Zunächst sei darauf hingewiesen, dass in diesem Ausbildungsbereich seit Jahren eine zahlenmässige Beschränkung der Zulassung praktiziert wird (sog. *Numerus clausus*). Der Regierungsrat legt jährlich in einem Regierungsratsbeschluss die Anzahl der Seminarklassen und damit die zur Ver-

---

186 Art. 2 Abs. 3 LLBG; eine besondere Regelung gilt für die französischsprachige Lehrerinnen- und Lehrerbildung (Art. 2 Abs. 4 LLBG); vgl. Vortrag LLBG, S. 16.

187 Art. 1 - 17 GALL.

188 Art. 19 und 20 GALL.

189 Art. 19 Abs. 1 und Art. 20 Abs. 1 GALL.

190 Vgl. immerhin Ziff. 4.6.

191 Art. 1 Abs. 1 GALL; das Gleiche gilt für die Ausbildung der Kindergärtnerinnen und -gärtner, der Haushaltungslehrerinnen und -lehrer, der Arbeitslehrerinnen und -lehrer sowie der besonderen Fachlehrerinnen und -lehrer (Art. 21 und 22 GALL). Die Arbeitslehrerinnen und -lehrer werden neuerdings als Fachgruppenlehrkräfte mit gestalterischem Grundauftrag bezeichnet (Verordnung vom 15. Dezember 1993 über die Fachgruppenlehrkräfte mit gestalterischem Grundauftrag [FGL] im deutschsprachigen Kantonsgebiet [VFGL; BSG 430.217.51]).

192 Weil die seminaristische Ausbildung mit dem Inkrafttreten der neuen Lehrerinnen- und Lehrerbildung allmählich ausläuft, wird die Darstellung auf das Nötigste beschränkt.

193 Dies ganz im Sinne von Art. 77 Abs. 1 Bst. m und Art. 78 Bst. d VRPG.

fügung stehenden Ausbildungsplätze fest.[194] Diese Praxis blieb bisher unangefochten, obschon eine genügende gesetzliche Grundlage fehlt.[195]

Gestützt auf Art. 9 und Art. 21 GALL hat der Regierungsrat die Aufnahme in die deutschsprachigen Seminare - neuerdings in einer einheitlichen Verordnung - geregelt.[196] Danach müssen alle Bewerberinnen und Bewerber ein *Aufnahmeverfahren* bestreiten, das der Abklärung der Ausbildungs- und Berufseignung dienen soll.[197] Das Verfahren umfasst die Auswertung der eingereichten Unterlagen,[198] ein Gespräch[199] sowie eine Prüfung gemäss den Anforderungen des Lehrplans für die Sekundarschule bis und mit neuntes Schuljahr.[200] Das Nähere wird von der Erziehungsdirektion durch *Weisungen* geregelt.[201]

---

194 Vgl. Art. 3 Abs. 2 GALL; für die Aufnahmen in das Schuljahr 1996/1997 vgl. RRB Nr. 1243 vom 8. Mai 1996.

195 Vgl. Art. 3 Abs. 2 GALL. Dieser Frage kann hier aber nicht weiter nachgegangen werden; zur Problematik von Zulassungsbeschränkungen vgl. ZENGER, SALADIN/AUBERT (besonders S. 166) sowie RICHLI, Chancengleichheit.

196 Vgl. die Verordnung vom 22. Dezember 1993 über das Aufnahmeverfahren an den deutschsprachigen Seminaren (Aufnahmeverordnung, AV; BSG 430.210.61), diese Verordnung gilt für Kindergärtnerinnen, Kindergärtner, Primarlehrkräfte, Haushaltungslehrkräfte und Fachgruppenlehrkräfte mit gestalterischem Grundauftrag (Art. 1 Abs. 1 AV). Für die Aufnahme in die französischsprachige Ecole Normale de Bienne vgl. BSG 430.211.383 (Kindergärtnerinnen und -gärtner), 430.212.211 (Primarlehrkräfte) und 430.217.411 (Haushaltungslehrkräfte).

197 Art. 5 Abs. 1 AV.

198 Art. 5 Abs. 2 Bst a AV; vgl. Art. 2 Abs. 1 AV (Anmeldeformular, Lebenslauf, Selbsteinschätzung, Bericht über Gesundheitszustand, Kopien der Schulzeugnisse der beiden letzten Schuljahre, Bericht der zuletzt besuchten Schule, allenfalls Ausweise über bisherige Tätigkeiten).

199 Art. 5 Abs. 2 Bst. b AV.

200 Art. 5 Abs. 2 Bst. c AV.

201 Art. 5 Abs. 3 AV. Vgl. die Weisungen der Erziehungsdirektion vom 11. Januar 1993 über die Durchführung des Aufnahmeverfahrens an den deutschsprachigen Primarlehrerinnen- und -lehrerseminaren des Kantons Bern; die Weisungen der Erziehungsdirektion vom 11. Januar 1994 über die Durchführung des Aufnahmeverfahrens am deutschsprachigen Seminar für Haushaltungslehrerinnen und -lehrer; die Weisungen der Erziehungsdirektion vom 24. Januar 1994 über die Durchführung des Aufnahmeverfahrens an den deutschsprachigen Kindergärtnerinnenseminaren des Kantons Bern (Aufnahmeweisungen KGS); die Weisungen der Erziehungsdirektion vom 22. Dezember 1994 über die Durchführung des Aufnahmeverfahrens an der Abteilung für Fachgruppenlehrkräfte am Staatlichen Seminar Thun.

Beim Aufnahmeverfahren in die Kindergärtnerinnenseminare fällt auf, dass zusätzlich eine praktische Prüfung mit Kindern zu absolvieren ist,[202] obschon sich in der Aufnahmeverordnung keine Hinweise darauf finden lassen, dass für diese Ausbildung etwas Besonderes gelten könnte. Nach Art. 9 GALL regelt der Regierungsrat u. a. die Aufnahme durch Verordnung. Mangels einer Subdelegationsnorm ist deshalb zu fordern, dass die einzelnen Teile der Aufnahmeprüfung zumindest durch die Verordnung bezeichnet werden. Problematisch ist das Fehlen einer Rechtsgrundlage für die praktische Prüfung auch deshalb, weil dieser Note beim Aufnahmeverfahren eine besondere Bedeutung zukommt.[203]

Aufgrund der Ergebnisse des Aufnahmeverfahrens *verfügt* die jeweilige Seminarkommission auf Antrag der Seminardirektorin oder des Seminardirektors die Aufnahme oder die Abweisung.[204]

4.3.3 Leistungsbeurteilung während der Ausbildung

Über die Beurteilung und die Promotion der Schülerinnen und Schüler hat der Regierungsrat Bestimmungen erlassen.[205] Für die Beurteilung und die Promotion ist nicht allein die *Leistung*[206] massgebend, sondern auch die *Berufseignung* und das *Verhalten in der Schule*.[207] Bemerkenswert ist weiter, dass die Leistungsbeurteilung nicht in allen Fächern auf den herkömmlichen Noten beruht[208] und dass die Leistungsbeurteilung im Zeugnis durch Bemerkungen ergänzt werden kann.[209]

---

202 Ziff. 1.3 Bst. d und Ziff. 4. der Aufnahmeweisungen KGS (vgl. soeben Fussnote 4/201); vgl. auch Art. 5 Abs. 2 AV.

203 Ziff. 5.2.4 der Aufnahmeweisungen KGS (vgl. soeben Fussnote 4/201).

204 Art. 12 Abs. 1 AV.

205 Art. 9 und Art. 13 Abs. 2 GALL. Vgl. zunächst die Verordnung vom 8. Mai 1984 über die Beurteilung und die Promotion der Schüler an den Primarlehrerseminaren (Promotionsverordnung, PV; BSG 430.212.111.2), diese Verordnung gilt sinngemäss auch für die öffentlichen deutschsprachigen Kindergärtnerinnenseminare (Art. 1 PV); weiter vgl. BSG 430.211.382 (Kindergärtnerinnen und Kindergärtner an der Ecole Normale de Bienne), BSG 430.217.211 und 430.217.411 (Haushaltungslehrerinnenseminare), für die Fachgruppenlehrkräfte vgl. Art. 5 - 14 VFGL.

206 Dazu vgl. Art. 2 Abs. 1 Lemma 1 und Art. 8 - 12 PV. Die übrigen Promotionsverordnungen (vgl. soeben Fussnote 4/205) enthalten im wesentlichen analoge Bestimmungen.

207 Art. 2 Abs. 1 Lemma 2 und 3 sowie Art. 13 und 14 PV. Die übrigen Promotionsverordnungen (vgl. soeben Fussnote 4/205) enthalten im wesentlichen analoge Bestimmungen.

208 Vgl. etwa Art. 8 Abs. 1 PV.

209 Vgl. etwa Art. 9 PV.

Zur Frage der Anfechtbarkeit sind keine weiteren Bemerkungen anzubringen.[210]

4.3.4 Abschluss

Am Schluss der Ausbildung im Seminar stehen die *Patentprüfungen*;[211] auch dazu hat der Regierungsrat Verordnungen erlassen.[212] Üblicherweise werden die einzelnen Prüfungsfächer mit Noten bewertet.[213] Im Rahmen eines Schulversuchs werden jedoch auch Erfahrungen mit notenfreien Beurteilungen gesammelt.[214]

Das *Lehrpatent* wird vom Erziehungsdirektor oder der Erziehungsdirektorin und vom Präsidenten oder der Präsidentin der Patentprüfungskommission unterzeichnet.[215] Dabei ist zu beachten, dass die Patentierung nicht nur vom Bestehen der Prüfungen abhängig gemacht wird, sondern auch von der Eignung zum Lehrberuf.[216]

Über das Ergebnis der Prüfungen erlässt die zuständige Patentprüfungskommission anfechtbare *Verfügungen*.[217]

---

[210] Vgl. Ziff. 2.1.3. und 4.2.3.

[211] Vgl. Art. 15 GALL.

[212] Vgl. zunächst die Verordnung vom 15. April 1981 über den Erwerb des Primarlehrerpatentes des Kantons Bern (Patentprüfungsverordnung, PPV; BSG 430.212.311.1); vgl. weiter BSG 430.211.311 und 430.211.312 (Kindergärtnerinnenseminare), BSG 430.217.311 und 430.217.412 (Haushaltungslehrerinnenseminare), Art. 15 - 41 VFGL.

[213] Vgl. besonders Art. 23 PPV.

[214] Vgl. dazu Ziff. III.1 des Grossratsbeschlusses vom 14. August 1990 über die Grundsätze zur Gesamtkonzeption der Lehrerbildung (BSG 430.103.12); RRB Nr. 2896 vom 7. August 1991 „Schulversuch 'Besondere Unterrichts- und Beurteilungsformen' im Seminar Marzili-Bern"; gestützt auf diesen RRB hat der Regierungsrat für diesen Schulversuch verschiedene Abweichungen von den Patentprüfungsverordnungen beschlossen (RRB Nr. 2116 vom 9. Juni 1993 „Schulversuch 'Besondere Unterrichts- und Beurteilungsformen im Seminar Marzili Bern'; Patentprüfungen").

[215] Für Primarlehrkräfte vgl. Art. 41 PPV.

[216] Für Primarlehrkräfte vgl. Art. 38 Abs. 1 Bst. a und b sowie Art. 39 und 40 PPV (vgl. weiter auch Art. 38 Abs. 2 PPV).

[217] Vgl. etwa Art. 26 und 35 PPV; vgl. auch Ziff. 2.1.3. und 4.2.4.

4.4 BERUFSBILDUNG

4.4.1 Überblick

4.4.1.1 Aufgabenteilung und Systematik

Die Gesetzgebungskompetenz im Bereich der Berufsbildung ist weitgehend dem *Bund* zugeordnet.[218] Das *Berufsbildungsgesetz*[219] regelt die Berufsberatung, die Grundausbildung und die Weiterbildung in den Berufen der Industrie, des Handwerks, des Handels, des Bank-, Versicherungs-, Transport- und Gastgewerbes und anderer Dienstleistungsgewerbe und der Hauswirtschaft sowie die Berufsbildungsforschung.[220] Den *Kantonen* obliegt der *Vollzug* des Gesetzes und damit auch der Erlass der notwendigen Vollzugsvorschriften.[221]

Im folgenden sind, der Übersicht wegen und der Systematik des Berufsbildungsgesetzes[222] entsprechend, die verschiedenen Teilbereiche der Berufsbildung in einem knappen Überblick darzustellen. Dabei sind zunächst *zwei Hauptbereiche* zu unterscheiden, nämlich

- die berufliche Grundausbildung[223] und
- die berufliche Weiterbildung.[224]

---

[218] Nach Art. 34ter Abs. 1 Bst. g BV ist der Bund befugt, Vorschriften aufzustellen „über die berufliche Ausbildung in Industrie, Gewerbe, Handel, Landwirtschaft und Hausdienst."; vgl. dazu Borghi, Art. 34ter Abs. 1 Bst. g und Rehbinder, BBG, S. 1 ff.

[219] Bundesgesetz vom 19. April 1978 über die Berufsbildung (BBG; SR 412.10). Vgl. auch die Auslegeordnung im Bericht des Bundesrates über die Berufsbildung vom 11. September 1996 (BBl 1996 V 586 ff.).

[220] Art. 1 Abs. 1 BBG.

[221] Art. 65 Abs. 1 und 2 BBG; für den Kanton Bern vgl. das Gesetz vom 9. November 1981 über die Berufsbildung (KBG; BSG 435.11). Mit dem kantonalen Berufsbildungsgesetz befindet sich ein weiterer wichtiger Erlass des bernischen Bildungsrechts in Totalrevision (die parlamentarischen Beratungen werden voraussichtlich noch 1997 aufgenommen).

[222] Hier ist darauf hinzuweisen, dass der Kanton diese Bereiche in zwei verschiedenen Gesetzen regelt: im eben erwähnten kantonalen Berufsbildungsgesetz und im Gesetz vom 12. Februar 1990 über die Ingenieurschulen, Technikerschulen und Höheren Fachschulen (Ingenieurschulgesetz, ISG; BSG 435.411); zu den Hintergründen vgl. Ziff. 4.5.1.

[223] Art. 6 - 49 BBG.

[224] Art. 50 BBG.

4.4.1.2 Berufliche Grundausbildung

Bei der *beruflichen Grundausbildung* sind zu unterscheiden:

- die Berufslehre,[225]

- die Handelsmittelschulen[226] und

- die Anlehre.[227]

Anstelle der *Berufslehre*[228] in einem privaten oder öffentlichen Betrieb kann die berufliche Grundausbildung auch in einer *Lehrwerkstätte,*[229] einer *Schule für Gestaltung*[230] oder in einer *Handelsmittelschule*[231] vermittelt werden.[232] Die durch die öffentlichen Lehrwerkstätten und die anerkannten Handelsmittelschulen vermittelte berufliche Grundausbildung ist der „normalen" Berufslehre mit gleichzeitigem Besuch der Berufsschule gleichgestellt.[233] Weiter werden auch die Schülerinnen und Schüler *privater Fachschulen* zur Lehrabschlussprüfung zugelassen, wenn ihre Ausbildung den gesetzlichen und reglementarischen Vorschriften entspricht.[234]

Mündige Personen, die mindestens anderthalbmal so lang im Beruf gearbeitet haben, als die vorgeschriebene Lehrzeit beträgt, und die sich darüber ausweisen, dass sie den beruflichen Unterricht besucht oder die Berufskenntnisse auf andere Weise erworben haben, werden ebenfalls zur Lehrabschlussprüfung zugelassen.[235] Wird in solchen Fällen die Zulassung

---

[225] Art. 8 - 45 BBG.

[226] Art. 46 - 48 BBG.

[227] Art. 49 BBG.

[228] Art. 7 Bst. a BBG, dazu sogleich ausführlicher Ziff. 4.4.2.

[229] Art. 7 Bst. b BBG, vgl. auch Art. 38 BBV.

[230] Art. 7 Bst. b BBG.

[231] Art. 7 Bst. c BBG, vgl. auch Art. 46 - 48 BBG.

[232] Die Ausbildung in den Lehrwerkstätten erfolgt in der Regel aufgrund eines Lehrvertrages; die anderen genannten Ausbildungsinstitutionen lassen ihre Schülerinnen und Schüler in der Regel aufgrund eines Aufnahmeentscheides zu (z. B. Aufnahmeprüfung, bestimmter Notendurchschnitt an der abgebenden Schule).

[233] Art. 46 Abs. 1 KBG (vgl. auch Abs. 2).

[234] Art. 41 Abs. 2 BBG; vgl. Art. 42 Abs. 2 KBG.

[235] Art. 41 Abs. 1 BBG; vgl. Art. 42 Abs. 1 KBG.

verweigert, steht gegen den Beschwerdeentscheid der Erziehungsdirektion die Beschwerde an die Rekurskommission EVD offen.[236]

Für primär praktisch begabte Jugendliche besteht die Möglichkeit einer *Anlehre.*[237] Diese kann aufgrund eines Anlehrvertrags[238] absolviert werden. Sie dauert mindestens ein Jahr und soll zum Übertritt in einen andern Betrieb gleicher Art befähigen.[239] Abgeschlossen wird die Anlehre nicht mit einer Prüfung, sondern mit der Aushändigung eines amtlichen Ausweises über die absolvierte Anlehre.[240] Gegen Streitigkeiten über die Erteilung dieses Ausweises und über dessen Inhalt muss der Verwaltungsbeschwerdeweg an die Erziehungsdirektion und den Regierungsrat offenstehen.[241]

4.4.1.3 Berufliche Weiterbildung

Bei der *beruflichen Weiterbildung* sind zu unterscheiden:

- Berufsprüfungen und höhere Fachprüfungen,[242]
- Technikerschulen,[243]
- Höhere Technische Lehranstalten (Ingenieurschulen),[244]
- Höhere Wirtschafts- und Verwaltungsschulen[245] und
- andere Höhere Fachschulen.[246]

---

[236] Die kantonale Verwaltungsgerichtsbeschwerde nach Art. 78 Bst. d Ziff. 1 VRPG entfällt (Art. 68 Bst. c BBG, Art. 76 Abs. 3 VRPG). Vgl. auch Ziff. 4.4.2.3.

[237] Art. 49 Abs. 1 Satz 1 BBG, Art. 40 - 42 BBV, Art. 48 - 50 KBG; vgl. auch die Darstellung bei DOMMANN, S. 42 ff.

[238] Art. 49 Abs. 2 BBG.

[239] Art. 49 Abs. 1 Satz 2 BBG.

[240] Art. 49 Abs. 4 BBG, Art. 42 BBV; vgl. REHBINDER, BBG, S. 49 f.

[241] Art. 62 KBG, Art. 77 Abs. 1 Bst. m und Art. 78 Bst. d VRPG. Die Beschwerde an die Rekurskommission EVD entfällt, weil es am Erfordernis einer „Prüfung" im Sinne von Art. 68 Bst. c Lemma 3 BBG fehlt.

[242] Art. 51 - 57 BBG.

[243] Art. 58 BBG.

[244] Art. 59 BBG.

[245] Art. 60 BBG.

[246] Art. 61 BBG.

In den folgenden Ausführungen wird das Schwergewicht, nicht zuletzt wegen ihrer praktischen Bedeutung, auf die Grundausbildung - und dort auf die Berufslehre - gelegt.[247] Es folgen aber auch noch einige Hinweise zu Teilen der beruflichen Weiterbildung.[248]

4.4.2 Berufslehre

4.4.2.1 LEHRVERTRAG

Im Geltungsbereich des Berufsbildungsgesetzes werden die meisten Ausbildungen aufgrund eines Lehrvertrags absolviert. Dabei handelt es sich um ein *besonderes Einzelarbeitsverhältnis*[249] mit dem Zweck, einen Lehrling oder eine Lehrtochter in einem bestimmten Beruf auszubilden.[250] Dieses privatrechtliche Verhältnis wird von den öffentlichrechtlichen Bestimmungen des Berufsbildungsgesetzes und der Ausführungserlasse durchdrungen.[251]

Die Berufslehre dauert mindestens zwei Jahre.[252] Die Ausbildung erfolgt in der Regel in drei Teilen (sog. *triales System*[253]): Neben Einführungskursen[254] haben die Lehrlinge und Lehrtöchter - parallel zur praktischen Ausbildung im Betrieb - den beruflichen Unterricht an der Berufsschule[255] zu besuchen.

---

247 Ziff. 4.4.2

248 Ziff. 4.5.

249 Art. 344 ff. OR.

250 Art. 344 OR; vgl. dazu REHBINDER, Arbeitsrecht, S. 148, DERS., Lehrvertrag, S. 21 ff., DOMMANN, S. 24 und VISCHER, S. 205 ff.

251 Vgl. Art. 342 Abs. 1 Bst. b OR; beispielsweise ist der Lehrvertrag durch eine kantonale Behörde zu genehmigen (Art. 20 BBG; vgl. Art. 19 Abs. 1 KBG, der die Genehmigung durch das kantonale Amt für Berufsbildung vorsieht). Im vorliegenden Zusammenhang ist besonders auch dem Umstand Beachtung zu schenken, dass das öffentliche Recht Inhalt und Modalitäten der Ausbildung bestimmt (Art. 8 ff. BBG, vgl. v.a. Art. 12 BBG [Marginalie: „Ausbildungsreglemente"]). Zum Verhältnis von OR und BBG vgl. VISCHER, S. 206 f. sowie REHBINDER, Arbeitsrecht, S. 149 f.

252 Art. 8 Abs. 1 Satz 1 BBG.

253 REHBINDER, BBG, S. XXI und 6 f.; DERS., Arbeitsrecht, S. 149.

254 Art. 16 BBG, Art. 16 KBG.

255 Art. 27 ff. BBG, Art. 24 ff. KBG.

4.4.2.2 Leistungsbeurteilung während der Lehre

Nach Ablauf der Probezeit[256] kann das Lehrverhältnis, das ja auf eine bestimmte Dauer abgeschlossen wurde,[257] nur aus *wichtigen Gründen*[258] fristlos aufgelöst werden.[259]

Die Berufsschule ist nicht Vertragspartei und somit auch nicht berechtigt, von sich aus Schülerinnen und Schüler auszuschliessen oder repetieren zu lassen.[260] Vielmehr sind bei ungenügenden Leistungen der Lehrbetrieb zu benachrichtigen und allenfalls bei der kantonalen Behörde entsprechende Massnahmen zu beantragen.[261] Bei ungenügenden Leistungen in der Berufsschule kann die kantonale Behörde das Lehrverhältnis nötigenfalls auflösen.[262]

Die Leistungen in der Berufsschule werden in allen Fächern[263] mit *Noten* von 6 bis 1 bewertet; 6 ist die beste, 1 die schlechteste Note.[264] Noten unter 4 bezeichnen ungenügende Leistungen.[265] Andere als halbe Zwischennoten sind nicht zulässig.[266]

Neben dem minimalen Pflichtunterricht besteht ein breites Angebot zusätzlicher Ausbildungsmöglichkeiten; so werden etwa Stützkurse, Freifächer, Weiterbildungs- und Umschulungskurse sowie Vorbereitungskurse angeboten.[267] Begabten und leistungswilligen Lehrlingen und Lehrtöchtern

---

256 Art. 346 Abs. 1 OR, Art. 21 BBG.

257 Art. 344a Abs. 2 OR.

258 Zu diesem Begriff vgl. Rehbinder, BBG, S. XXXI f. und 27, ders., Lehrvertrag, S. 28 ff. sowie Vischer, S. 211.

259 Art. 346 Abs. 2 OR, Art. 25 Abs. 1 BBG.

260 Dommann, S. 38; Rehbinder, BBG, S. 35.

261 Art. 31 BBG.

262 Art. 31 in Verbindung mit Art. 25 BBG, vgl. Art. 23 Abs. 1 und 2 KBG.

263 Es werden berufskundliche sowie allgemeinbildende Fächer unterrichtet (Art. 27 Abs. 1 Satz 2 BBG).

264 Art. 29 Abs. 1 der Verordnung vom 7. November 1979 über die Berufsbildung (BBV; SR 412.101).

265 Art. 29 Abs. 2 BBV.

266 Art. 29 Abs. 3 BBV.

267 Vgl. Art. 27 Abs. 1 und 3 BBG (vgl. auch Art. 25 f. BBV).

stand zudem bisher die Berufsmittelschule offen; neuerdings wird nun ein Lehrgang angeboten, der zur Berufsmaturität führt.[268]

Die Berufsschulen haben ihren Schülerinnen und Schülern *halbjährlich Zeugnisse* auszustellen.[269] In diesem Zusammenhang ist auf eine interessante Norm hinzuweisen: Nach Art. 34 Abs. 3 KBG werden Beschwerden gegen Zeugnisnoten nur auf Rechtsverletzungen hin überprüft. Das Spezialrecht bezeichnet damit einerseits die einzelnen Zeugnisnoten („Fachnoten") als anfechtbar[270] und schränkt anderseits die Überprüfungsbefugnis ein.[271]

4.4.2.3 Abschluss

Nach Art. 38 BBG soll durch die *Lehrabschlussprüfung* festgestellt werden, „ob der Lehrling die im Ausbildungsreglement und im Lehrplan umschriebenen Lernziele, die ihn zur Ausübung seines Berufes befähigen, erreicht hat." Das Eidgenössische Volkswirtschaftsdepartement erlässt für jeden Beruf ein *Prüfungsreglement*, das Organisation und Dauer der Prüfung, den Prüfungsstoff und dessen allfällige Aufteilung in einzelne Gebiete, den Einbezug von Noten der Berufsschule sowie die Beurteilung und Notengebung regelt.[272] Die Lehrabschlussprüfung wird von den Kantonen

---

268 Art. 29 BBG (vgl. auch Art. 25 und 27 BBV). Vgl. weiter die Verordnung des EVD vom 3. Februar 1983 über die möglichen Organisationsformen der Klassen an Berufsmittelschulen (SR 412.103.0), die Verordnung des Bundesamtes für Industrie, Gewerbe und Arbeit vom 8. Februar 1983 über die Organisation, die Zulassungsbedingungen, die Promotion und die Abschlussprüfung der Berufsmittelschule (BMSV; SR 412.103.1) sowie die bernische Verordnung vom 27. März 1996 über die Berufsmaturität (BmatV; BAG 96-29, BSG 435.511). Zur Berufsmaturität als Form der Fachhochschulreife vgl. auch die Hinweise in BBl 1994 III 797 und 809 f. sowie Ziff. 4.5.2.

269 Art. 34 Abs. 1 KBG.

270 Vgl. Ziff. 2.1.3.3 und 2.1.3.7; der Regierungsrat leitet zudem aus Art. 44 Abs. 4 in Verbindung mit Art. 34 Abs. 3 KBG ab, dass auch die einzelnen Prüfungsnoten der Lehrabschlussprüfung anfechtbar seien (RRB Nr. 1937 vom 8. Juni 1994 i. S. B.H., vgl. Ziff. 2.1.1.3.3 und 4.4.2.2).

271 Vgl. Ziff. 3.3.1 und 3.4.2.3.

272 Art. 39 Abs. 1 BBG; vgl. immerhin auch Art. 13 KBG.

durchgeführt;[273] allenfalls kann auch ein Berufsverband mit der Durchführung beauftragt werden.[274]

In den meisten Berufen besteht die Prüfung aus den drei Bereichen „Praktische Arbeiten", „Berufskenntnisse" und „Allgemeinbildung".[275]

Personen, die die Lehrabschlussprüfung bestanden[276] und die Lehre vertragsgemäss beendet haben, erhalten das *Fähigkeitszeugnis*, das sie berechtigt, sich als gelernte Berufsangehörige zu bezeichnen.[277] Das Fähigkeitszeugnis wird von der kantonalen Behörde ausgestellt.[278] Eine nicht bestandene Prüfung kann zweimal wiederholt werden;[279] dabei sind einzig die ungenügenden Fächer erneut abzulegen.[280]

Der Entscheid über die Erteilung oder die Nichterteilung des Fähigkeitszeugnisses („Gesamtnote"[281]) ist zweifellos eine *Verfügung*.[282] Ebenfalls anfechtbar sind die einzelnen Fachnoten.[283] Die Anfechtung der Verfügungen richtet sich zunächst nach kantonalem Recht.[284] Das Bundesrecht schreibt - im Sinne eines Minimalstandards - einzig vor,

- dass Verfügungen und Beschwerdeentscheide schriftlich zu eröffnen sind;[285]

---

273 Art. 42 Abs. 1 BBG, vgl. Art. 40 Abs. 1 KBG (vgl. auch die Weisungen für Chef- und Fachexperten an gewerblich-industriellen Lehrabschlussprüfungen, welche das kantonale Amt für Berufsbildung im Januar 1992 erlassen hat).

274 Art. 42 Abs. 2 - 5 BBG, Art. 33 BBV; vgl. Art. 40 Abs. 2 KBG.

275 DOMMANN, S. 40.

276 Das Ergebnis der Prüfung wird durch eine Gesamtnote ausgedrückt (Art. 32 Abs. 3 Satz 1 BBV). Das Prüfungsreglement legt die Anforderungen für das Bestehen der Prüfung fest (Art. 32 Abs. 4 BBV).

277 Art. 43 Abs. 1 Satz 1 BBG.

278 Art. 43 Abs. 1 Satz 2 BBG; Art. 44 Abs. 1 KBG.

279 Art. 44 Abs. 1 BBG.

280 Art. 44 Abs. 2 BBG, vgl. auch Art. 36 Abs. 4 BBV.

281 Ziff. 2.1.3.2.

282 Art. 44 Abs. 4 KBG.

283 Art. 44 Abs. 4 in Verbindung mit Art. 34 Abs. 3 KBG (so RRB Nr. 1937 vom 8. Juni 1994 i. S. B.H.), vgl. Ziff. 2.1.1.3.3, 2.1.3.3, 2.1.3.7 und 4.4.2.2.

284 Art. 69 BBG.

285 Art. 67 Abs. 1 BBG.

- dass Verfügungen, die ein Begehren abweisen, und Beschwerdeentscheide zu begründen und mit einer Beschwerdebehörde und -frist nennenden Rechtsmittelbelehrung zu versehen sind;[286]
- dass das kantonale Recht eine Beschwerdebehörde für Verfügungen kantonaler Behörden zu bezeichnen hat.[287]

Während langer Zeit stand im Kanton Bern gegen die entsprechenden Verfügungen die Verwaltungsbeschwerde[288] bei der Erziehungsdirektion[289] und danach beim Regierungsrat offen.[290] Anschliessend konnte auf bundesrechtlicher Ebene einzig noch die staatsrechtliche Beschwerde erhoben werden.[291] Seit dem 1. Januar 1994 unterliegen nun „kantonale Beschwerdeentscheide über die Zulassung zu Kursen und über Prüfungen"[292] der Beschwerde an die *Rekurskommission EVD*. Im Geltungsbereich dieser Norm hat sich auch der kantonale Rechtsweg verändert: Verfügungen können weiterhin mit Verwaltungsbeschwerde bei der Erziehungsdirektion angefochten werden, deren Beschwerdeentscheide unterliegen danach der Beschwerde an die Rekurskommission EVD;[293] der Regierungsrat fällt als Rechtsmittelbehörde weg.[294] Die Entscheide der Rekurskommission EVD sind endgültig.[295]

---

286 Art. 67 Abs. 2 BBG.

287 Art. 68 Bst. b BBG.

288 Art. 44 Abs. 3 KBG schränkt die Überprüfungsbefugnis bei Beschwerden gegen Prüfungsergebnisse ausdrücklich auf Rechtsverletzungen ein (vgl. Ziff. 3.3.1).

289 So seit dem 1. Januar 1993; zuvor war das kantonale Amt für Berufsbildung der Volkswirtschaftsdirektion zugeordnet.

290 Art. 62 KBG, Art. 77 Abs. 1 Bst. m und Art. 78 Bst. d VRPG.

291 So Art. 68 Bst. d und e BBG in der Version von 1978 (AS 1979 S. 1708); vgl. auch Art. 99 Abs. 1 Bst. f und (neuerdings) Art. 100 Abs. 1 Bst. v OG.

292 Art. 68 Bst. c Lemma 3 BBG (Fassung gemäss Anhang Ziff. 17 des BG vom 4. Oktober 1991, AS 1992 S. 288).

293 Vgl. etwa den Entscheid der Rekurskommission EVD vom 9. Oktober 1996 i. S. S.B. (betreffend die Lehrabschlussprüfung als Tiefbauzeichner). In einem unveröffentlichten BGE vom 27. Oktober 1994 i. S. G. (betreffend die Lehrabschlussprüfung als Chemikant) ist das Bundesgericht noch auf eine staatsrechtliche Beschwerde eingetreten, ohne sich aber explizit mit dem revidierten Art. 68 Bst. c BBG auseinanderzusetzen; das Bundesgericht hat hier wohl übersehen, dass es in diesem Bereich „entlastet" worden ist.

294 Art. 68 Bst. b und c BBG, Art. 64 Bst. b VRPG.

295 Art. 68 Bst. d und e BBG, Art. 74 Bst. c VwVG, Art. 100 Abs. 1 Bst. v OG.

4.5 INGENIEURSCHULEN

4.5.1 Allgemeines

Systematisch betrachtet, wurden die Ingenieurschulen nach bisherigem Bundesrecht der Berufsbildung zugeordnet, handelt es sich doch um eine *Art beruflicher Weiterbildung*.[296] Sachlich gesehen, steht die Ausbildung an einer Ingenieurschule jedoch auf einer höheren Stufe als die berufliche Grundausbildung und ist deshalb separat zu behandeln; es geht hier um eine Ausbildung des *tertiären* Bildungsbereichs.

Nach dem bisherigen Recht, fördert der Bund die Ausbildung an den Höheren Technischen Lehranstalten (HTL),[297] den Höheren Wirtschafts- und Verwaltungsschulen (HWV)[298] und den anderen Höheren Fachschulen (HF).[299] In Verordnungen des eidgenössischen Volkswirtschaftsdepartements werden Mindestanforderungen für die Zulassung, die Lehrpläne und die Prüfungen festgelegt;[300] alles Nähere wird dann in den Kantonen geregelt.

Aus den Ingenieurschulen und anderen Höheren Fachschulen werden neu *Fachhochschulen*.[301] Parallel zum Bund hat der Kanton Bern ein (primär an die Stelle des bisherigen Ingenieurschulgesetzes[302] tretendes) kantonales Fachhochschulgesetz erarbeitet, durch das vorab eine Fachhochschule für Technik, Architektur und Wirtschaft, eine Kunsthochschule sowie eine

---

296 Art. 59 BBG.

297 Art. 59 Abs. 1 BBG.

298 Art. 60 Abs. 1 BBG.

299 Art. 61 Abs. 1 BBG; diese fallen nicht umfassend in den Bereich der zukünftigen Fachhochschulen und werden insofern weiterhin durch das BBG geregelt.

300 Art. 59 Abs. 2, Art. 60 Abs. 2 und Art. 61 Abs. 2 BBG; vgl. die entsprechenden Verordnungen (Verordnung des EVD vom 8. Oktober 1980 über die Mindestvorschriften für die Anerkennung von Höheren Technischen Lehranstalten [HTLV; SR 412.107.0], Verordnung des EVD vom 1. Juni 1982 über die Mindestvorschriften für die Anerkennung von Höheren Wirtschafts- und Verwaltungsschulen [HWVV; SR 412.108.0] sowie die entsprechenden Departementsverordnung für die übrigen Höheren Fachschulen [SR 412.109.0 - 412.115.0]).

301 Vgl. das Bundesgesetz vom 6. Oktober 1995 über die Fachhochschulen (Fachhochschulgesetz, FHSG; AS 1996 S. 2588 ff.).

302 BSG 435.411.

Fachhochschule für Gesundheit und Soziales geschaffen werden sollen.[303]

4.5.2 Aufnahme

Die Aufnahme erfolgte bisher normalerweise aufgrund einer *Prüfung*.[304] In der Praxis wird bei den Aufnahmen immer wieder und ohne hinreichende gesetzliche Grundlage eine quantitative Zulassungsbeschränkung (sog. *Numerus clausus*) angewendet.[305]

Mit der Einführung der *Berufsmaturität*[306] erfolgte eine wesentliche Änderung. Die Berufsmaturität „bescheinigt, dass der Inhaber fähig ist, die Ausbildung an einer Höheren Fachschule fortzusetzen."[307] Wer ein eidgenössisch anerkanntes Berufsmaturitätszeugnis der entsprechenden Fachrichtung erworben hat, wird *prüfungsfrei* aufgenommen.[308]

Der Entscheid über die Aufnahme stellt im übrigen eine bei der Erziehungsdirektion und bei der Rekurskommission EVD anfechtbare Verfügung dar.[309]

---

303 Vgl. Vortrag FaG, S. 7 ff. Das kantonale Gesetz nennt die einzelnen Fachhochschulen nicht (vgl. Art. 3 Abs. 1 FaG, nach Art. 63 Abs. 1 Bst. a FaG beschliesst der Grosse Rat über die Errichtung und Aufhebung der kantonalen und über die Unterstützung von anderern Fachhochschulen), was aus verfassungsrechtlicher Sicht problematisch erscheint (Art. 44 Abs. 1 und Art. 95 KV; vgl. BOLZ, in: KÄLIN/BOLZ, S. 360 und 499 ff.).

304 Vgl. die in eben in Fussnote 4/300 erwähnten Verordnungen, aus denen auch allfällige weitere Aufnahmebedingungen hervorgehen.

305 Vgl. etwa BBl 1994 III 810; Finanzhilfen des Bundes an die Betriebskosten von zukünftigen kantonalen Fachhochschulstudiengängen sollen nur gewährt werden, wenn ein „Studiengang grundsätzlich allen Personen offensteht, welche die Zulassungsvoraussetzungen erfüllen" (Art. 20 Abs. 2 Bst. b FHSG). Näher zur Problematik von Zulassungsbeschränkungen vgl. ZENGER, SALADIN/AUBERT sowie RICHLI, Chancengleichheit (besonders S. 208 f.).

306 Art. 14a - 14i BMSV.

307 Art. 14a Abs. 1 Satz 3 BMSV, Art. 1 Abs. 2 Satz 2 BmatV.

308 Vgl. dazu Art. 12 Abs. 1 HTLV, Art. 12 Abs. 1 HWVV sowie - in bezug auf die zukünftigen Fachhochschulen - Art. 5 Abs. 1 Satz 2 FHSG.

309 Art. 50 ISG, Art. 77 Bst. m und Art. 78 Bst. d VRPG, Art. 68 Bst. c Lemma 3 BBG. Vor der Verwaltungsbeschwerde an die Erziehungsdirektion ist regelmässig noch der schulinterne Rechtsweg zu durchlaufen (Anfechtung von Verfügungen bei der Aufsichtskommission, Art. 49 ISG). Zum Rechtsweg nach dem neuen kantonalen Fachhochschulgesetz vgl. Art. 67 FaG sowie den Vortrag FaG, S. 35 und 51.

4.5.3 Leistungsbeurteilung während der Ausbildung

Das Bundesrecht überlässt es den einzelnen Schulen, die *Promotionsordnungen* zu erlassen.[310] Für die kantonalen Schulen besteht jeweils ein vom Regierungsrat erlassenes Schulreglement.[311] Die Erziehungsdirektion erlässt unter Mitwirkung der Schulen weitere Reglemente (so auch über die Promotionen).[312] Bei der Anfechtbarkeit sind keine weiteren Besonderheiten zu beachten.[313]

4.5.4 Abschluss

Das Bundesrecht beschränkt sich darauf, einzelne Prüfungsteile[314] und den Schulen den Erlass von *Diplomregulativen* (Prüfungsordnungen) vorzuschreiben.[315] Entsprechend hat die Erziehungsdirektion auch für diesen Bereich Reglemente erlassen.[316] Bei der Anfechtbarkeit sind keine weiteren Besonderheiten zu beachten.[317]

4.6 UNIVERSITÄT

4.6.1 Allgemeines

Der Kanton Bern unterhält eine Universität.[318] Diese hat die Rechtsform einer *öffentlichrechtlichen Anstalt*, die im Rahmen von Verfassung und Gesetz *Selbstverwaltung* besitzt.[319]

---

310 Vgl. die eben in Fussnote 4/300 erwähnten Verordnungen (z. B. Art. 15 HTLV).

311 Art. 10 Abs. 1 ISG; vgl. weiter BSG 435.422.1 (Ingenieurschule Biel), BSG 435.432.1 (Ingenieurschule Burgdorf), BSG 435.442.1 (Ingenieurschule St. Immer), BSG 435.452.1 (Schweizerische Ingenieur- und Technikerschule für die Holzwirtschaft Biel), BSG 435.621 (Schnitzler- und Geigenbauerschule Brienz).

312 Art. 10 Abs. 2 Bst. d ISG.

313 Vgl. Ziff. 2.1.3.2, 2.1.3.3 und 4.4.2.2.

314 Z. B. Vorprüfung, mündliche und schriftliche Schlussprüfung, Diplomarbeit (vgl. etwa Art. 16 - 19 HTLV).

315 Vgl. die eben in Fussnote 4/300 erwähnten Verordnungen (z. B. Art. 19 HTLV).

316 Art. 10 Abs. 2 Bst. c ISG.

317 Vgl. Ziff. 2.1.3.2, 2.1.3.3 und 4.4.2.3

318 Art. 44 Abs. 1 KV (dazu BOLZ, in KÄLIN/BOLZ, S. 360 f.) und Art. 1 des Gesetzes vom 7. Februar 1954 über die Universität (Universitätsgesetz, UG; BSG 436.11).

319 Art. 29 Abs. 1 UG; vgl. GYGI, Universität, S. 133 ff.

Das bernische Universitätsrecht ist ein weiterer Bereich der Bildung, der sich im Umbruch befindet. Das *Universitätsgesetz* ist *total revidiert* worden.[320] Mit dem neuen Gesetz wird die Autonomie der Universität erweitert;[321] diese erhält eine eigene Rechtspersönlichkeit und gibt sich mit dem Universitätsstatut eine eigene Grundordnung.[322] Auch beim Rechtsweg ergeben sich gewisse Verschiebungen: Gegen Verfügungen der Organe der Fakultäten und der weiteren Organisationseinheiten steht neu zunächst die Verwaltungsbeschwerde an eine universitätsinterne „Rekurskommission"[323] offen.[324] Gegen Beschwerdeentscheide dieser Rekurskommission sowie gegen Verfügungen des Senats und der Universitätsleitung kann Verwaltungsbeschwerde bei der Erziehungsdirektion erhoben werden.[325] Die Beschwerdeentscheide der Erziehungsdirektion sind endgültig, soweit sie Beschwerdeentscheide der Rekurskommission und zugleich Materien betreffen, in denen die Verwaltungsgerichtsbeschwerde ausgeschlossen ist;[326] andernfalls richtet sich das weitere Verfahren nach dem Verwaltungsrechtspflegegesetz.[327]

Die nachfolgende Darstellung orientiert sich grundsätzlich noch am bisherigen Recht, berücksichtigt jedoch auch bereits Aspekte des neuen Gesetzes.

4.6.2 Immatrikulation

In die Universität kann aufgenommen (immatrikuliert) werden, wer sich über eine genügende Vorbildung ausweist.[328] Gestützt auf Art. 11 Abs. 2

---

320 Vgl. den Überblick im Vortrag UniG, S. 1 ff. sowie die Referendumsvorlage publiziert in: Amtsblatt des Kantons Bern Nr. 74 vom 5. Oktober 1996.

321 Vortrag UniG, S. 4 f. und 11.

322 Vortrag UniG, S. 5 und 11 f.; vgl. Art. 1 Abs. 2 und Art. 3 Abs. 1 UniG.

323 Die Bezeichnung mag nicht völlig geglückt sein; jedenfalls ist die Stellung dieser Justizbehörde nicht mit jener der eidgenössischen Rekurskommissionen nach Art. 71a ff. VwVG gleichzusetzen.

324 Art. 76 Abs. 1 UniG.

325 Art. 76 Abs. 2 Satz 1 und Art. 76 Abs. 3 UniG.

326 Art. 76 Abs. 2 Satz 2 UniG; vgl. auch Vortrag UniG, S. 28.

327 Art. 75 UniG. Gegen universitäre Leistungsbeurteilungen steht die Verwaltungsgerichtsbeschwerde somit weiterhin nicht offen (Art. 77 Bst. m und Art. 78 Bst. d VRPG).

328 Art. 11 Abs. 1 UG.

UG hat der Regierungsrat die *Zulassung* zum Studium (sog. Immatrikulation) näher geregelt.[329]

Wer sich an der Universität Bern immatrikulieren will, hat sich für das Wintersemester bis zum vorangehenden 1. Juni voranzumelden.[330] Studienanfängerinnen und -anfänger werden nur ins Wintersemester zugelassen.[331] Das Verfahren der Voranmeldung wird in den Art. 8 - 15 IV geregelt. Nach der Voranmeldung folgt das Einreichen der Immatrikulationsbelege.[332] Insgesamt setzt die Immatrikulation somit voraus:[333]

- die form- und fristgerechte *Voranmeldung*;

- das form- und fristgerechte Einreichen der *Immatrikulationsbelege*;

- eine als ausreichend anerkannte *Vorbildung.*[334]

Art. 26 IV verlangt somit neben der materiellen Voraussetzung der *genügenden Vorbildung* zusätzlich die Erfüllung zweier formeller Voraussetzungen. Die entsprechende gesetzliche Grundlage (Art. 11 Abs. 1 und 2 UG) ist wohl recht rudimentär, doch wird im folgenden trotzdem davon ausgegangen, dass diese Delegationsnorm einer gerichtlichen Überprüfung standhalten würde. Zudem formuliert das neue Gesetz die Zulassung bestimmter: Danach wird zum Studium zugelassen, wer einen eidgenössisch oder kantonal anerkannten Maturitätsausweis besitzt oder sich über

---

[329] Verordnung vom 20. September 1978 über die Zulassung zum Studium an der Universität Bern (Immatrikulationsverordnung, IV; BSG 436.71).

[330] Art. 7 IV; für die medizinischen Studiengänge vgl. Art. 7 Abs. 2 IV (Verordnungsänderung vom 23. Oktober 1996 [BAG 96-98]).

[331] Art. 27 Abs. 1 IV.

[332] Art. 16 - 20 IV.

[333] Art. 26 Abs. 1 IV.

[334] Zum Begriff der Vorbildung vgl. Art. 21 - 23 IV (regelmässig wird ein Maturitätsausweis verlangt). Die Anforderungen für das Studium der Medizin (genauer: für die Zulassung zu den eidgenössischen Medizinalprüfungen [die aber faktisch auf die Immatrikulation „vorwirkt"]) werden vom Bundesrecht geregelt: Nach Art. 15 der Allgemeinen Medizinalprüfungsverordnung vom 19. November 1980 (AMV; SR 811.112.1) werden Schweizer Bürgerinnen und Bürger zugelassen, die einen bundesrechtlich anerkannten Maturitätsausweis oder das Abschlusszeugnis einer schweizerischen Hochschule besitzen (für Ausländerinnen und Ausländer vgl. Art. 16 AMV).

eine als gleichwertig anerkannte Vorbildung ausweist oder eine Aufnahmeprüfung bestanden hat.[335]

Der Entscheid über die Immatrikulation[336] stellt eine *Verfügung* der Universitätsleitung dar, die mit Verwaltungsbeschwerde bei der Erziehungsdirektion angefochten werden kann.[337] Nach heutiger Auslegung steht gegen den Entscheid der Erziehungsdirektion die Beschwerde an den Regierungsrat offen. Es fragt sich allerdings, ob eine Immatrikulationsstreitigkeit nicht auch als Gegenausnahme im Sinne von Art. 78 Bst. d Ziff. 1 VRPG („Zulassung zu einer Prüfung") verstanden werden könnte und somit die Verwaltungsgerichtsbeschwerde offen stehen würde. Denn die Studierenden immatrikulieren sich ja für ein bestimmtes Studium, und die Studienreglemente setzen die Immatrikulation regelmässig als Zulassungsvoraussetzung für die erste Prüfung oder die ersten Prüfungen voraus. Weil in diesen Fällen der Entscheid über die Immatrikulation mit jenem über die wichtigste Voraussetzung zur Prüfungszulassung zusammenfällt, rechtfertigt es sich, den Weg an das Verwaltungsgericht bereits in diesem Zeitpunkt zu öffnen.[338]

Ein besonderes Immatrikulationsverfahren gilt für das Studium der *Medizin*: Die Voranmeldung und die Umverteilung von Studienwilligen wird seit rund zwanzig Jahren von der Schweizerischen Hochschulkonferenz (SHK) durchgeführt. Die SHK richtet sich nach dem Reglement vom 16. Februar 1976 „für die Organisation der Zulassung zu den Medizinstudien (Human-, Zahn- und Veterinärmedizin) im Falle eines freien Zugangs auf gesamtschweizerischer Ebene". Den Hochschulkantonen wurde empfohlen, ihre Bestimmungen anzupassen. So sieht denn Art. 8 Abs. 2 IV (Marginalie „Meldestelle") vor, dass für diejenigen Studienrichtungen, für welche ein gesamtschweizerisches Organ mit der Durchführung der Voranmelde-Aktion beauftragt ist, dieses Organ die Stelle zu bezeichnen hat, bei welcher die Voranmeldung einzureichen ist.[339] Die Voranmeldung muss bis am 15. März bei der SHK eingereicht werden. Danach teilt die SHK die Studienplätze zu. Der Universität Bern zugeteilte Studienwillige erhalten die bernischen Voranmelde-Unterlagen. Eine schriftliche Bestätigung der Vor-

---

335 Art. 29 Abs. 1 UniG.

336 Vgl. dazu Art. 29 IV.

337 Art. 64 IV, Art. 60 Abs. 1 in Verbindung mit Art. 62 Abs. 1 Bst. a VRPG; vgl. etwa den Entscheid der Erziehungsdirektion vom 29. Februar 1996 i. S. U.R. und den Entscheid der Erziehungsdirektion vom 1. März 1996 i. S. E.S.

338 Vgl. auch HERZOG, S. 264 f. und 395 (betreffend den Anwendungsbereich von Art. 6 Abs. 1 EMRK bei Zulassungsstreitigkeiten).

339 Zur schriftlichen Bestätigung der Voranmeldung vgl. Art. 15 IV.

anmeldung ist zudem an die SHK zu senden.[340] Im Laufe des Monats Oktober erfolgt sodann - nach Einreichen der Immatrikulationsbelege - die Immatrikulation an der betreffenden Universität. Studienwillige, die durch die SHK umgeteilt wurden, können mit einem Wiedererwägungsgesuch an eine „unabhängige Ad-hoc-Kommission"[341] gelangen. Über die Immatrikulation entscheidet letztlich dann aber die Universität;[342] das heisst Beschwerden gegen entsprechende Verfügungen gehen den ordentlichen Rechtsweg. Die *SHK koordiniert* somit die Verteilung der Studienplätze, die eigentliche *Zulassung* erfolgt aber weiterhin durch die *Universität*.

Bisher ist der Zugang zur Universität bloss qualitativ gesteuert worden. Wer die eben dargestellten Voraussetzungen (in erster Linie ist dabei an die ausreichende Vorbildung zu denken) erfüllt, wird immatrikuliert. Bis am 1. Mai 1996 enthielt das geltende Universitätsgesetz keine Grundlage für die Einführung quantitativer Zulassungsbeschränkungen (sog. *Numerus clausus*).[343] Aufgrund von Kapazitätsengpässen im Bereich der *medizinischen Studiengänge* wurden nun aber die Art. 11a -11c UG eingeführt.[344] Diese Bestimmungen werden es erlauben, die Zulassung zur medizinischen und zur veterinär-medizinischen Fakultät durch fachbezogene Eignungsverfahren vor Studienbeginn oder durch Vorprüfungen nach Studienbeginn zu beschränken.[345]

---

340 Viele Studienwillige wissen erst im August oder September, ob sie die Maturitätsprüfung tatsächlich bestanden haben.

341 Art. 3 des eben erwähnten Reglements, Art. 9 spricht von einer „Rekurskommission".

342 Art. 10 Abs. 2 des eben erwähnten Reglements.

343 SALADIN/AUBERT, S. 202 (m. w. H.). Im Besonderen hätte der nie in Kraft gesetzte Art. 31 IV (vgl. Art. 68 Abs. 2 IV) als gesetzliche Grundlage nicht genügt. Vgl. auch BGE 121 I 22 ff. (dazu die Bemerkungen von *Richli* in: AJP 1995 S. 790 f.).

344 Die Änderung des Gesetzes wurde in der Volksabstimmung vom 10. März 1996 angenommen (BAG 96-25). Zu Inhalt und Vorgeschichte der Vorlage vgl. Vortrag NC sowie SALADIN/AUBERT, S. 202 ff. Vgl. auch die Ausführungsbestimmungen in der Verordnung vom 16. Juni 1996 über Zulassungsbeschränkungen zum Medizinstudium (BAG 96-54, BSG 436.71.1; vgl. auch RRB Nr. 3172 vom 18. Dezember 1996 über die Festlegung der maximalen Aufnahmekapazität ab Wintersemester 1997/1998); die entsprechenden Verfügungen der Universitätsleitung unterliegen nach Art. 14 Abs. 1 dieser Verordnung zunächst der Verwaltungsbeschwerde an die Erziehungsdirektion.

345 Vgl. besonders Art. 11a Abs. 1 und Art. 11b Abs. 2 UG (BAG 96-25).

4.6.3 Leistungsbeurteilung während der Ausbildung

Über die verschiedenen Studiengänge erlassen die Fakultäten[346] *Reglemente*, die der Genehmigung durch den Regierungsrat unterliegen.[347] Weil eine grosse Anzahl verschiedener Studiengänge besteht und die einzelnen Studiengänge sehr unterschiedlich verlaufen, können die Reglemente deshalb hier nicht dargestellt werden. Als *Beispiel* für ein neueres Reglement sei immerhin auf jenes für die Rechtsstudierenden verwiesen.[348]

Das Studium nach neuem Recht ist deutlich stärker strukturiert als bisher.[349] Das Reglement unterscheidet *Credit-Prüfungen*, *Klausuren* und *mündliche Prüfungen*.[350] Die Leistungsbeurteilungen erfolgen durch Ziffern und richten sich nach einer Notenskala von 1 bis 10;[351] Noten unter 4 sind ungenügend.[352]

Spätestens[353] nach dem *dritten Semester* (für fremdsprachige Studierende nach dem fünften Semester) sind Credit-Prüfungen in den Fächern „Allgemeiner Teil des Obligationenrechts einschliesslich Kauf, Tausch und Schenkung", „Allgemeiner Teil des Strafrechts", „Allgemeines Staatsrecht und Verfassungsgeschichte der Neuzeit" sowie „Römisches Recht" abzu-

---

346 Vgl. Art. 4 und 40 - 42 UG.

347 Art. 42 Abs. 3 UG (nach neuem Recht wird die Genehmigung von Studienreglementen durch die Erziehungsdirektion erfolgen, vgl. Art. 74 Abs. 2 Bst. c UniG).

348 Reglement vom 16. September 1993 über den Studiengang und die Prüfungen an der rechtswissenschaftlichen Abteilung der Rechts- und Wirtschaftswissenschaftlichen Fakultät der Universität Bern (vom Regierungsrat am 13. Oktober 1993 genehmigt) sowie die Änderungen dieses Reglements vom 6. Juli 1995 (vom Regierungsrat am 18. Oktober 1995 genehmigt) und vom 20. Juni 1996 (vom Regierungsrat am 21. August 1996 genehmigt) (JR); vgl. dazu THOMAS MÜLLER, S. 226 ff.

349 THOMAS MÜLLER, S. 226 f. Zur Koordination mit den Fürsprecher- und Notariatsprüfungen vgl. die Verordnung vom 19. Oktober 1994 über die Fürsprecherprüfung (BSG 168.221.1) sowie die Verordnung vom 19. Oktober 1994 über die Notariatsprüfung (BSG 169.221).

350 Art. 4 JR.

351 Art. 7 JR.

352 Unbefriedigend ist die Formulierung in Art. 7 JR, wo der Note 3 das Prädikat „kaum genügend" und erst der Note 2 das Prädikat „ungenügend" zugeordnet wird. Erst eine systematische Auslegung (etwa unter Beizug von Art. 12 Abs. 3 in Verbindung mit Art. 15 Abs. 1 JR) führt zum Schluss, dass alle Noten unter 4 als „ungenügend" gelten.

353 Vgl. dazu sogleich unten.

legen.[354] Wer bei einer der Credit-Prüfungen eine ungenügende Leistung erbringt, hat ein Semester später eine einmalige Wiederholungsmöglichkeit.[355] Die bei den Credit-Prüfungen erbrachten Leistungen werden den Studierenden durch das Dekanat jeweils mit einem gewöhnlichen Brief eröffnet, aus dem der aktuelle Stand bei den nach Art. 8 Abs. 1 JR erforderlichen Prüfungen ersichtlich ist. Eine „ordentliche" Verfügung - natürlich mit Rechtsmittelbelehrung - erhalten die Studierenden erst, wenn sie alle vier Credit-Prüfungen mindestens einmal absolviert haben. Mit dieser Verfügung wird den Studierenden das Gesamtergebnis im Hinblick auf die Zulassung zu den weiteren Prüfungen eröffnet.[356] Denn zu diesen Prüfungen[357] wird nur zugelassen, wer die Credit-Prüfungen fristgerecht[358] und mit einem Notendurchschnitt von mindestens 4,0[359] bestanden hat sowie den Besuch einer Veranstaltung in Rechtsphilosophie, Rechtstheorie oder Rechtssoziologie nachweist.[360] Der Nachweis dieser letzten Voraussetzung[361] ist erst bei der Anmeldung zur Prüfung nach dem siebenten Semester zu erbringen.[362]

Das Gesamtergebnis dieser vier Credit-Prüfungen stellt zweifellos eine anfechtbare *Verfügung* dar.[363] Zur rechtlichen Qualifizierung der einzelnen Prüfungen nach Art. 8 Abs. 1 JR ist das Folgende festzuhalten: Die Noten dieser Credit-Prüfungen fliessen nicht in die Berechnung des Gesamtergebnisses für die Erteilung des Lizentiats ein.[364] Jedoch wird den Studierenden am Ende des Studiums neben dem Diplom ein Notenblatt ausgehändigt, welches unter anderem auch über die an den vier ersten Credit-

---

[354] Art. 8 Abs. 1 JR.

[355] Art. 9 Abs. 1 JR.

[356] Vgl. Art. 10 Bst. a und b JR.

[357] Vgl. Art. 11 und 12 JR.

[358] Im Sinne von Art. 8 Abs. 1 und 4 JR.

[359] Bei zwei ungenügenden Credit-Prüfungen ist ein Notendurchschnitt von 5,0 erforderlich (Art. 10 Bst. b JR).

[360] Art. 10 JR.

[361] Art. 10 Bst. c JR. Zum Nachweis genügt in der Praxis bisher die Vorlage des unterschriebenen Testathefts.

[362] Vgl. Ziff. 4.6.4.

[363] Vgl. Ziff. 2.1.3.2; aus der Rechtsprechung vgl. etwa den Entscheid der Erziehungsdirektion vom 29. April 1996 i. S. B.B.

[364] Art. 15 Abs. 1 JR.

Prüfungen erzielten Noten Aufschluss gibt.[365] Den einzelnen Ergebnissen der Credit-Prüfungen kommt somit wohl eine über Art. 10 JR hinausgehende faktische Bedeutung zu; insgesamt rechtfertigt es sich aber nicht, sie einzeln als Verfügungen zu qualifizieren. Diesem Schluss stehen auch die Rechtsschutzbedürfnisse der Studierenden nicht entgegen: Wohl können die Credit-Prüfungen schriftlich oder mündlich abgenommen werden;[366] solange aber - wie dies in der Praxis der Fall ist - ausschliesslich schriftliche Prüfungen durchgeführt werden, ergeben sich für beschwerdeführende Studierende keine besonderen Beweisprobleme.[367]

Im Zusammenhang mit der Leistungsbeurteilung während des Studiums rechtfertigt sich schliesslich ein Hinweis auf den Ausschluss vom Studium. Selbstverständlich kann auch die sogenannte *Exmatrikulation*[368] mit Beschwerde angefochten werden. Das Bundesgericht betrachtet den endgültigen Ausschluss vom Studium als ebenso schweren Eingriff wie den Numerus clausus.[369] Das geltende Universitätsgesetz kennt keine Studiendauerbeschränkung.[370] Die in verschiedenen Studienreglementen vorgesehenen Fristen, innerhalb derer z. B. ein bestimmter Studienabschnitt zu absolvieren ist, sind meines Erachtens problematisch, wenn sie Grundlage für den Ausschluss vom Studium bilden sollen.[371]

Die in diesem Abschnitt erwähnten *Verfügungen* können mit Verwaltungsbeschwerde bei der Erziehungsdirektion und danach beim Regierungsrat angefochten werden. Immerhin ist davon auszugehen, dass ent-

---

365 Art. 15 Abs. 3 JR.

366 Vgl. Art. 8 Abs. 2 JR.

367 Es bleibt den Studierenden - besonders, wenn in Zukunft auch mündliche Credit-Prüfungen durchgeführt werden sollten - unbenommen, allenfalls eine vorsorgliche Beweisaufnahme zu verlangen (Art. 19 Abs. 2 in Verbindung mit Art. 222 ff. des Gesetzes vom 7. Juli 1918 betreffend die Zivilprozessordnung für den Kanton Bern [BSG 271.1]).

368 Vgl. Art. 44 ff. IV.

369 ZBl 1987 S. 462.

370 Vgl. auch SALADIN/AUBERT, S. 202 ff.; anders jetzt Art. 30 UniG (vgl. Vortrag UniG, S. 17 f.).

371 Vgl. z. B. Art. 8, 10 und 16 JR. Die Bestrebungen der Fakultäten, die Studienzeiten zu verkürzen, wurden vom Regierungsrat veranlasst (RRB Nr. 959 vom 6. März 1991; vgl. THOMAS MÜLLER, S. 226); ein Regierungsratsbeschluss kann aber eine genügende gesetzliche Grundlage nicht ersetzen (vgl. etwa ZBl 1987 S. 462 und BGE 121 I 22 ff.).

sprechend den Überlegungen zur Immatrikulation auch gegen die Exmatrikulation der Rechtsweg an das Verwaltungsgericht offen steht.[372]

4.6.4 Abschluss

Nach erfolgreichem Abschluss des Studiums bzw. wenn weitere Anforderungen erfüllt sind, können die Fakultäten den *Titel* einer Lizentiatin bzw. eines Lizentiaten oder einer Doktorin bzw. eines Doktors erteilen.[373] Der Abschluss des Studiums sei erneut am Beispiel des rechtswissenschaftlichen Studiengangs dargestellt.

Das *juristische Lizentiat* wird aufgrund einer zweiteiligen Prüfung sowie der Lizentiatsarbeit erteilt.[374]

Der *erste Teil* des Lizentiats wird in der Regel nach dem *siebenten Semester* abgelegt.[375] Dieser Teil umfasst drei Klausuren[376] und fünf mündliche[377] Prüfungen.[378] Die Prüfung ist bestanden, wenn der Durchschnitt aller Noten dieser Einzelfachprüfungen genügend ist.[379] Wer die Prüfung nicht besteht, kann sie einmal wiederholen.[380] Wer sie unmittelbar vor dem achten Semester oder früher ablegt, hat zwei Wiederholungsmög-

---

372 Vgl. Ziff. 4.6.2.

373 Art. 44 Abs. 1 UG. Vgl. weiter auch die Verordnung vom 20. September 1995 über die Weiterbildung an der Universität (BSG 436.191) sowie - als Beispiel - das Reglement vom 6. Juli 1995 für das Nachdiplomstudium an der Rechtswissenschaftlichen Abteilung der Rechts- und Wirtschaftswissenschaftlichen Fakultät der Universität Bern. Zur Habilitation vgl. Art. 23 Abs. 1 UG und - als Beispiel - das Reglement vom 23. Februar 1995 über die Habilitation an der Juristischen Abteilung der Rechts- und Wirtschaftswissenschaftlichen Fakultät der Universität Bern (vom Regierungsrat am 29. März 1995 genehmigt).

374 Art. 15 Abs. 1 JR.

375 Art. 11 Abs. 1 JR; zur Zulassung zu dieser Prüfung vgl. Art. 10 JR und Ziff. 4.6.3.

376 Art. 11 Abs. 1 Ziff. 1 JR (Privatrecht, Strafrecht, öffentliches Recht); die Klausurnoten zählen doppelt (Art. 11 Abs. 2 JR).

377 Mündlichen Prüfungen muss neben der prüfenden Dozentin oder dem prüfenden Dozenten auch eine Assistentin oder ein Assistent beiwohnen (Art. 19 Abs. 1 Satz 2 JR). Eine eigentliche Protokollierungspflicht ist leider nicht vorgeschrieben (vgl. Ziff. 3.4.2.4.2).

378 Art. 11 Abs. 1 Ziff. 2 JR (zwei privatrechtliche Fächer, Bundesstaatsrecht, Allgemeines und Besonderes Verwaltungsrecht, Rechtsgeschichte).

379 Art. 11 Abs. 3 JR. Das Bestehen dieser Prüfung bedeutet gleichzeitig die Zulassung zum zweiten Teil des Lizentiats (vgl. Art. 11 Abs. 3 und Art. 12 Abs. 2 JR).

380 Art. 11 Abs. 4 Satz 1 JR.

lichkeiten.[381] Die Wiederholung kann sich auf die ungenügenden Noten beschränken.[382] Der Entscheid über Bestehen oder Nichtbestehen des ersten Teils des Lizentiats wird den Studierenden mit einer Verfügung eröffnet, die die im einzelnen erzielten Fachnoten aufführt. Diese Fachnoten sind ebenfalls anfechtbar.[383]

In der Regel nach dem *neunten Semester* folgt sodann der *zweite Teil*.[384] Dieser umfasst zwei schriftliche[385] und zwei mündliche[386] Credit-Prüfungen sowie je eine (schriftliche oder mündliche) Credit-Prüfung in zwei Wahlfächern.[387] Den zweiten Teil des Lizentiats hat bestanden, wer in den Prüfungsfächern einen genügenden Notendurchschnitt erreicht hat und nachweist, dass die *Lizentiatsarbeit*[388] mindestens mit „genügend" bewertet wurde.[389] Die einzelnen Credit-Prüfungen können je einmal wiederholt werden.[390] Der Entscheid über Bestehen oder Nichtbestehen des zweiten Teils des Lizentiats, der in der Praxis mit dem Entscheid über Erteilung oder Nichterteilung des Lizentiats zusammenfällt, stellt eine anfechtbare Verfügung dar.[391] Nach jeder absolvierten Credit-Prüfung erhalten die Studierenden einen Brief, der sie über den Stand ihrer Ausbildung orientiert. Die einzelnen Credit-Prüfungen müssen ebenfalls als Verfügungen betrachtet werden.[392]

---

381 Art. 11 Abs. 5 (für Fremdsprachige vgl. Art. 11 Abs. 6) JR; die Möglichkeit des sogenannten „Freischusses" oder „Freiversuchs" ist in Deutschland bekannt und soll die Studierenden zu einem raschen Abschluss motivieren (dazu THOMAS MÜLLER, S. 227 f. und FLIEGAUF, Rz. 73 und 127).

382 Art. 11 Abs. 4 Sätze 2 und 3 JR.

383 Vgl. besonders Ziff. 2.1.3.3.

384 Art. 12 Abs. 1 JR (vgl. auch die Wahlmöglichkeit nach Art. 13 JR).

385 Art. 12 Abs. 1 Ziff. 1 JR (Steuerrecht, Internationales Recht).

386 Art. 12 Abs. 1 Ziff. 2 JR (Zivilprozessrecht und Schuldbetreibungs- und Konkursrecht, Internationales Privatrecht).

387 Art. 12 Abs. 1 Ziff. 3 JR; als Anhang I zum JR wird der *Wahlfachkatalog* aufgeführt (vgl. dazu THOMAS MÜLLER, S. 227); eine der Credit-Prüfungen kann durch ein im Rahmen eines Seminars zu haltendes Referat samt einer schriftlichen Zusammenfassung desselben ersetzt werden.

388 Vgl. Art. 20 JR.

389 Art. 12 Abs. 3 JR.

390 Art. 12 Abs. 4 JR.

391 Vgl. Art. 12 und 15 JR.

392 Vgl. besonders Ziff. 2.1.3.3.

Das Lizentiat wird in Würdigung der *Gesamtleistung* ermittelt aus den Ergebnissen der Prüfungen nach Art. 11 und 12 JR sowie der Lizentiatsarbeit.[393]

Den Titel eines *Doctor iuris* erteilt die Fakultät jenen Personen, die eine Bescheinigung über den Erwerb des bernischen Lizentiats[394] mit einer Durchschnittsnote von mindestens 6,3, eine *Dissertation* aus einem Pflichtfach oder einem juristischen Wahlfach sowie eine Quittung über die einbezahlte Promotionsgebühr vorlegen.[395] Die vorgelegte Dissertation ist von zwei[396] Dozentinnen oder Dozenten zu begutachten, wobei die Zweitgutachterin oder der Zweitgutachter durch die Abteilungsvorsteherin oder den Abteilungsvorsteher bestimmt wird.[397]

Als *Verfügungen*, die auf dem Verwaltungsbeschwerdeweg bei der Erziehungsdirektion und (normalerweise) beim Regierungsrat angefochten werden können, sind weiter etwa zu betrachten:

- der Entzug eines akademischen Titels durch den Senat;[398]

- der Entscheid über die Anerkennung oder Nichtanerkennung bestandener Prüfungen;[399]

- den Entscheid in einer Streitigkeit über die Verwendung von unerlaubten Hilfsmitteln;[400]

- der Entscheid über die Bewertung der Lizentiatsarbeit;[401]

---

393 Art. 15 Abs. 1 JR.

394 Für die Absolventinnen und Absolventen anderer schweizerischer Rechtsfakultäten oder ausländischer Universitäten vgl. Art. 24 Abs. 2 und 3 JR.

395 Art. 24 Abs. 1 JR.

396 Vgl. dazu Ziff. 3.4.2.4.1.

397 Art. 25 Abs. 3 JR. Zur Ermittlung der Gesamtleistung vgl. Art. 25 Abs. 5 - 7 JR.

398 Vgl. Art. 45 Abs. 1 UG; diese Verfügung kann bei der Erziehungsdirektion und danach beim *Verwaltungsgericht* angefochten werden (Art. 45 Abs. 2 UG); beschwerdebefugt sind die betroffene Person und die antragstellende Fakultät (Art. 45 Abs. 3 UG).

399 Vgl. Art. 16 JR.

400 Vgl. Art. 18 JR (Abs. 4 sieht für diese Fälle sogar ein fakultätsinternes Rechtsmittel vor).

401 Vgl. Art. 20 in Verbindung mit Art. 12 Abs. 3 JR.

- der Entscheid über die Anerkennung auswärtiger Prüfungen und Hausarbeiten;[402]

- der Entscheid über die Zulassung zum Doktorat;[403]

- der Entscheid über die Erteilung oder Nichterteilung des Doktortitels;[404]

- der Entscheid über die Verleihung des Titels eines *Doctor honoris causa,*[405] wobei jedoch die Beschwerdebefugnis „leer ausgegangener" Dritter zu verneinen ist.[406]

---

402 Vgl. Art. 22 f. JR (dazu THOMAS MÜLLER, S. 228).

403 Vgl. Art. 24 Abs. 2 und 3 JR.

404 Vgl. Art. 24 Abs. 1 in Verbindung mit Art. 25 Abs. 5 JR.

405 Vgl. Art. 44 Abs. 2 UG, Art. 26 JR.

406 JÖRG PAUL MÜLLER, in: KÄLIN/BOLZ, S. 39.

SACHREGISTER

Kuno Schedler

Ansätze einer wirkungsorientierten Verwaltungsführung

Von der Idee des New Public Managements (NPM) zum konkreten Gestaltungsmodell: Fallbeispiel Schweiz

2. Auflage, X + 295 Seiten, 74 Abbildungen
gebunden Fr. 68.– / DM 76.– / öS 555.–
ISBN 3-258-05308-1

Die «Tillburg-Welle» hat auch die Schweiz erfasst. Allerdings wurde bis anhin nur wenig über die ersten Versuche geschrieben. Die Pioniere des New Public Managements in der Schweiz waren auf ausländische Vorlagen angewiesen. Im Bund, in den Kantonen Bern, Luzern, Zürich, Wallis und Solothurn sowie in den Städten Bern, Luzern und Winterthur hat man sich entschlossen, mit den neuen Konzepten zu experimentieren. Eine umfassende Darstellung einer möglichen Umsetzung in der Schweiz fehlt jedoch weitgehend.
Diese Lücke wird durch dieses Buch geschlossen. Die Erfahrungen aus den Pilotprojekten werden hier weiterhelfen. Das Buch ist eine wertvolle Hilfe für den Einstieg in die Welt des New Public Managements, für die ersten Schritte und insbesondere für die breitere wissenschaftliche Diskussion in der Schweiz.

Verlag Paul Haupt Bern · Stuttgart · Wien

Peter Hablützel
Theo Haldemann
Kuno Schedler
Karl Schwaar
(Herausgeber)

Umbruch in Politik und Verwaltung

Ansichten und Erfahrungen zum New Public Management in der Schweiz

VIII + 518 Seiten, 82 Abbildungen
gebunden Fr. 78.– / DM 87.– / öS 679.–
ISBN 3-258-05255-7

Erste Projekte zur Einführung der New Public Management-Philosophie in der Schweiz sind lanciert. Viele Kantone und Städte, aber auch der Bund experimentieren mit den neuen Führungsformen in der öffentlichen Verwaltung. Dabei sind noch etliche Fragen der Umsetzung offen, die erst durch eine breitere Diskussion – über die eigentliche Betriebswirtschaftslehre der öffentlichen Verwaltung hinaus – beantwortet werden können.
Dieser Sammelband ist eine erste umfassende Darstellung der aktuellen Situation in der Schweiz. Er enthält zudem grundsätzliche Stellungnahmen zum Modell und seiner Entwicklung, praktische Beispiele von Umsetzungen in der Schweiz und vertiefte Betrachtungen zur Thematik aus Sicht weiterer Disziplinen wie Staats-, Politik-, Rechts- und Finanzwissenschaften. Die Schnittpunkte und offenen Fragen zur Demokratie und zum Föderalismus werden ebenso beleuchtet wie kritische Bemerkungen aus Sicht der Policy-Analyse.
Das vorliegende Buch wird zur Verbreiterung der Diskussion und ihrer Bereicherung beitragen. Es wird sowohl für Praktiker/innen, wie auch für Lehrende und Studierende empfohlen.

Verlag Paul Haupt Bern · Stuttgart · Wien